山西省清洁能源产业协会
太原西山碳循环地质展览馆　联合课题
汾渭数字信息技术有限公司

碳循环

从天而降的生物能源产业革命

常毅军　杨婷　邓丰收 / 编著

CARBON CYCLING
Bioenergy Industry Revolution from the Sun

中国经济出版社
CHINA ECONOMIC PUBLISHING HOUSE
·北京·

忽视或无视土、气、火、水和植物存在的人，等于无视自己的存在，因为“天地与我并生，万物与我为一”。

——大雄（前599—前527，古印度）

课题组	邓蜀平	苗茂谦	徐占军	崔君鸣
	邓　彤	贾云峰	王社龙	耿明超
	张　媛	肖　飞	何志荣	时培祥
	武海霞	霍吉平	张　静	田晓东
	白志君	崔林焜	廉　洁	杨丽萍
	王海花	刘佳婧		

序

碳问

一

近年来，“碳”成了一个热门字眼。

随着“碳达峰”“碳中和”等词不断出现在各级政府工作报告、各大媒体的头版头条中，恐怕没有哪个中国人不知道“碳”了。但是，大家未必真正明白其中的含义。

作为生活在地球上的生命家族的成员，可以说人类须臾也离不开碳。碳作为一种常见的元素，是包括人类在内的所有地球生命形式的重要组成部分，与生命有关的有机物也常常被称为碳水化合物。

碳原子作为构成生命大分子的骨架，为地球生命的产生和发展提供了物质基础。虽然在科幻小说中经常出现虚无缥缈的以硅原子为骨架的硅基生命，但从目前人类掌握的信息来看，碳基生命依然是唯一的生命形式。

即使有了以碳为骨架的生命大分子，有了生命体的硬件，生命的生存和繁衍也一刻都离不开碳。地球上肉眼可见的生命形式，从宏观上看可以分为植物、动物和真菌三大类。植物依靠太阳提供的能量，在叶绿体中将水和二氧化碳（CO_2）合成有机物，然后释放出废弃产物——氧气。这个过程被称为光合作用，它是地球上最伟大的化学反应，是地球生态系统正常运转的重要基石，而 CO_2 是其最重要的原料之一。以此为基础，真菌才有可分解利用的养料，动物才有赖以生存的食物，地球才得以成为生机勃勃的生命家园。

二

在生活实践中，世界各地的人们很早就知道气温是在不断变化的，冬天冷、夏天热。早在2000多年前，古希腊人就得出了人类仅生活在温暖地区，而炎热的赤道和寒冷的两极没有人类生存的理论。

然而，是什么在影响地球上的温度呢？根据生活经验，人们自然会得出地球上的温度与太阳直接有关的结论。但在科学家的眼中，问题并非如此简单。1807年，法国数学家约瑟夫·傅里叶（Joseph Fourier，1768—1830）开始关注陆地温度的问题，并写了一篇关于全球不平等加热的文章。1816年，他就这个问题写了一份长达650页的手稿。在1822年的巨著《热的解析理论》（*The Analytical Theory of Heat*）中，傅里叶讨论了陆地温度的问题和影响温室温度的原则。在这部著作中，傅里叶参考了早期学者的热学著作，并特别注意到了法国物理学家和植物生理学家埃德梅·马里奥特（Edmé Mariotte，约1620—1684）的工作，后者在1681年曾写道，虽然太阳的光和热很容易穿过玻璃和其他透明材料，但其他来源的热量无法穿过。

傅里叶对太阳的加热能力和夜间的冷却进行了观察，并对不同成分和形状的物体的加热和冷却，以及对热辐射的传输、吸收和反射进行了实验。基于此，他运用基本的物理原理和数学定律来解释和预测一些关于地球温度的普遍现象，如“热射线在大气中的逐渐消失”。

在1822年出版的《热的解析理论》中，傅里叶引入了热的数学理论，描述热在固体和液体中运动的微分方程，外部周期性热源所带来的变化，以及热在透明物质中的传递。由此傅里叶构建了自己的陆地温度理论——地球是一个冷却体，太阳是周期性热源，大气是透明的介质。

傅里叶将自己视为热学界的牛顿，在《热的解析理论》一书中他写道：“热像重力一样，依据简单而恒定的规律，穿透到所有物体和所有空间。”傅里叶列举了太阳热量在全球的分布情况的例子：使地球表面和内部受热的，每天、每年和更长时间的周期性变化，导致地表下的变化，并控制着海洋和大气的大运动。

作为从数学角度研究地球温度的先锋，傅里叶认识到地球比简单的数学分析所表明的要暖和得多。也就是说，如果来自太阳的入射辐射是地球唯一的热量来源，那么地球会比现在冷得多。傅里叶认为地球的大气层就像一个热的绝缘体，这也就是我们现在所说的“温室效应”。“温室效应”一词直到

1900 年前后才出现在瑞典气象学家尼尔斯·古斯塔夫·埃克霍姆（Nils Gustaf Ekholm，1848—1923）的著作中。

三

一切似乎已经尘埃落定。全球正在变暖，“罪魁祸首”就是人类活动所释放的 CO_2。因此，为了保护人类家园，如何减排 CO_2、如何实现碳中和成了各国都在讨论的热点问题。2020 年 9 月 22 日，习近平主席在第七十五届联合国大会一般性辩论上宣布：中国将提高国家自主贡献力度，采取更加有力的政策和措施，CO_2 排放力争于 2030 年前达到峰值，努力争取 2060 年前实现碳中和。

一时间，“碳达峰”和“碳中和”成了热门词汇，在全国两会中成为代表委员热议的话题，成了学术界研究的热点。在知网（CNKI）数据库中以“碳达峰”为关键词进行主题搜索，搜索结果从 2019 年的 13 条和 2020 年的 31 条迅速增长到 2021 年的 2535 条和 2022 年的 3263 条，截至 2023 年 5 月 31 日，得到的结果为 6629 条；而以“碳中和”为关键词进行主题搜索，搜索结果从 2019 年的 287 条和 2020 年的 402 条急速增长到 2021 年的 6906 条和 2022 年的 6206 条，截至 2023 年 5 月 31 日，得到的结果为 2.08 万条。学术界的研究热度可见一斑。

碳能否中和、是否需要中和，都是需要各界深刻思考和深入研究的问题。作为构成有机化合物的基础元素，碳元素在地球上的分布十分广泛，在大气圈（atmosphere）、水圈（hydrosphere）、岩石圈（geosphere）和生物圈（biosphere）中，以不同的形式存在。碳的分布和在不同圈层的含量并非一成不变，而是以独特的方式，在生物库和非生物库中时时循环流动，构成了地球上的“碳循环”。正是有了这样的循环，才有了地球波澜壮阔的生命历史。

四

山西是我国煤炭资源最丰富的省份之一，截至 2020 年探明储量超过 270 Gt，占全国的17.3%。从1949年至2020年的70多年间，山西共生产煤炭约21.2Gt，约占全国煤炭产量的23%。

煤炭是远古时期的植物被埋藏在地下后，经过复杂的物理和化学过程演变而成的，主要成分是碳，现今的煤炭也就是远古时期被植物固定下来的大气CO_2。山西的煤炭主要产自石炭系和二叠系地层，山西主要有大同、宁武、西山、霍西、沁水和河东六大煤田。

为了开发和利用山西的煤炭资源，地质工作者做过大量的工作，例如古植物学家斯行健院士、李星学院士就研究过这里的植物化石。太原西山石炭—二叠系地质剖面，是全球该时期保留最完整的地质剖面之一，因此，太原西山等地区成为研究华北地区乃至世界石炭纪和二叠纪环境变迁和生物发展的重要基地。

石炭纪后期到二叠纪初期是地球历史上少有的低温期，其间频繁的降温和升温，令其可以与第四纪冰期相提并论。这段时间恰恰是我国乃至全球最主要的聚煤期之一，其间详细的变化和机制为能源、气候、生态等相关专家的研究提供了丰富的资源。

汾渭信息的常毅军先生从煤炭等化石能源原生物质的产生、演化、形成环境以及变质过程入手，研究了化石能源形成的过程与植物演化阶段、CO_2的波动、气候环境的互动关系；在对煤炭的应用价值进行定量分析的同时，对碳循环、碳减排和碳中和逐渐有了独特的认识和理解。2014年，常毅军先生所著的《新生态与新能源——碳环境推动下的生物质产业革命》一书出版。

在此后的近10年时间里，书中的碳循环理论及其模型预测得到了很好的验证。为了适应时代的发展，常毅军先生在保持原书目录、章节、观点与模型的基础上，对数据与图片进行了补充和优化，并将书更名为《碳循环——从天而降的生物能源产业革命》，以期再次出版。同时希望社会各界以此为契机联合起来，为我国碳循环的科学研究和产业发展作出更大的成绩，并为共建地球生命共同体贡献各自的力量。

傅强

于南京鸡鸣山东南麓

2023年6月

CARBON QUEST

"One who neglects or disregards the existence of the Earth, air, fire, water and vegetation disregards his own existence which is entwined with them."

— Mahavira (599—527 BCE, Ancient India)

I

"Carbon" seems to have become a popular buzzword in recent two years.

With terms like "carbon peak" and "carbon neutrality" constantly appearing in government reports at all levels and in the front-page headlines of major media outlets, there is hardly a single person in China who is unaware of "carbon". However, the number of people who truly understand its meaning remains a big question mark.

As members of the family of life on the Earth, humans are inseparable from carbon. Carbon, as a common element, is an essential component of all forms of life on the Earth, including humans, and organic substances related to life are often referred to as carbohydrates.

Carbon atoms, serving as the framework for large molecules of the life, provide the material foundation for the emergence and development of life on the Earth. While science fiction often portrays ethereal silicon-based life forms, carbon-based life remains the only form of life based on the information currently available to humans.

With carbon-based large molecules as the foundation, the survival and reproduction of life are inextricably linked to carbon at every moment. Visible life forms on the Earth can be broadly categorized as plants, animals, and fungi. Plants rely on the energy provided by the Sun to synthesize organic compounds from water and CO_2 within their chloroplasts, releasing the byproduct—oxygen. This process, known as photosynthesis, is the most significant chemical reaction on the Earth, serving as a crucial cornerstone for the normal functioning of the Earth's ecosystem, with CO_2 being one of its most vital raw materials. Based on this, fungi have digestible nutrients, animals have food to sustain them, and the Earth thrives as a vibrant home for life.

II

In practical life, people all over the world have long known that temperatures are constantly changing — cold in winter, hot in summer. As early as over 2000 years ago, ancient Greeks deduced the theory that humans could only inhabit warm regions, while the hot equator and cold poles were deemed uninhabitable for humans.

What influences the temperature on the Earth? Based on common experience, people might naturally conclude that the temperature on the Earth is directly related to the Sun. But in the eyes of scientists, the question is not so simple. In 1807, French mathematician Joseph Fourier (1768—1830) began to focus on the issue of land temperatures and wrote an article about global unequal heating. By 1816, he had written a 650-page manuscript on the subject. In his masterwork *Theorie analytique de la chaleur* (*The Analytical Theory of Heat*) in 1822, Fourier discussed the issue of land temperature and the principles influencing greenhouse temperatures. He referenced earlier works in thermodynamics and took special note of the work of French physicist and plant physiologist Edmé Mariotte (circa 1620—1684), who wrote in 1681 that although the Sun's light and heat can easily pass through glass and other transparent materials, heat from other sources cannot.

Fourier observed the heating ability of the Sun and the cooling during nighttime, conducted experiments on the heating and cooling of objects with different compositions and shapes, and on the transmission, absorption, and reflection of heat radiation. Based on this, he applied basic physical principles and mathematical laws to explain and predict some phenomena related to the Earth's temperature, such as "gradual disappearance of heat rays in the atmosphere".

In *Theorie analytique de la chaleur*, Fourier introduced the mathematical theory of heat, describing differential equations governing the movement of heat in solids and liquids, variations caused by external periodic heat sources, and heat transfer in transparent substances. From this, Fourier developed his theory of terrestrial temperatures: the Earth is a cooling body, the Sun is a periodic heat source, and the atmosphere is a diaphanous intermediary.

Fourier considered himself as the Newton of the thermodynamics field: "Heat, like gravity, penetrates every substance of the universe, its rays occupy all parts of space." As an example, Fourier discussed the global distribution of solar heat, which heats the the Earth's surface and interior, consists of diurnal, annual or longer variations, results in changes beneath the surface, and control the current of oceans and the atmosphere.

As the first person to study the Earth's temperature mathematically, Fourier recognized that the Earth was much warmer than simple mathematical analysis suggests. In other words, if solar radiation were the Earth's sole source of heat, it would be much colder than it is now. Fourier believed that the Earth's atmosphere acted like a thermal insulator, giving rise to what we now call the "greenhouse effect". The term "greenhouse effect" did not appear until around 1900 in the works of Swedish meteorologist Nils Gustaf Ekholm (1848—1923).

III

It seems that everything has settled. The world is warming, and the "culprit" is the CO_2 released by human activities. Therefore, to safeguard the human home, discussions on how to reduce CO_2 emissions and achieve carbon neutrality have become top priorities for countries worldwide. On September 22, 2020, President Xi Jinping announced at the General Debate of the

75th session of the United Nations General Assembly, China will enhance its nationally determined contributions and take more forceful policies and measures. We aim to peak carbon dioxide emissions before 2030 and strive to achieve carbon neutrality before 2060.

In no time, "carbon peak" and "carbon neutrality" became popular terms, discussed passionately by delegates and members at the National People's Congress and the Chinese People's Political Consultative Conference (known as the "Two Sessions"). These terms also became hot topics in academic research. A search in the China National Knowledge Infrastructure (CNKI) database using "碳达峰" (carbon peak) as a keyword showed results increasing rapidly from 13 in 2019 and 31 in 2020 to 2535 in 2021 and 3263 in 2022. As of May 31, 2023, the results reached 6629. Similarly, a search using "碳中和" (carbon neutrality) as a keyword showed results surged from 287 in 2019 and 402 in 2020 to 6906 in 2021 and 6206 in 2022. As of May 31, 2023, the results reached 20800. The increasing academic research indicates the significance of these topics.

Whether carbon can be neutralized and whether it needs to be neutralized are questions that require profound thinking and in-depth research from various perspectives. As the foundational element constituting organic compounds, carbon is widely distributed on the Earth, existing in different forms in the atmosphere, hydrosphere, geosphere, and biosphere. The distribution of carbon and its content in different spheres are not constant but circulate continuously in a unique way between biotic and abiotic reservoirs, forming the "carbon cycle" on the Earth. It is this cycle that contributes to the rich and diverse history of life on the Earth.

Ⅳ

Shanxi is one of the provinces in China with the richest coal resources. As of the end of 2020, the province boasted over 270 billion tonnes of proven coal reserves, accounting for 17.3% of the China's total. Over the past more than

70 years from 1949 to 2020, Shanxi produced approximately 21.2 billion tonnes of coal, representing 23% of the national coal output.

Coal, formed from ancient plant remains buried underground and transformed through complex physical and chemical processes, is primarily composed of carbon. The coal we have today originated from atmospheric CO_2 captured by plants in the ancient times. Shanxi's coal mainly comes from Carboniferous and Permian strata, with six major coalfields including Datong, Ningwu, Xishan, Huoxi, Qinshui, and Hedong.

Geologists have conducted extensive work to develop and utilize Shanxi's coal resources. For instance, paleobotanists like Academician Si Xingjian and Academician Li Xingxue studied plant fossils in this region. The Xishan Carboniferous-Permian geological section in Taiyuan, Shanxi is one of the most well-preserved geological sections of this period globally. As a result, Taiyuan Xishan has become a crucial base for researching environmental changes and biological evolution during the Carboniferous and Permian periods in North China and even the world.

The late Carboniferous to early Permian was a rare low-temperature period in the Earth's history, marked by frequent cooling and warming, compared to the Quaternary Ice Age. This period is considered one of the most significant coal-forming periods in China and globally. The detailed changes and mechanisms during this period provide abundant resources for researchers in fields such as energy, climate, and ecology.

Mr. Chang Yijun, from Fenwei Digital Information Technology Co., Ltd, starting from the generation, evolution, formation environment, and metamorphic processes of fossil energy including coal, explored the interactions between the fossil energy formation process and plant evolution stages, CO_2 fluctuations, and climate environments. While conducting quantitative analyses into the value of utilization of coal, he has developed a unique understanding of carbon cycling, carbon reduction, and carbon neutrality.

In 2014, Mr. Chang published *New Ecology and New Energy*. Over the following decade, the carbon cycling theory and its model predictions in the book were well validated. To adapt to the development of the times, Mr. Chang supplemented and optimized data and images while keeping the original book's structure, chapters, viewpoints, and models. He renamed the book *Carbon Cycling: Bioenergy Industry Revolution from the Sun*, with the hope of publishing it once again. It is hoped that this publication will serve as an opportunity for people from all walks of life to unite and maker greater achievements in the scientific research and industrial development of carbon cycling in China, and contribute to the Earth's community of shared life.

Fu Qiang

Written at the southeast foot of
Jiming Mountain, Nanjing
June 2023

前言

Preface

一

地球生物的发展史，同时也是光合作用的历史。

生命诞生之前，地球大气中没有氧，是有机生命的光合作用使大气中的二氧化碳（CO_2）转化为生物质，释放出氧气（O_2），从而使大气中的 CO_2 不断降低，O_2 不断增加。同时，CO_2 在光合作用下，不断演绎出地球生命的奇迹，创造了地表生机勃勃的生态系统和地下价值无穷的化石能源。

CO_2 是一种资源，是一种无毒、无味、无臭的清洁气体，是地球生命演化和平衡气候的原动力。

迄今为止，人类工业化发展的过程就是通过集中氧化（燃烧）地下的化石能源获取其中储备的太阳能后，重新将 CO_2 返还到大气碳循环系统中的过程。这一过程不仅创造出了伟大的现代工业文明成果，造就了我们今天的生活模式，而且为地球生物质的再次繁荣与全面实现能源的可持续发展创造了重要的物质基础——碳。

石炭纪、二叠纪、侏罗纪、古近纪……当地球在人类的推动下，再次进入生物质繁荣的富饶阶段时，这些生物质将不再需要沉积并保存为化石能源，而是在人类调节下演绎出全新的能源保障体系与生态系统，丰富、低廉而多样的生物质将为各种能源与材料提供用之不竭的可再生资源。

二

课题组多年来一直在开展资源评估、煤质评价和配煤优化工作，其主要成果和核心优势是从煤田地质专业角度对成煤物质、成煤环境与成煤过程的深入研究与广泛应用，并逐渐认识到煤炭形成的过程和储量与地球大气中的 CO_2 高度相关。对 CO_2 进行深入研究，不仅有利于开展以煤为代表的化石能源的资源评估与应用，而且对当下碳环境与碳减排政策具有重大意义。

传统的煤田地质学缺乏对地球碳运行规律的研究，更缺乏成煤过程大气碳含量的相关数据，因此，本课题的第一阶段是了解各地质阶段以及各聚煤期和贫煤期的大气 CO_2 含量及其波动规律。庆幸的是，自 21 世纪以来，伴随着全球对 CO_2 的重视和科研手段的提高，国内外很多机构开始深入研究各地质时期大气中的 CO_2 浓度，并取得了丰富的成果，课题组参考了美国耶鲁大学地质与地球物理学教授 R. A. 伯纳（R. A. Berner）、美国地质学和进化生物学家兼华盛顿大学教授彼得·沃德（Peter Ward）、南安普敦大学教授加文·L. 福斯特（Gavin L. Foster）、维思大学教授达纳·L. 罗耶（Dana L. Royer）和布里斯托尔大学教授丹尼尔·J. 伦特（Daniel J. Lunt）等人的大量的学术成果，使课题第一阶段的研究有了充分的数据和模型支持。

当我们将地球大小五个主要的成煤期及其前后的沉积环境和气候特征与上述机构的研究成果进行整合对比时，发现地球各阶段大气中 CO_2 和 O_2 浓度的波动曲线和以成煤（油）期与无煤期为标志的地质大旋回之间高度吻合，其波动规律符合地质学、生物学和气候学的科学逻辑：当大气中的 CO_2 处于高位时，光合作用效率提高，大规模的生物碳汇发生，化石能源开始形成并储备，大气中的 CO_2 开始减少；当化石能源大规模储备导致大气中的 CO_2 持续减少而 O_2 持续增加时，光合作用不能满足生物质发展的需要，地球进入氧化环境，风化剥蚀作用加强，地下的化石能源又被逐步氧化而重新返回到大气中，大气中的 CO_2 又开始增加。在这一循环过程中，CO_2 浓度围绕一个均衡线上下大致等幅波动，并引发了各个成煤地质大旋回过程中的海进与海退、沙漠与冰川（寒冷期）、生物繁荣与灭绝的循环运动。

第一阶段的第一个成果在加文·L. 福斯特，达纳·L. 罗耶和丹尼尔·J. 伦特于 2017 年发表在《自然通讯》的论文《未来气候变化可能在过去 4.2 亿年中前所未有》中的地质历史上大气碳波动模型的基础上，补充了地下化石能源碳旋回模型，建立了相对完整的碳循环模型：发现了是 CO_2 主导地球成煤期（碳汇期）和贫煤期（补碳期）的演化发展地质大旋回；找到了碳平衡趋势线和碳波动振幅；系统地解释了煤田地质研究和气候环境研究过程中的各种现象及规律。

第二个成果在第一个模型的基础上建立了人类发展与生物能源时代碳平衡预测模型，为我们判断地球自动调节 CO_2 的转化点即大气中的 CO_2 峰值提供了可量化的依据，实现了对人类不同碳排放条件下的环境与生态模拟。

以上两个模型是开展本课题后续阶段研究的理论基础和重要工具。

三

基于以上理论和模型，课题组在第二阶段组织了多方面的专家围绕以下内容进行了更为具体的研究与探索：

大气中的 CO_2 浓度与植被互为消长的规律；化石能源的科学使用与控制规模；未来生物质增长的速度、规模与充分满足人类所需生物能源的匹配性；通过生物大规模碳汇终止大气中的 CO_2 浓度继续增加，实现动态平衡的可能性与可行性。

收集整理了迄今为止包括转基因产品在内的生物能源新品种、新成果、新案例，对地球植物大规模发展与生物能源成为人类基础能源所引发的新的工业革命及其对人类经济、文化、社会形态的影响做出了推演。

从地球能源形成的角度对今天的可应用能源进行了再分类，并重点突出了生物能源的地位，认为随着大气中 CO_2 浓度的增加，生物质产量将快速增长，生物能源的生产成本将快速降低，并最终成为人类的主要能源。届时，新型农业及其产业链将成为一个巨大的产业，并将全面促进碳达峰和碳中和目标的顺利实现。

生物能源将成为推动第三次能源产业革命的主要动力，课题组对由此引发的一系列产业、环境、生态、生活模式等方面的变革进行了详尽的研究和描述，对关键领域和环节提出了明确的应对措施和政策建议，展望了人类更加美好的未来。

四

在第三阶段，课题组对能源、环境与可持续发展方面面临的诸多问题进行了推断：

第一，地球植物体系将再次繁荣，生物质保有量将快速增长，21 世纪内生物能源的成本将低于化石能源的成本，生物能源将再次成为人类的主体能源。

第二，化石能源将继续为人类作出贡献，直至地球生物质保有量可充分满足人类可再生能源需求。届时，继续使用化石能源将不利于地球的碳平衡，过剩的 CO_2 将给人类的生存环境带来威胁。

第三，农业将重新回归第一大经济产业，水利工程、能源种植园、荒漠改造工程等将替代房地产与交通运输业，成为最大的基础产业；生物工程、互联网与区块链、生物质转化等技术将全面推动生物能源的发展，并成为需求最大的应用科学与技术。

第四，一个基于生物质的新型工业体系将替代现有的工业体系。随着农业重新成为第一大经济产业，目前正在进行的许多革命性的新兴产业将再次面临被淘汰的局面，我们的生活模式、生产模式、商业模式将因此发生改变。

第五，CO_2 增加的直接效果就是作物光合作用效率的提高，间接效果是空气湿度和降雨的增加，这将导致沙漠退化和可耕种面积的持续增加，同时也导致农作物亩产量的持续增加。在此背景下，粮食产量将屡创新高，粮食的作用将逐步扩展到除食用外的其他更广泛的领域。

五

本书部分内容基于《新生态与新能源——碳环境推动下的生物质产业革命》一书，该书于 2013 年初完成，2014 年 3 月正式出版，至今已有 10 年。10 年来，书中的碳循环理论及结论得到了许多专家与学者的认可；其模型预测的各个结果，包括粮食产量将屡创新高、沙漠植被面积将快速扩大、西部降水量将逐年提高等，都在现实中得到了很好的验证。为此，我们将 10 年来的数据进行了补充，并决定重新出版。

本次出版时将书名改为《碳循环——从天而降的生物能源产业革命》，保持了原有的目录、章节、观点与模型，对内容进行了进一步的完善。在此过程中，我们多次组织中国科学院南京古生物研究所、中国科学院山西煤化所、太原理工大学、山西化工设计院等机构与专家进行讨论，删除了部分尚不能确定的数据和案例。

特别是中国科学院南京古生物研究所研究员傅强博士，对书中涉及的关键理论和观点逐一进行了详细的论证和查询，专门将国内外相关的实验和研究结果分类汇总，编制了《人类对 CO_2 和地球生命的认识过程》《人类对 CO_2 与温室效应的认识过程》《人类对碳循环与地球气候关系的认识过程》等作为本书的理论支持，分别附在相关章节之后。在此基础上，傅博士还为本书作序《碳问》，在此一并予以感谢。

常毅军

2023年8月

PREFACE

I

The history of the development of life on the Earth is also the history of photosynthesis.

Before the emergence of life, there was no oxygen in the Earth's atmosphere. It was the photosynthesis of organic life that converted carbon dioxide (CO_2) into biomass, releasing oxygen (O_2), gradually reducing CO_2 and increasing O_2 in the atmosphere. At the same time, CO_2, through photosynthesis, continued to create the wonders of the Earth's life, giving rise to vibrant ecosystems on the surface and fossil energy of infinite value underground.

CO_2 is a resource, a "non-toxic, tasteless, and odorless" clean gas. It is the driving force behind the evolution of life on the Earth and the balance of climate.

To date, the process of human industrialization has been a process of extracting solar energy stored in underground fossil energy through concentrated oxidation (combustion) and returning CO_2 to the atmospheric carbon cycle. This process has not only led to significant achievements in modern industrial civilization, shaping our current way of life, but has also laid a crucial material foundation—carbon—for the renewed prosperity of the Earth's biomass and the comprehensive realization of sustainable energy development.

From the Carboniferous, Permian, Jurassic, to Paleogene... as the Earth enters a period of biomass prosperity once again under human influence, these biomass resources will no longer need to be deposited and preserved as fossil energy, but to evolve, under human regulation, into a brand new energy security system and ecosystem. Abundant, inexpensive, and diverse biomass resources will provide inexhaustible renewable resources for various forms of energy and materials.

II

Over the years, our research team has been engaged in resource assessment, coal quality evaluation, and coal blending optimization. Our main achievements and core advantages lie in the in-depth study and extensive application of coal-forming material, coal-forming environment, and coal-forming processes from the perspective of coalfield geology. We gradually realized that the process of coal formation and coal reserves are highly correlated with CO_2 in the Earth's atmosphere. Deep research into CO_2 is not only conducive to the assessment and application of fossil energy represented by coal but also of great significance for current carbon environment and carbon reduction policies.

Given the lack of research on the Earth's carbon cycle in traditional coalfield geology and the absence of relevant data on atmospheric carbon content during the coal-forming process, the first phase of our research aims to understand the atmospheric CO_2 content and its fluctuation patterns during various geological stages, coal accumulation periods, and coal poor periods. Fortunately, since the 21st century, with the global focus on CO_2 and the improvement of scientific research methods, many institutions at home and abroad have begun to delve into the atmospheric CO_2 concentration during different geological periods, yielding rich results. Our project team has referenced the academic achievements of many scholars, such as Professor R.A. Berner from Yale University, Professor Peter Ward from the University of Washington, Professor Gavin L. Foster from the University of Southampton, Professor Dana L. Royer from Wesleyan University, and Professor Daniel J. Lunt from the University of Bristol. These references have provided ample data and model support for the first phase of our research.

Upon integrating and comparing the research findings of the five major coal-forming periods and their surrounding sedimentary environments and climatic characteristics with the results of the aforementioned institutions, we found a high degree of coincidence between the fluctuation curves of atmospheric CO_2 and O_2 concentrations and the geological cycles marked by coal-forming (oil-forming) periods and non-coal-forming periods. These fluctuation patterns conform to the scientific logic of geology, biology, and climatology: when atmospheric CO_2 is high, photosynthesis efficiency increases, large-scale biological carbon sinks occur, fossil energy begins to form and accumulate, and atmospheric CO_2 starts to decrease. As fossil energy reserves accumulate and atmospheric CO_2 continues to decrease while O_2 continues to increase, photosynthesis cannot meet the needs of biomass development, leading the Earth into an oxidizing environment. This strengthens weathering and erosion, causing underground fossil energy to gradually oxidize and return back into the atmosphere, and atmospheric CO_2 begins to increase again. In this cycle, CO_2 concentration fluctuates roughly around an equilibrium line, triggering cycles of marine transgression and regression, desert and glacier (cold period), and biological prosperity and extinction during each coal-forming geological cycle.

The first result of the first phase is based on the geological carbon fluctuation model from *Future climate forcing potentially without precedent in the last 420 million years* published by Gavin L. Foster, Dana L. Royer, and Daniel J. Lunt in 2017 in *Nature Communications*. We supplemented the underground fossil energy carbon cycle model and established a relatively complete carbon cycling model, revealing the evolution of the dominant coal-forming period (carbon sink period) and coal poor period (carbon supplementation period) in the geological cycle. We identified the carbon balance trend line and carbon fluctuation amplitude, and systematically explained various phenomena and laws in coalfield geology and climate environment research.

The second result is the establishment of a carbon balance prediction model for the human and bioenergy development based on the first model, providing a quantitative basis for determining the Earth's automatic regulation of CO_2

conversion points, namely, the peak value of CO_2 in the atmosphere, and achieving environmental and ecological simulations under different carbon emission conditions.

These two models serve as the theoretical basis and important tools for the subsequent researches of this project.

III

Based on the above theories and models, the research team organized experts from various fields in the second phase to conduct more specific research and exploration on the following topics:

1. The rules of reciprocal growth and decline between CO_2 concentration in the atmosphere and vegetation, scientific utilization and control of fossil energy resources. The compatibility of the speed and scale of future biomass growth with fully satisfying human energy needs, the possibility and feasibility of terminating the continuous increase of CO_2 concentration in the atmosphere and achieving dynamic balance through large-scale biological carbon sink.

2. Collection and collation of new bioenergy varieties, achievements and cases, including genetically modified products, predicting the new industrial revolution triggered by the large-scale development of the Earth's vegetation and bioenergy becoming the primary energy source for humans, and its impact on the economy, culture, and social structure.

3. Re-classification of today's applicable energy sources from the perspective of the Earth's energy formation, and a particular emphasis on the status of bioenergy. It is believed that with the increase in CO_2 concentration in the atmosphere, biomass production will rapidly increase, the production cost of bioenergy will decrease rapidly, and bioenergy will eventually become the main energy source for humans. By then, new agriculture and its industrial chain will become a huge industry, comprehensively promoting the smooth

realization of carbon peak and carbon neutrality goals.

4. Bioenergy will become the main driving force behind the third energy industry revolution. The research team has conducted extensive research and detailed descriptions on the changes in various aspects such as industries, environment, ecology, and lifestyles triggered by this. Clear response measures and policy recommendations have also been proposed for key areas and links, envisioning a more promising future for humanity.

Ⅳ

In the third phase, the research team made predictions on various issues related to energy, environment, and sustainable development:

1. The Earth's plant system will flourish again, and the biomass reserves will grow rapidly. The cost of bioenergy will be lower than that of fossil energy within the 21st century, and bioenergy will once again become the primary energy source for humanity.

2. Fossil energy will continue to contribute to humanity until the Earth's biomass reserves can sufficiently meet the renewable energy needs of humans. Continuing to use fossil energy beyond that time will be detrimental to the Earth's carbon balance, and excess CO_2 will pose a threat to the human living environment.

3. Agriculture will return to being the largest economic industry, and water conservancy projects, energy plantations, desert transformation projects among others will replace real estate and transportation industries as the largest foundational industry. Biotechnology, the internet, blockchain, biomass conversion and other technologies will drive the development of bioenergy and become the most in-demand applied sciences and technologies.

4. A new industrial system based on biomass will replace the existing industrial system. With agriculture returning as the largest economic industry

and a decentralized social structure emerging, many revolutionary emerging industries currently underway will once again face elimination. Our lifestyle, production mode, and business model will consequently undergo changes.

5. The direct effect of increased CO_2 is an enhancement in crop photosynthesis efficiency, and the indirect effect is an increase in air humidity and rainfall. This will lead to desert degradation and a continuous expansion of arable land, resulting in a sustained increase in crop yield per unit area. In this context, grain production will repeatedly refresh new highs, and the role of grain will gradually expand to broader areas beyond consumption.

V

Part of this book is based on the book *New Ecology and New Energy*, which was completed in early 2013 and officially published in March 2014, nearly ten years ago. Over the past decade, the carbon cycling theory and conclusions in the book have been recognized by many experts and scholars. The various outcomes predicted by its models, including repeated new records in grain production, rapid expansion of desert vegetation, and increasing rainfall in western China, have been well validated in reality. Therefore, we have supplemented the data from the past ten years and decided to republish it.

In this edition, the title of the book has been changed to *Carbon Cycling: Bioenergy Industry Revolution from the Sun*, retaining the original structure, chapters, viewpoints, and models while further refining the content. During this process, we have organized multiple discussions with experts and institutions including the Nanjing Institute of Geology and Paleontology of the Chinese Academy of Sciences, Shanxi Institute of Coal Chemistry of the Chinese Academy of Sciences, Taiyuan University of Technology and Shanxi Design Institute of Chemical Industry among others. Some data and cases that could not be confirmed have been removed.

In particular, Dr. Fu Qiang, a researcher at the Nanjing Institute of Geology and Paleontology, Chinese Academy of Sciences, meticulously examined and verified the key theories and viewpoints discussed in the book. Dr. Fu systematically compiled domestic and international experimental and research results, categorizing them into supporting theories such as *The Evolution of Human Understanding of* CO_2 *and the Earth's Life, Human Perception of* CO_2 *and the Greenhouse Effect,* and *Human Understanding of the Relationship between Carbon Cycle and the Earth's Climate*, which are included as theoretical foundations in the book following relevant chapters. Additionally, Dr. Fu wrote an introduction titled *Carbon Inquiry* for the book, for which we express our sincere gratitude.

Chang Yijun

August 2023

课题组专家在内蒙古考察乌兰哈达火山群

左：苗茂谦，科技部能源组专家，太原理工大学煤化工研究所原副所长，教授

中：常毅军，山西省清洁能源产业协会会长，汾渭数字信息技术有限公司董事长，高级工程师

右：徐占军，山西焦化行业协会专家委员会主任，山西省化工设计院原副院长，高级工程师

课题组现场考察石炭—二叠系分界标志层——七里沟砂岩

傅强博士（右三）与常毅军先生（右一）等人在宁镇山脉句容区域做地质考察与化石挖掘，位于南京至镇江之间的宁镇山脉是我国地质古生物学研究的重要发源地之一

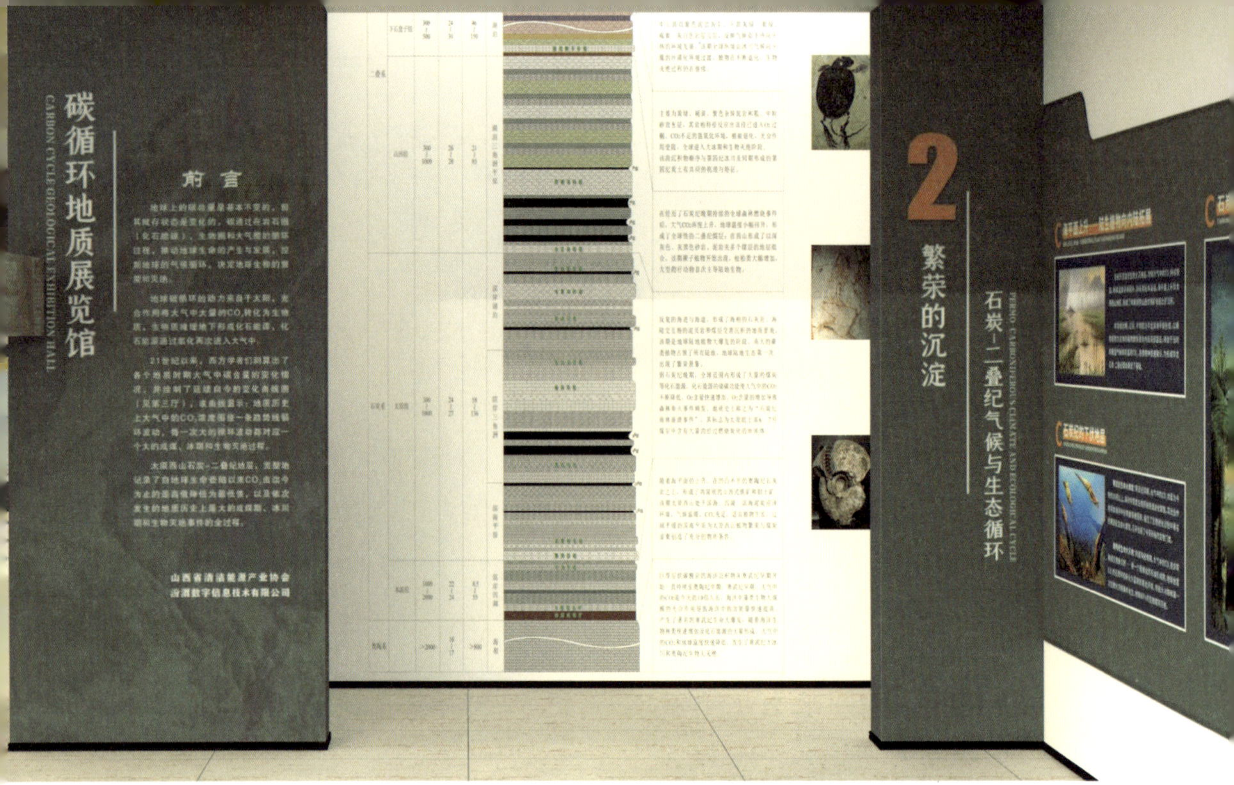

碳循环地质展览馆

第1厅　太原西山石炭—二叠系地层剖面
第2厅　地质历史上的气候与生态循环
第3厅　光合作用与碳循环
第4厅　煤炭的明天
第5厅　碳汇与生物能源

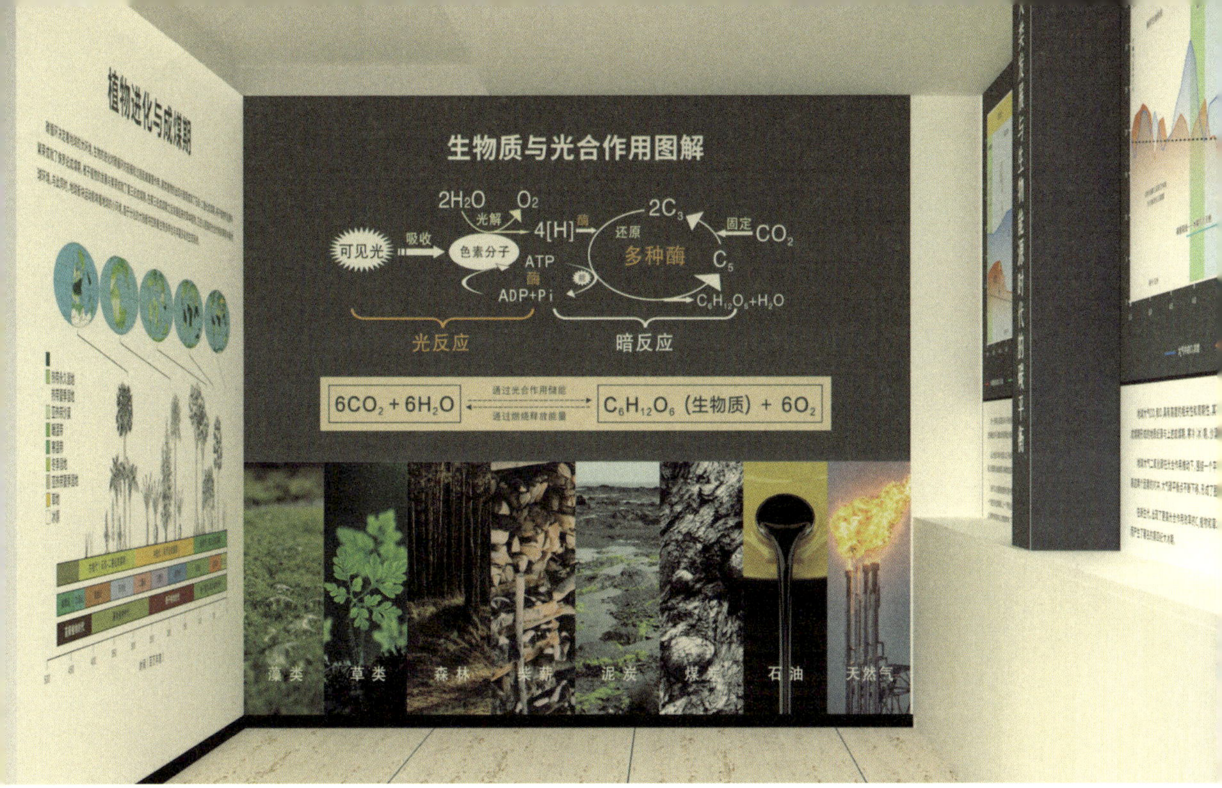

主办：山西省清洁能源产业协会
地址：太原市南中环西街官山园著 B7-101 栋
电话：0351-4728540

微信公众号

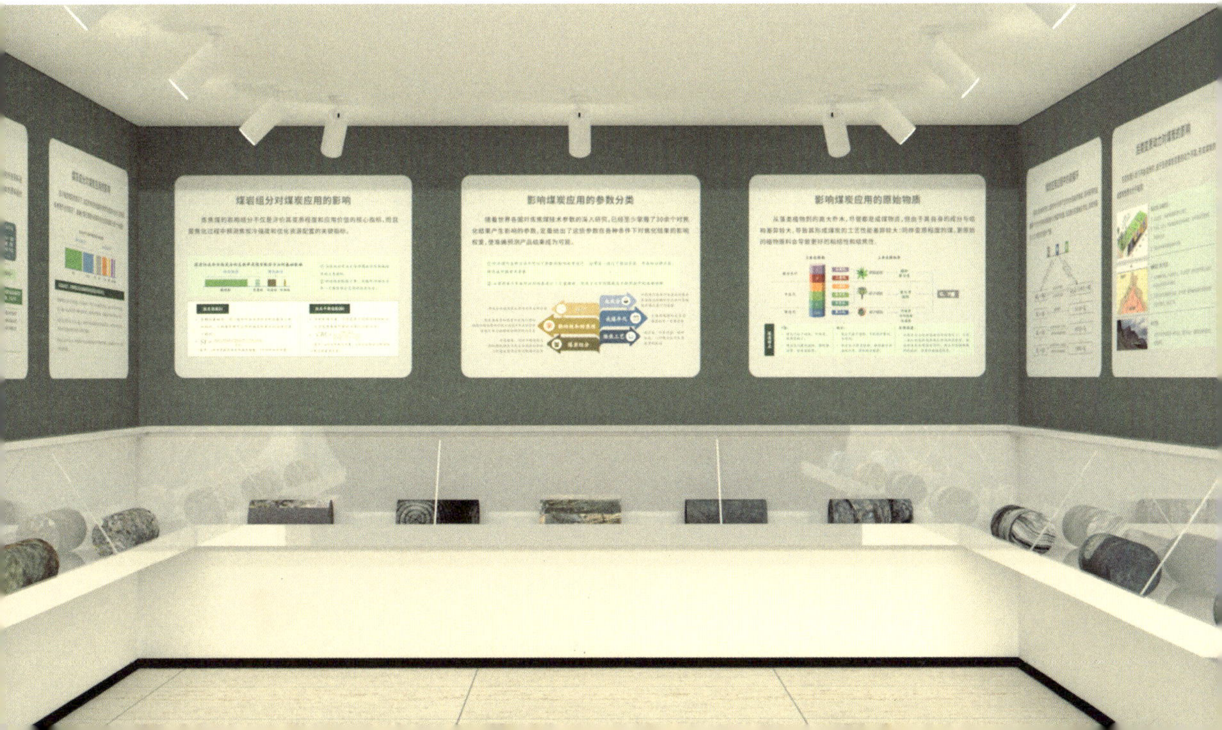

目录

Contents

第一章 CO_2、碳基生命与气候循环

第二章 只要太阳依然存在，地球能源永不枯竭

第三章　岩石圈、生物圈和大气圈的碳平衡

第四章　生物技术的突破与生物能源主导未来

第五章 化石能源与生物能源的互补性

第六章 蓄势待发的生物能源产业

第八章　生物能源产业革命推动下的新生态

CONTENTS

Chapter Ⅰ CO$_2$, Carbon-based Life and Climate Cycle

Chapter V Complementarity of Fossil Fuels and Bioenergy

Chapter Ⅵ The Emerging Bioenergy Industry

Chapter Ⅶ Impending Revolution in Bioenergy Industry

第一章

CO_2、碳基生命与气候循环

CO_2, Carbon-based Life and Climate Cycle

地球上所有的有机生命，均受益于植物的光合作用，是光合作用创造了丰富多彩的植物世界和以植物世界为依存的动物世界。

自陆生植物产生以来，太阳给予地球的能量是不变的，而大气中的碳含量是周期波动的，这一周期波动的过程影响着生物质碳汇（储存太阳能的规模）和温室效应，也控制了地球气候与生态的大循环过程。

第一节

CO_2浓度与植物的发展

一、原核生物的光合作用与氧气的产生

地球早期的大气成分主要是CO_2、氢气（H_2）、氮气（N_2）和水（H_2O）。

没有生命，没有氧气（O_2），因此也没有臭氧层，强烈的紫外线直接进入地表。

大约距今36亿年前，地球上的原始生命——蓝藻诞生了。蓝藻是微小的单细胞原核生物，几乎独立占据了近20亿年的地球生命史，利用光合作用，把大量大气圈中的CO_2固定在岩石圈中，极大地改善了地球的大气环境和碳循环，同时制造并释放出氧气。

叠层石是由藻类在生命活动过程中，将海水中的钙、镁碳酸盐及其碎屑颗粒黏结、沉淀而形成的一种化石。

最古老的沉积岩化石——叠层石

资料来源：豆瓣用户“蓝调共和”的相册。

根据地质学记录，氧气最早在24亿年前出现于地球大气层。科学家之所以达成这样的共识，是因为从那时起，铁与大气中的氧气反应形成的赤铁矿晶体开始变得常见。根据这一理论，在35亿年前，地球上的海洋和大气中都没有氧，因此像赤铁矿这样的与生命进程有关的矿物是无法形成的。

生命进化树

蓝藻和光合作用的产生是大气生命发展史上的重大事件，为地球后续生命的繁荣发展创造了关键的物质基础和环境条件。

二、海洋生物发展阶段的地球环境

海洋生物在经历了原核生物、真核生物、单细胞生物、多细胞生物的进化后，进入海洋生物最繁盛的时期——开始于5.4亿年前的寒武纪，这一时期地球上气候温暖潮湿，十分有利于海洋植物进行光合作用，因而这一时期的海洋植物空前繁荣，同时出现了丰富多样且比较高级的海生无脊椎动物，发生了进化史上的一个重要事件“寒武纪生命大爆发”，在很短的时间内（地质意义上的“很短”，其实也有数百万年），海洋生物门类几乎遍布今天海洋生物的所有领域。

寒武纪还没有陆生生物，大陆上荒凉一片。伴随海洋生物的光合作用，地球大气中的氧含量不断增加，并在高空形成臭氧层，阻挡了紫外线的直接辐射，逐步改善了地球陆生生物生存与进化的条件。

寒武纪生命大爆发

三、陆生植物繁衍阶段的 CO_2 浓度

4.9 亿至 4.4 亿年前，奥陶纪的地球表面许多地方都被浅海掩盖，海生无脊椎动物空前繁盛，在生态系统中占据了主导地位，而陆地上却一片死寂。

奥陶纪的海洋生物大爆发前后持续了近 4000 万年，到 4 亿年前的志留纪，部分绿藻演化出了原始陆生维管植物，即裸蕨。它们虽无真根，也无叶子，但体内已具维管组织，可以生活在靠近水边的陆地上。

到 3 亿多年前的泥盆纪早、中期，裸蕨植物开始朝适应各种陆生环境的方向发展分化，此时陆地上已初披绿装。此外，苔藓植物也是在泥盆纪时出现的。

到石炭纪早期，种子蕨植物替代了裸蕨植物，产生了完整的根、茎、叶，从而使陆生植物可以远离水体。

奥陶纪海底样貌复原

资料来源：中国科学院地质与地球物理研究所。

早期陆生植物景观——裸蕨植物

随着石炭纪陆地面积的扩大，植物也快速从滨海地带向大陆内部延伸，并得到空前发展，形成大规模的森林和沼泽，为煤炭的形成提供了有利条件。

在石炭纪的森林中，既有高大的乔木，也有茂密的灌木。乔木中的芦木根深叶茂，茎可以长到 20~40cm，喜爱潮湿，广泛分布在河流沿岸和湖泊沼泽地带。鳞木是另一类乔木，挺拔雄伟，成片分布，最高的鳞木可达 40m。

经过数千万年的持续发展，地球植物保有量规模空前，大量植物死亡堆积形成了地球上最大的成煤期——石炭—二叠纪成煤期。

与此同时，大气中的 CO_2 浓度持续下降，从泥盆纪晚期约 2500ppm① 直至地球历史的最低点，约 300ppm 以下，O_2 含量则快速增至最高点，约为现在的 1.5 倍。

① ppm 的英文全称为 parts per million，意思为百万分率，是浓度单位。——编者注

二叠纪生态复原

四、CO_2 浓度的波动降低与聚煤作用的逐渐减弱

煤是由植物遗体经过聚煤作用形成的，地球历史上聚煤作用的发生和终止与植物赖以生存的地质环境和大气环境密切相关。地质环境提供了植物生长和泥炭堆积的场所，大气环境中的 CO_2 是植物生长的物质基础，大气中 CO_2 浓度的变化对植物的生长速度和生长量，以及聚煤作用产生了重要的影响。地球历史上大气圈中 CO_2 浓度的变化与聚煤作用始终相伴相随。

植物通过光合作用将大气中 CO_2 的碳固定于植物体中，大气圈较高的 CO_2 浓度使植物大量生长、堆积，并随着地壳沉降埋入地下成为化石能源。

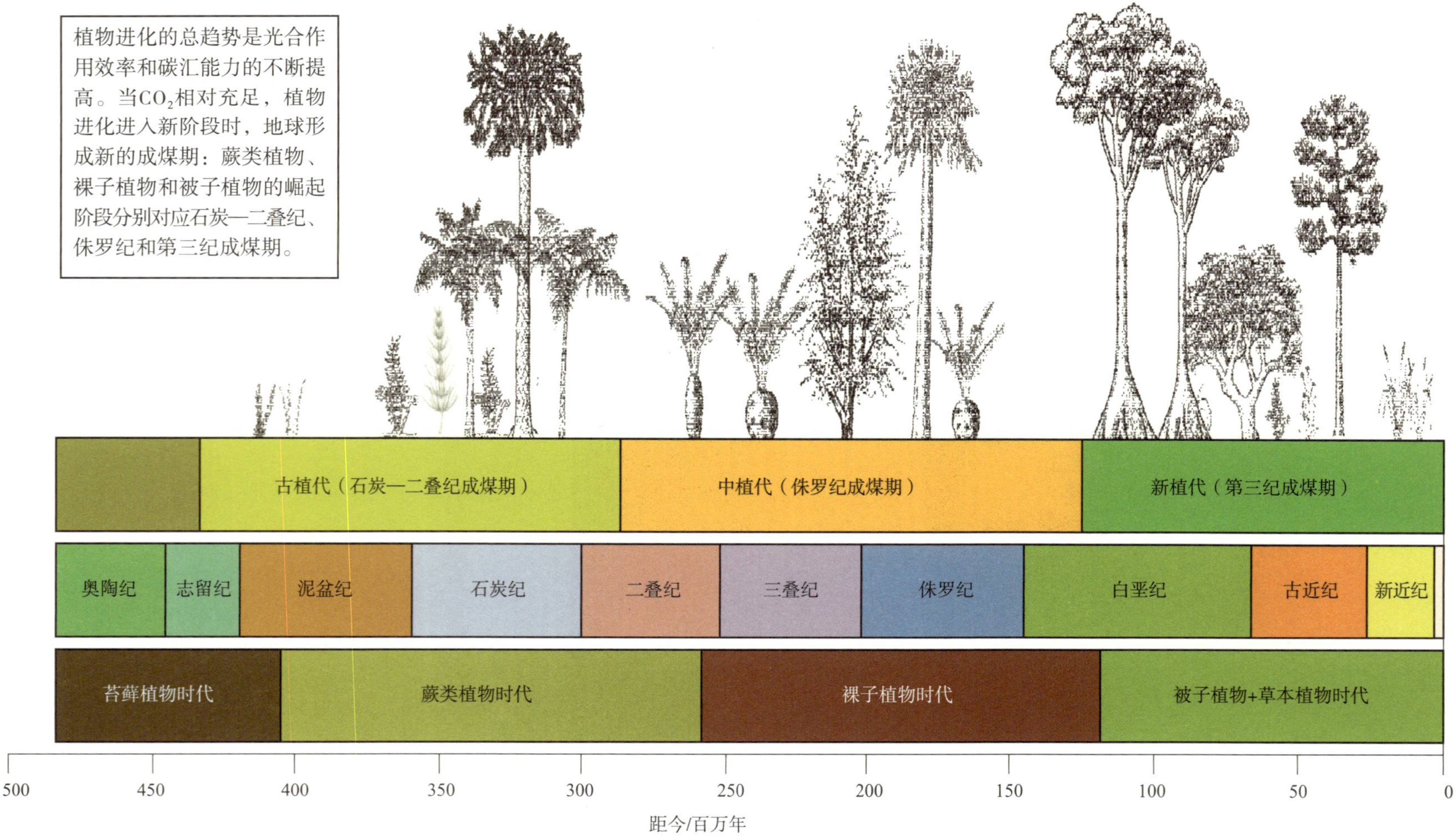

植物进化与化石能源的关系

随着化石能源的产生和储量的增加，大气中的 CO_2 浓度不断降低，O_2 含量逐步增加。

当埋入地下的碳随着地壳运动再次升至地表，经过风化、氧化又重新以 CO_2 的方式由岩石圈进入大气圈时，地球大气中的 CO_2 再次增加。

当 CO_2 增至适宜植物生长的阶段时，又形成了新的植物繁荣期，进而形成地球上新的成煤期。

地球历史上有多个成煤期和局部的成煤环境，但大规模的成煤期只有三次，分别是石炭—二叠纪、侏罗纪和第三纪成煤期，其中最大的成煤期为石炭—二叠纪。泥盆纪及石炭纪早期 CO_2 浓度较高，最高值接近 3600ppm，而在成煤期结束后的石炭—二叠纪冰期，空气中的 CO_2 达到历史最低点 280ppm，O_2 含量则高达 30%。

自然条件下，光合作用产生生物质，生物质埋入地下成为化石能源，化石能源在地壳波动过程中再次被氧化后进入大气中，这一过程是漫长的，其时间通常以千万年为单位。

在这一循环过程中，随着化石能源的形成和在地下的储存，地球大气永远不会回到没有形成化石能源阶段的 CO_2 浓度，因为深埋地下的各类化石能源是不可能全部重回地面的。因此，在大的时间尺度上，大气中的 CO_2 越来越少，地球的成煤（油）作用越来越弱。

加文·L. 福斯特[①]、达纳·L. 罗耶[②]和丹尼尔·J. 伦特[③]在 2017 年发表于《自然通讯》（*Nature Communications*）的论文《未来气候变化可能在过去 4.2 亿年中前所未有》（*Future climate forcing potentially without precedent in the last 420 million years*）显示，在过去 4.2 亿年，地球大气中的 CO_2 浓度逐渐下降，平均每百万年下降约 13 ppm；而且在大部分时间里，CO_2 浓度通常高于今天（大约 3 亿年前的石炭—二叠纪除外，当时的 CO_2 浓度与目前接近）。与 2014 年的 CO_2 浓度（398ppm）接近且距离今天时间最近的记录出现在 300 万 ~500 万年前的新近纪上新世；而上一次 CO_2 浓度长期平均值达到

① 加文·L. 福斯特，英国南安普敦大学海洋地球科学学院教授。
② 达纳·L. 罗耶，美国维思大学地球与环境科学系教授。
③ 丹尼尔·J. 伦特，英国布里斯托尔大学地理科学学院教授。

目前水平是在新近纪中新世中期气候最适宜期（约 1600 万年前）。具体详见下图。

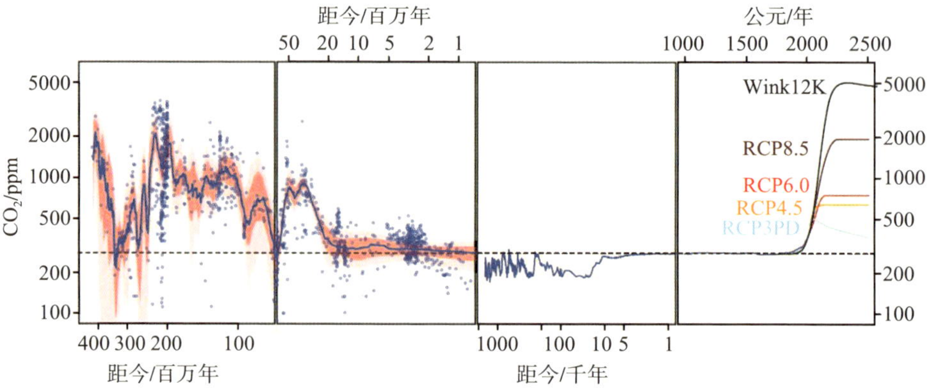

RCP3PD——温室气体浓度非常低的情景模式；
RCP4.5 和 RCP6.0——政府干预下的两种气候情景；
RCP8.5——无气候变化政策干预时的基线情景；
Wink12K——人类不计后果地将地球化石燃料储量耗尽时的气候情景。

历史及未来大气中 CO_2 的变化趋势

上图中的高排放情景（RCP8.5）预示，如果无气候变化政策干预，到公元 2110 年前后，大气中的 CO_2 浓度将达到 1000ppm 左右。上次 CO_2 浓度如此之高是在古近纪始新世早期气候最适宜的时期，那是过去 5000 万年中最温暖的时期。当时，地球非常温暖，完全没有冰，海平面比今天高 65m 左右，全球温度比今天高（13 ± 2.6）℃（Cabellero 和 Huber，2013）。值得注意的是，这种变暖中约有 5℃是由于大陆结构、植被变化和大陆冰盖的消失。按照高排放情景的预测显示，到公元 2250 年前后，大气中的 CO_2 浓度将达到约 2000ppm。

附：人类对 CO_2 和地球生命的认识过程

人类对于 CO_2 的认识要追溯到现代科学诞生之初。1639 年，佛兰德斯（现属比利时）学者扬·巴普蒂斯塔·范·海尔蒙特（Jan Baptista van Helmont，1577—1644）首先认识到酿酒和木材燃烧过程中形成的气体与空气存在差别，并将木材燃烧产生的气体称为“西尔维斯特气体”（gas sylvestre，有时也被翻译为“木气”），也就是我们现在所知的CO_2。范·海尔蒙特虽然发现，当62磅[①]的橡木炭燃烧时，会产生61磅的气体和1磅的灰烬，但由于他始终坚信水是万物之源的理论，以致忽略了自己得出的数据，即植物干物质含有大量的碳。

作为最早使用“科学方法”进行植物生理学研究的人，范·海尔蒙特最广为人知的是他所做的“柳树实验”。在他的遗著《医学的兴起》（*Ortus Medicinae*）中，他描述了该实验的过程和结果：

我在一个陶罐里装了200磅烘干的土，然后用雨水将其淋湿，并在其中种植了一棵重5磅的柳树。5年之后，柳树长到了169磅又3盎司[②]。其间，仅用了雨水或蒸馏水进行浇灌。陶罐很大，沉在地下，有一个镀锡的铁盖子，上面打了很多孔，盖住了陶罐的边缘，以防止空气中的灰尘混入泥土。我没有记下四个秋天中每一年落下的叶子的重量。最后，我把陶罐里的土挖出晒干，发现依然是200磅，仅少了大约2盎司。因此，164磅的木材、树皮和树根完全是由水中产生的。

这个实验是迈向认识光合作用的第一步，其结果几乎完美地证实了范·海尔蒙特坚持的“水是一切存在事物的真正原质”的理论。但由于时代的局限，范·海尔蒙特尚无法认识到无色无味的CO_2在其中的作用。

为了检验范·海尔蒙特的观点，测定植物生长过程中的耗水量，英国剑桥大学的博物学家约翰·伍德沃德（John Woodward，1665—1728）实施了一系列长达77天的实验。在实验中，约翰·伍德沃德将植物种植在含有不同类型的水的密封的小瓶中，然后在既定的时间称重，计算出该段时间内获得的生物量。结果表明，植物在生长过程中消耗的水量是获得的生物量的50~700倍。他还指出，在含有更多陆地物质的水中的植物生长得更多，而消耗的水更少。根据这些观察，约翰·伍德沃德得出结论，认为水只是形成植物体的陆地物质的载体，构成植物体的物质并不是

① 1磅≈0.45千克。——编者注
② 1盎司=28.350克。——编者注

来自水的。这一实验否定了范·海尔蒙特认为的水是植物所利用的养分的假设。

100 多年后，苏格兰化学家约瑟夫·布莱克（Joseph Black，1728—1799）通过热碳酸镁首次获得了 CO_2 气体，后者又能被碱性物质吸收。约瑟夫·布莱克证明了 CO_2 在大气中的存在，并确认了人类呼出的气体中含有大量的 CO_2。

1771 年 8 月，英国化学家约瑟夫·普利斯特里（Joseph Priestley，1733—1804）将一枝薄荷放在一个透明的封闭空间里，并用蜡烛将其中的空气耗尽（当时还没有发现氧气），直到蜡烛很快熄灭。27 天后，他再次点燃熄灭的蜡烛，它在之前已经无法燃烧的空气中燃烧得很好。普利斯特里以此发现了植物能以某种方式改变空气的成分。

接下来，普利斯特里在 1772 年实施了另一个著名的实验，他首先将一只老鼠放在一个密封的罐子里，老鼠很快就死去了；但当他将老鼠和植物一起放在密封的罐子中时，老鼠却能好好地生存很久。这些实验结果使普利斯特里提出了一个有趣的假设，即植物可以将动物呼吸和蜡烛燃烧所消耗的东西恢复到空气中。

后来，荷兰医师扬·英根霍斯（Jan Ingenhousz，1730—1799）因受普利斯特里的启发，开展了一个证明光对植物生长至关重要的实验。他将一株植物和一支蜡烛放入一个透明的封闭空间中，并将其置于阳光下两三天，以保证里面的空气足够纯净，可以支持蜡烛的燃烧。但他并没有点燃蜡烛。然后，他用一块黑布将这个封闭的空间盖住，并持续数天。当他试图点燃蜡烛时，却怎么也点不着。由此，英根霍斯得出结论，在黑暗中，植物会像动物一样进行呼吸，弄脏空气。为了净化空气，植物需要光。

在另一个实验中，英根霍斯将一种小型绿色水生植物放在一个透明的水容器中，并将该容器暴露在明亮的阳光下。他观察到在叶子和茎的绿色部分周围会产生气泡。当将该系统移到黑暗中时，气泡的产生就停止了。植物产生的这些气泡可以净化被动物或蜡烛弄脏的空气。通过这些实验，英根霍斯证明了植物是依靠光和它们的绿色部分来获得营养和能量的。

植物的光合作用之谜，即它们在生长过程中与CO_2、氧气和水的关系在科学家持续的探究下，慢慢地被解开了。通过定性和定量的研究，人们很快查清了空气的组成和各组成成分的含量。CO_2与生命的关系研究到此告一段落，接下来要探讨它们与气候的关系。

第二节 地球植物与气候的关系

一、气候及碳循环模型的建立

在志留纪和泥盆纪的界限上，即约4.1亿年前，海洋藻类生物的光合作用使大气中的O_2浓度大大增加，O_2浓度的增加使大气逐步产生了臭氧层，由于臭氧（O_3）的屏蔽效应吸收和阻挡了一部分对动植物体有害的紫外线，使大陆表面变得安全，陆生植物得以登陆，并开始快速蓬勃发展。

当陆生植物覆盖大陆时，今天意义上的生物圈得以在地球上搭建完成，地球的碳循环机制形成，碳开始利用无限的太阳能量，在岩石圈、生物圈和大气圈循环并开始驱动地球生态与气候的周期性波动与循环，形成了一次又一次成煤期的大小地质旋回。

进入21世纪以来，由于地球物理和化学领域的技术手段与方法的突破，西方国家的学者们开始系统地研究显生宙以来各时期地球大气中CO_2和O_2浓度的变化情况，其中包括耶鲁大学、华盛顿大学等多家机构的研究。例如：耶鲁大学地质与地球物理学教授R. A. 伯纳于1999年发表文章《显生宙时期的大气氧》（*Atmospheric oxygen over Phanerozoic time*），于2004年出版专著《显生宙碳循环：CO_2与O_2》（*The Phanerozoic Carbon Cycle: CO_2 and O_2*）；2006年，美国地质学和进化生物学家、华盛顿大学教授彼得·沃德出版专著《凭空而来：恐龙、鸟类和地球古老的大气层》（*Out of Thin Air: Dinosaurs, Birds, and Earth's Ancient Atmosphere*），以及前文提到的加文·L. 福斯特、达纳·L. 罗耶和丹尼尔·J. 伦特于 2017 年发表的论文《未来气候变化可能在过去 4.2 亿年中前所未有》，这些最新成果使我们可以对以煤为代表的化石能源形成的地质旋回的动力机制和规律进行量化研究。本课题组在充分研究以上资料的基础上，重点采用了《未来气候变化可能在过去 4.2 亿年中前所未有》的数据和模型（见第 10 页的图）。

当我们将地球大小五个主要的成煤期及其前后的沉积环境和气候特征与上述机构的研究成果进行整合对比时，我们发现地球各阶段大气中 CO_2 和 O_2 浓度的波动曲线和以成煤（油）期与无煤期为标志的地质大旋回之间高度吻合，其波动规律符合地质学、生物学和气候学的科学逻辑：当大气中的 CO_2 处于高位时，光合作用效率提高，大规模的生物碳汇发生，化石能源开始形成并储备，大气中的 CO_2 开始减少；当化石能源大规模储备导致大气中的 CO_2 持续减少而 O_2 持续增加时，光合作用不能满足生物质发展的需要，地球进入氧化环境，风化剥蚀作用加强，地下的化石能源又被逐步氧化而重新返回到大气中，大气中的 CO_2 又开始增加。在这一循环过程中，CO_2 浓度围绕一个均衡线上下大致等幅波动，并引发了各个成煤地质大旋回过程中的海进与海退、沙漠与冰川（寒冷期）、生物繁荣与灭绝的循环运动。

在此基础上，课题组将地球大气中的碳含量波动规律和地下以煤炭形成过程的地质旋回规律进行整合，设计并完成了“地质历史上的碳循环”模型：

补碳期：即煤田地质学上的贫煤（无煤）期，当大气中的 CO_2 处于最低值时，O_2 则进入最高值，这时大气环境处于强氧化阶段，植物难以生长，煤炭不能形成，之前的有机物包括地上生物质、地表的泥炭以及被地壳运动重新抬升到地表的煤炭等化石能源被氧化并以 CO_2 的形式再次进入大气圈，大气中的 CO_2 浓度逐步上升。在补碳期，地球温度上升，降雨增加，海平面上升，冰盖消融，南北副热高压带向两极推进直至消失，地球逐步进入生态繁荣状态。

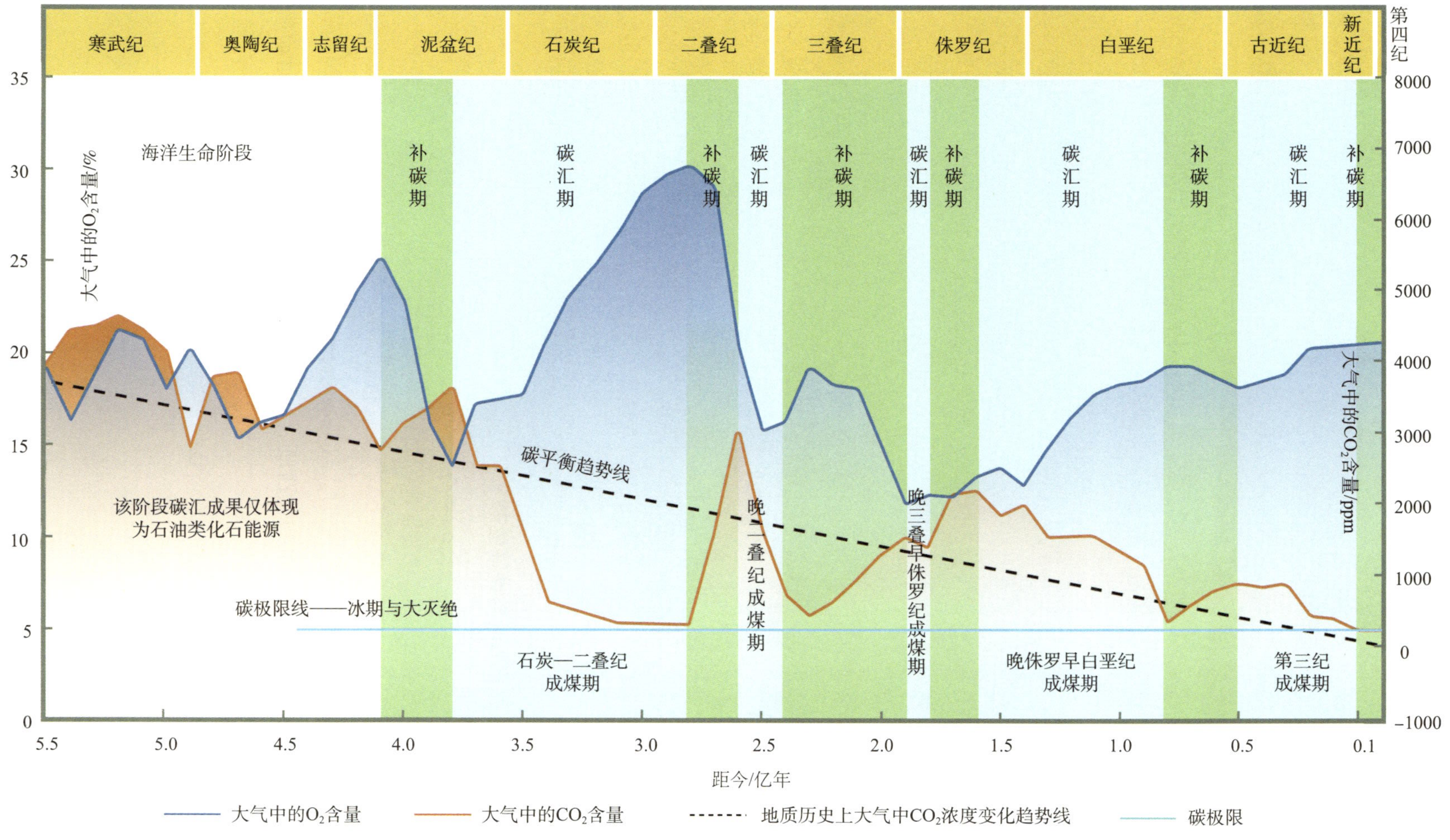

寒武纪
奥陶纪
志留纪
泥盆纪
石炭纪
二叠纪
三叠纪
侏罗纪
白垩纪
古近纪
新近纪
第四纪
大气中的O_2含量/%
大气中的CO_2含量/ppm
海洋生命阶段
补碳期
碳汇期
补碳期
碳汇期
补碳期
碳汇期
补碳期
碳汇期
补碳期
碳汇期
补碳期
该阶段碳汇成果仅体现为石油类化石能源
碳平衡趋势线
碳极限线——冰期与大灭绝
石炭—二叠纪成煤期
晚二叠纪成煤期
晚三叠早侏罗纪成煤期
晚侏罗早白垩纪成煤期
第三纪成煤期
距今/亿年
大气中的O_2含量
大气中的CO_2含量
地质历史上大气中CO_2浓度变化趋势线
碳极限

地质历史上的碳循环

碳汇期：即煤田地质学上的成煤期，当大气中的 CO_2 增加到高位，O_2 被消耗至最低值时，地球进入还原阶段，这时光合作用效率提高，生物质快速发展，大规模的碳汇发生。在碳汇期，生物质不断产生、堆积、掩埋并形成化石能源，这一过程中 CO_2 被持续大量消耗，O_2 持续增加，动物体形不断大型化，温室效应不断衰减，最终导致地球温度开始降低，直至再次出现冰川（寒冷）期。

碳极限线：到碳汇期的后期，大气中的 CO_2 浓度达到最低值，O_2 浓度达到最高值，温室效应逐步消失，光合作用趋于停滞，地球进入大规模的冰期、沙漠化和生物大灭绝阶段。自地球的碳循环机制形成以来，地球大气中的 CO_2 浓度每降到或接近该极限（最低）值时，上述一系列事件会相继发生。如图所示，碳极限值为 280ppm 左右。

碳平衡趋势线：地球的碳循环机制形成以来，补碳期和碳汇期的 CO_2 波动幅度和转化点总体围绕 CO_2 趋势线进行，即高于或低于趋势线一定幅度时即开始回归。如图所示，趋势线以一定的斜率下降，碳波动幅度也呈缩小趋势，这反映了这一过程中的两个持续的变化：一是本章第一节论述的由于各个成煤（油）期的化石能源有部分会长久滞留在地下，导致大气中的 CO_2 浓度呈持续下降趋势；二是植物的持续或阶段性的进化，使光合作用效率不断提高，对冲了 CO_2 持续下降造成的影响。

二、温室效应与地球生态

大气圈中的 CO_2 对地球环境的首要影响是温室效应，或者说，气温上升、地球变暖。地表平均温度变化在 −50～40℃，即 223～313K，按物理辐射定律 $E=\sigma T^4$ 分析，地球可视为该温度范围内的黑体，它的辐射绝大部分是长波的红外线（地面长波辐射），CO_2 吸收了其中波长为 13～17μm 的辐射。这些红外线波长较长，能量较小，不容易穿过大气向外散发，于是这部分热量就在低层大气中像个罩子罩在地球表面近空，使地球气温升高，这就是所谓的“温室效应”。CO_2 浓度越大，温室效应越明显。

温室效应是大气层的一个自然现象，若没有大气盖在地球表面近空吸收地球作为黑体辐射到太空的长波辐射，阻止更多热量逃逸回太空，并将吸收的能量又返回到地球，地球表面的年平均气温就不是约 16℃，而是约 -18℃，相差近 35℃，地球也就没有这么好的生存环境。可见大气及温室效应对生物来说是非常重要的。

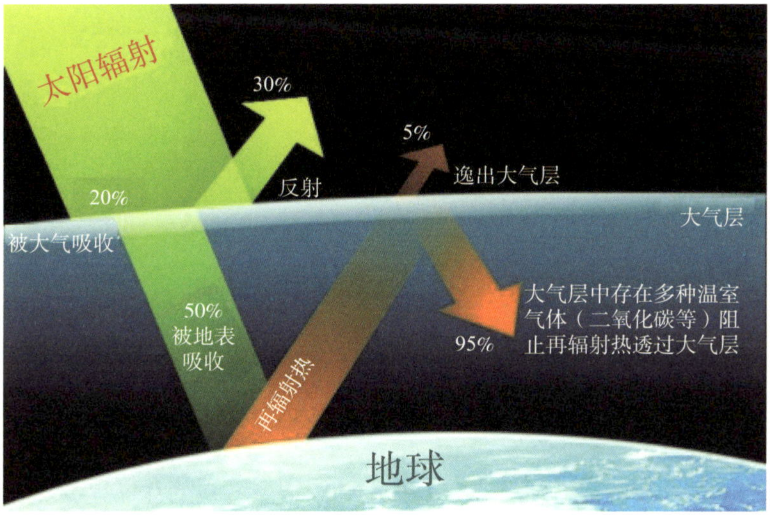

温室效应

根据国际气候变化理事会对大气环流模型预测：到 21 世纪中叶，大气中的 CO_2 浓度会达到 550~600ppm，甚至较工业革命前翻一倍以上，其结果是全球平均气温升高 1.5~4.5℃，变暖的速度是过去 100 年的 5~10 倍，并且热带地区升温较少，极地升温较多。如果全球升温 1.5℃，中纬度地区极端热日会升温约 3℃，高纬度地区极端冷夜会升温约 4.5℃。

同时，降水带和降水量发生变化，降水带普遍发生北移。资料表明，在北纬 20°~80°，每移动 10°，温度相差 7℃。若升高 4.5℃，那么降水带整体北移 6°，每北移 1°，相当于地面距离北移 110km，降水带北移 660km。

融化的南极冰川

CO_2 倍增，海水蒸发量增大，更多的水汽输送到大陆，植物生长更快，蒸腾增大，大气中水汽丰富，降水增加。

CO_2 增加是促使地球植物繁荣，实现生物能源满足人类能源需求，并最终改善地球生态的关键。蒙大拿大学的 Steven Running 和 NASA 的 Ramakrishna Nemani 博士分析了卫星拍摄到的照片数据，发现 20 世纪的最后 20 多年里，地球整体上变得更加富饶，地球生物数量增加了 6.2%；其中 25% 的大陆（大约 1.1 亿 km^2）享受着增长的成果，只有 7% 的地区呈下降趋势。

三、太阳活动对地球生态环境的影响

太阳带着地球及其他成员在银河系中周期性运转，在运转过程中给地球带来光明和温暖，带来日夜和季节的轮回，为地球生命提供各种形式的能源。与地球上的风、雨、雷、电等天气现象类似，太阳自身也存在诸多活动现象，如太阳辐射、黑子、光斑、谱斑、耀斑、日冕物质抛射等，太阳本身的活动规律对地球的光合作用和短期气候有一定的影响。

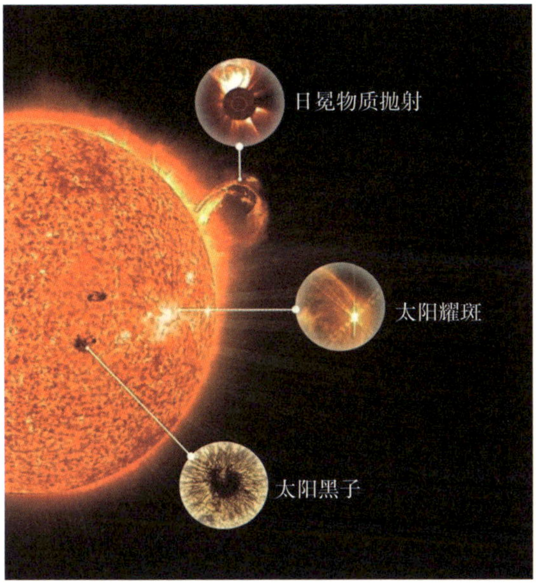

太阳活动

太阳活动中的一个重要现象是太阳黑子，人类大约在 400 年前开始对太阳黑子进行观测，对太阳的变化规律有了一些科学认识。实际上，太阳黑子并不是黑色的，它们其实是太阳最外层在内部核聚变能量的推动下产生的磁场旋涡。也正因如此，太阳黑子是太阳表面磁场最强的地方，而且其所在的区域会比旁边其他区域的温度低一些，所以看上去显得比较暗。

有关太阳黑子数与地球上气候变化之间的关系已有一些研究。譬如，太阳活动和地球温度变化之间的关系：太阳黑子持续异常减少的蒙德极小期（1645—1715 年），在时间上正好对应西欧“小冰期”的低谷期；在另一个蒙德极小期（1400—1510 年）地球上也很寒冷，当时格陵兰岛上的挪威移民都消失了，因为天气冷得简直无法生存。在太阳黑子极大期之时，会发生一连串的事件，使 ^{14}C 的含量比平常低。因此，可以分析树木年轮中 ^{14}C 的含量，以 ^{14}C 含量的升降来判断太阳黑子的极大期或极小期。

太阳活动与全球气候变化的联系，是涉及领域很宽广的交叉学科领域，其研究结果对于全球变暖研究有一定的参考意义。但总体上看，自地球生命繁荣以来，太阳给予地球的总能量是大体稳定的。

TRACE 太空船观测到的一群太阳黑子紫外线特写

四、光合作用在储能和平抑太阳能方面的作用

地球上所有生物的生命活动所利用的能量追根溯源均是来自太阳能的光能。绿色植物通过光合作用，不断地把光能转变成化学能贮藏在光合作用的有机产物中，当太阳能充足时，光合作用加强，植物可以吸收更多的光能，并通过生物质保有量的增加储存太阳能；当太阳能短时减少时，光合作用降低，氧化作用增加，生物质被氧化而释放储存的太阳能。因此，地球上丰富的生物质保有量不仅可以避免或减缓太阳短期波动（如太阳黑子）对地球气候大波动的影响，而且在大的宇宙周期波动的过程中能确保地球的生态与能源的安全。

科学家普遍认为，地球气候与太阳在银河系中的大循环以及太阳本身周期性活动的小循环有关，但是将地质记录的实际气候状况与科学家设计的各种太阳循环进行对比后，始终找不到令人信服的对应关系，反倒是地球本身的 CO_2 波动规律与地球气候有着更好的相关性，而这种更好的相关性恰恰能够用光合作用理论进行解释：

从气候大循环来看，当地球温度处于高位时，CO_2 也处于高位，这时植物光合作用加速并吸收储存大量的太阳能，进而将其转化为生物质保有量和化石能源，进入大气中的热量减少；当地球温度处于低位时，CO_2 也处于低位，这时光合作用减速，大量植被退化，太阳能无法储存而释放在大气中，已经形成储备的化石能源等快速氧化并释放储存的太阳能，由此形成了地球生物繁荣—成煤（油）—冰期—沙漠期的循环往复。

从气候小波动来看，在高温季节有森林的区域比无森林的区域温度低 2~3℃，在同纬度地区，植被覆盖区较无植被覆盖区昼夜温差明显缩小，且主要体现在植被覆盖区高温时段温度较低。

以上大循环与小循环的化学反应过程如下：

吸热反应：$6CO_2 + 12H_2O \longrightarrow C_6H_{12}O_6 + 6O_2 + 6H_2O$

放热反应：$C + O_2 \longrightarrow CO_2$

注：放热反应中的碳有多种化合物的存在形式。

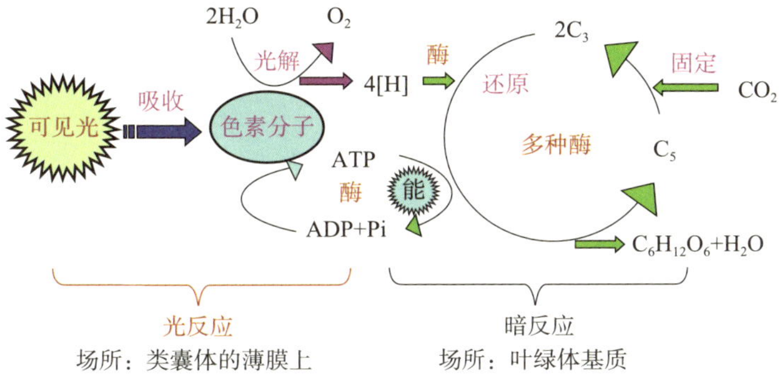

光合作用过程图解

$$6CO_2 + 6H_2O \underset{\text{通过燃烧释放能量}}{\overset{\text{通过光合作用储能}}{\rightleftharpoons}} C_6H_{12}O_6\text{（生物质）} + 6O_2$$

光合作用反应方程

光合作用碳汇与储能

附：人类对 CO_2 与温室效应的认识过程

大气是如何为地球保温的呢？爱尔兰科学家约翰·廷德尔（John Tyndall，1820—1893）在 1859 年进行了一系列实验，以精确测量红外辐射是如何被气体吸收的。他测试了几种气体和蒸汽，发现像氧和氮这样的单元素气体影响甚微，而越复杂的分子吸热能力越强，水蒸气（H_2O）和 CO_2 是热辐射的强吸收体。他还由此推测了水蒸气和 CO_2 的变化与气候变化的关系，这就是我们现在所说的增强的温室效应。他认识到影响最大的是水蒸气，如果没有水蒸气，地球表面将"陷入冰天雪地之中"。

对于大气中不同成分的热效应问题，约翰·廷德尔并不是唯一的关注者。美国的海洋生物学家莉斯·福特（Liz Foote）在 1857 年也做过一个简单而有效的实验。她在一个气罐中注入"普通"空气，同时在相同的气罐中分别注入CO_2和水蒸气。然后她将温度计分别放入其中，并将气罐置于阳光下。很快，注有温室气体的气罐中的温度飙升，超过了注有普通空气的气罐。

之后，瑞典化学家、1903年的诺贝尔化学奖得主斯万特·阿伦纽斯（Svante Arrhenius，1859—1927）因受当时科学界流行的一个问题吸引，即找出地球在整个历史上经历不同冰期的原因，将注意力投向了大气CO_2浓度。1895年，阿伦纽斯试图量化CO_2对地球温室效应的影响，经过无休止的、复杂而乏味的计算后，他在1896年发表的一篇文章中发表了研究结果。计算的结果显示，如果将大气中的CO_2水平降低到当时的一半，将导致地球温度下降4~5℃，这可能会导致地球进入冰期；但如果大气中的CO_2浓度增加50%，地球将出现5~6℃的变暖，这意味着斯堪的纳维亚半岛将拥有更舒适的气候。根据他的计算，按照当时煤炭的消耗速度，大气中CO_2的含量增加50%需要大约3000年。但在当时，阿伦纽斯的研究并未引起多少人的关注。

下一个登场的有影响的人是加拿大蒸汽工程师盖伊·卡伦达（Guy Callendar，1898—1964），他在1938年发表了一篇开创性论文《CO_2的人工生产及其对温度的影响》（*The Artificial Production of Carbon Dioxide and Its Influence on Temperature*）。在此之前，虽然有阿伦纽斯等的研究，但人们对大气中CO_2的变化作为地球气候的一个因素和冰期成因的重要性产生了严重的怀疑。同时出现了很多相互竞争的理论，如地球轨道几何或太阳输出的变化、海洋的作用、火山尘埃对阳光的遮蔽以及光谱学方面的考虑；又如水蒸气和CO_2在相同的光谱区域吸收红外光，这使得CO_2对气候影响的研究领域陷入了“深度黑暗”之中。

卡伦达在论文中没有引用阿伦纽斯1896年的研究结果，他只分析了1898—1900年在伦敦附近的丘园（Kew）采集的一组大气CO_2浓度的数据。这些数据是在一个CO_2源附近采集的，在分析上有不确定性。根据分析，卡伦达得出结论，在1900年前后，北大西洋地区大气中CO_2的含量为（274±5）ppm。接着，在论证了化石燃料燃烧产生的CO_2中只有一小部分会溶解在海洋中之后，卡伦达根据估计的全球CO_2产量计算出在 1936 年、2000 年、2100 年和 2200 年大气 CO_2 的含量分别是 290ppm、314~317ppm、346~358ppm、373~396ppm。

通过一个简单的红外辐射吸收模型，卡伦达算出了 CO_2 浓度升高所带来的全球变暖幅度，气温将以每 10 年约 0.03℃的速度上升。卡伦达在 1938 年将 20 世纪初的变暖归因于 CO_2 的增加，如果不是在 20 世纪 60 年代和 70 年代出现了全球变冷，这种说法可能是可信的。

但无论如何，卡伦达 1938 年的文章以及 1949 年的文章，令 CO_2 致使气候变化的理论重新焕发了活力，引发了 20 世纪 50 年代在一小群海洋学家和地球化学家中关于人类工业活动是否增加了大气中的 CO_2 浓度的争论。

为了解决这一争端，观测大气中的 CO_2 浓度成为紧迫的科学课题。在 1957—1959 年为期 18 个月的国际地球物理年期间，美国加州大学斯克里普斯海洋研究所的罗格·雷维尔（Roger Revelle，1909—1991）获得了相关研究资金。雷维尔雇用了年轻的博士后查尔斯·戴维·基林（Charles David Keeling，1928—2005），并把他送到夏威夷的死火山莫纳罗亚山顶，观测记录大气中的 CO_2 浓度。

两年以后，基林根据莫纳罗亚山和南极观测的数据，发表了关于全球大气 CO_2 变化的经典论文，指出南极和莫纳罗亚山的 CO_2 浓度、化石燃料释放、海洋吸收在同步增加。基林用当时全球 3 个观测站的连续观测结果，以及一些飞机观测和实验室数据，初步描绘了大气 CO_2 的年变化属性，绘制了“0 版本”的基林曲线。这在很大程度上证实了大气 CO_2 存在相对稳定的季节变化规律，从而改变了以前学界认为“CO_2 的变化基本上是无常的”的观点。

在接下来的 10 年里，其他科学家在其他地方复制了莫纳罗亚的趋势。还有其他科学家继续对甲烷（CH_4）、臭氧和氯氟烃（CFCs）进行测量。到 20 世纪 70 年代中期，大气学家已经证明所有这些气体在对流层中都在增加，人类正在改变大气的组成。

1976 年，基林再次在论文中给出大气 CO_2 浓度的观测结果，更有信心地集中讨论莫纳罗亚山的记录，同时提示同行，大气 CO_2 浓度在 15 年中一直呈增加的趋势。

接下来，人们的研究集中在了人类引起的变暖会有多严重的问题上。1989年，美国启动了全球变化研究计划，研究如何减少温室气体引起的变暖。科学家还研制了发射到地球轨道上的大气红外探测器和轨道碳观测站，以加强对于大气 CO_2 浓度的监测。

第三节

从太原石炭—二叠系地质剖面看地球的气候周期

地球上大的成煤期共有三个，成煤期的形成与气候、植物繁殖量直接相关，由于每一个成煤期均具有与此相同、相似的岩相变化规律，因此这一规律也反映了地球气候环境的变化与植物生长的相关性。

石炭—二叠纪是地球陆地植物生长大爆发和陆生动物首次繁荣并形成如今世界上大部分煤炭储量和奠定后期生物门类的发展时期，同时地球最大的冰期和最大的生物灭绝事件也发生在这一时期。

李希霍芬——详细考察山西煤炭的德国地质学家

太原西山保留了地球上最完整的石炭—二叠系地层，全面地记录了地球生态系统从发展、繁荣到灭绝，地球气候从暖湿、干冷再到沙漠化的全过程。因此，太原西山被国际地质学会公认为石炭—二叠系标准地质剖面。

太原西山石炭—二叠系剖面也是一个 CO_2 浓度由高到低、O_2 含量由低到高的过程，这一过程同时伴随温度、植被、冰川、沙漠的变化。

一、石炭纪陆地生物大爆发

在经历了奥陶纪生物大灭绝后，地球经过志留纪和泥盆纪几千万年的恢复，到泥盆纪晚期，地球大气中的 CO_2 浓度再次达到历史高点，同时，自泥盆纪海洋植物逐步登陆后，陆生植物在石炭纪得到了迅速发展，在这一时期，所有的陆地几乎都形成了不同规模的煤炭，因此，国际地学界将这一时期称作“石炭纪”。据统计，即使在经过后期的风化剥蚀和地壳运动造成的流失后，石炭纪残留到今天的煤炭储量仍占全世界总储量的 40% 以上。

其中山西部分地区煤层最大总厚度达到 40m 以上，成煤时间约 9000 万年，推算其成煤的植物堆积厚度达到 800m 以上。

石炭纪生物大爆发

自石炭纪植物迅速占领了所有陆地后，物种不断增加，体型不断增长，产生了高达 40m 的石松、茎秆直径可达 30cm 的木贼等。同时，大规模的光合作用产生大量的 O_2，促使陆生动物不断进化，节肢动物在石炭纪几乎达到了身体尺寸的极限，当时的巨脉蜻蜓展翅甚至能超过 2m，两栖动物体型快速膨胀，很快统治了世界，地球陆地第一次出现了一派繁荣景象。

二、石炭纪森林崩溃

石炭纪陆生植物经过5000万年左右的持续增长，除了形成大量的化石能源，依然保持了遍布陆地的雨林，汇集了越来越多的碳，导致地球大气的CO_2降到了临界点之下，而当时空气中的O_2含量很高，且随着气候逐渐变冷，冰川规模日益庞大，巨型生物带走了大量水分，让海平面下降，改变了洋流和

大羽羊齿植物群燃烧前后景观复原图

季风，同时让晚石炭纪的空气变得异常干燥。于是，煤与森林的大规模燃烧不可避免地开始了。

到了石炭纪末期，森林大火频繁发生，在经历了数十万年的持续燃烧后，曾经浪漫而蓬勃的雨林体系终于支撑不住而全面崩溃，大部分森林和泥炭沼泽消失，这被称为“石炭纪雨林崩溃事件”，在太原西山 4# 煤层中大量存在的丝炭组分（燃烧后的木炭）清楚地记录了这一事件。

三、二叠纪冰期

在经历了“石炭纪雨林崩溃事件”后，大气中的 CO_2 浓度暂时回升，又形成了二叠纪早期短暂的成煤期，但由于石炭纪存储了大量的化石能源，在二叠纪成煤后，大气中的 CO_2 再次被大量消耗，并进一步降低至迄今为止的最低值，导致温室效应消失殆尽，地球迎来了生物史上最大的冰期。

冰期造成了陆生植物停止生长，海洋面积大幅退缩，生物生存环境严重恶化。太原西山这一时期虽处于靠近赤道的相对温暖地区，但在早二叠纪煤层上部下石盒子组褐黄色的斑状泥岩反映出了当时的寒冷气候和氧化环境。

二叠纪冰期的地球

四、二叠纪生物大灭绝

二叠纪中晚期，地球结束了漫长的冰期，丰富的 O_2 和干燥的气候把地球从寒冷的冰川环境带入了赤热的氧化环境，在环境的剧烈变化和不断恶化下，地球有生命以来最大的一次生物大灭绝事件发生了。二叠纪末期生物大灭绝发生在距今 2.52 亿年前，在 6 万年时间内造成了 70% 的陆生生物和 96% 的海洋生物灭绝。

太原西山下石盒子组往上的上石盒子组和石千峰组的巨厚地层，均为紫、紫红、砖红色地层，反映的是炎热干燥、赤地千里的氧化环境，在这种自然环境中，一般的植物和大中型动物是无法生存的。

生物大灭绝示意图

资料来源：地球知识局。

五、二叠纪末期与三叠纪早期的赤地千里

从二叠纪下石盒子组到与三叠纪连接的石千峰组，地球经历了其生命史

上最严重的生物灭绝事件，这时地球的 CO_2 已经形成巨量的煤炭储存在地下，使大气中的绝对含量达到了极小值，约为如今大气中 CO_2 浓度的 80%。

由此带来的结果是地球温室效应极大地被削弱，氧化作用极大地被加强。与此同时，地球进入了地质活跃期，造山运动使地面高差加大，海水加深、退缩，陆地扩展，海水蒸发量减少，地球进入极度干旱的强氧化环境。

从西山二叠纪晚期的上石盒子组、石千峰组，到连续沉积在石千峰组之上的三叠纪刘家沟组、和尚沟组、二马营组共约 1000m 厚的深红、紫红、砖红色沉积物，表明了当时严重干旱和强氧环境（岩石中主要染色矿物为铁和锰，还原环境下产生黑色的低价铁，氧化环境下产生红色的高价铁），这些沉积物中几乎没有任何化石和生命痕迹，可谓是赤地千里的沙漠化环境，其时间跨越 5000 万年。

三叠纪红色页岩

侏罗纪生态复原图

地表浅层的煤炭以及由于地壳运动抬升到地表的深部化石能源经过长期的氧化作用，固定在其中的碳以 CO_2 的形式重新回到大气循环中，植物光合效率大幅上升，为下一个地球生命的高潮——侏罗纪储备了物质基础。

第四节

从地球历史的角度看今天的气候变化

一、人类时代在地球气候循环过程中的阶段分析

在侏罗纪末和白垩纪生物大灭绝事件之后，经过数千万年的自然氧化，到古近纪，大气中的 CO_2 重新达到了一个高峰值，约为今天的 2 倍还多，地球

再次变得温暖潮湿，进入了地球生物繁盛的时期，经过3000多万年的持续繁荣，形成了著名的第三纪成煤期和很多现存的大油田。

最早的灵长类出现在古近纪之初，其中猿类与迄今为止陆地上最大的哺乳动物巨犀等同时出现在古近纪晚期。这一时期，地球尚处在一个富饶繁荣的自然环境中，第三纪成煤期正在进行中。

但是到新近纪成煤期结束，由于生物质的大量沉积，CO_2不能返回到大气中，导致大气中的CO_2快速降低，气温持续降低，寒冷气候带向中低纬度地带迁移，使高纬度地区和山地广泛发育冰盖或冰川。到约300万年前，北冰洋开始结冰，第四纪冰期随之来临，所有动植物一道进入新的生物大灭绝进程中。

第四纪冰期极端恶劣的气候和迅速枯竭的植物再生能力以及基础食物的供给严重匮乏，导致一部分生物不适应气候而消亡，一部分生物无法获取足够的食物而消亡，还有一部分在生存竞争中消亡。

在这一过程中，体型较小而灵活的最早的猿类得以存活；在第四纪冰期进一步发展的过程中，类人猿与大型猿类开始分化；到大灭绝的后期，最早的人类——南方古猿出现，并成为生存竞争中的顶级捕猎高手，他们充分利用其他动物的有机体，满足了在食物极度缺乏环境下的自身发展的需求。同时，剑齿虎、猛犸象、大地懒以及海洋中著名的巨齿鲨等巨型哺乳动物纷纷灭绝，数万个物种逐渐消失，地球进入了人类时代。

人类从诞生到今天所经历的生存环境，与太原西山石炭—二叠纪气候大循环过程对比如下：

①成煤早期大气中的高CO_2浓度；

②成煤过程大气中的CO_2持续减少和氧气不断增加；

③温室效应的弱化和大冰期的来临；

④生物大灭绝；

⑤长期的沙漠化。

如果从灵长类的出现算起，我们人类已经经历了以上1~4个阶段，目前正处在第5个阶段。

第四纪冰期

二、第四纪黄土的形成与后冰期时代

地球进入第四纪，冰期和间冰期交替明显而且旋回多次，地球气候也因此出现多次冷暖变化，今天我们正生活在第四纪的间冰期中。从影响冰期强度与气候恢复速度的地球大气中的 CO_2 浓度来看，目前是仅次于地球历史上最严酷的石炭—二叠纪大冰期的第二个最低点。石炭—二叠纪大冰期之前地球植物爆发式增长，将大气中大量的 CO_2 转化并通过各个聚煤盆地埋入地下，形成今天地球上最主要的煤炭资源；第四纪冰期之前的第三纪成煤期，固化了大气中绝大多数的碳，形成了地球现存接近 1/4 的煤炭储量。

第四纪黄土随着第四纪冰川的发展而发生，约 1.8 万年前冰川达到最盛期，海平面较今天低 130m 左右，大气 CO_2 降到了继石炭—二叠纪成煤期之后的最低值，极端的氧化环境和持续近万年的风沙天气，造就了华北和西北地区近 200m 厚的黄土沉积。

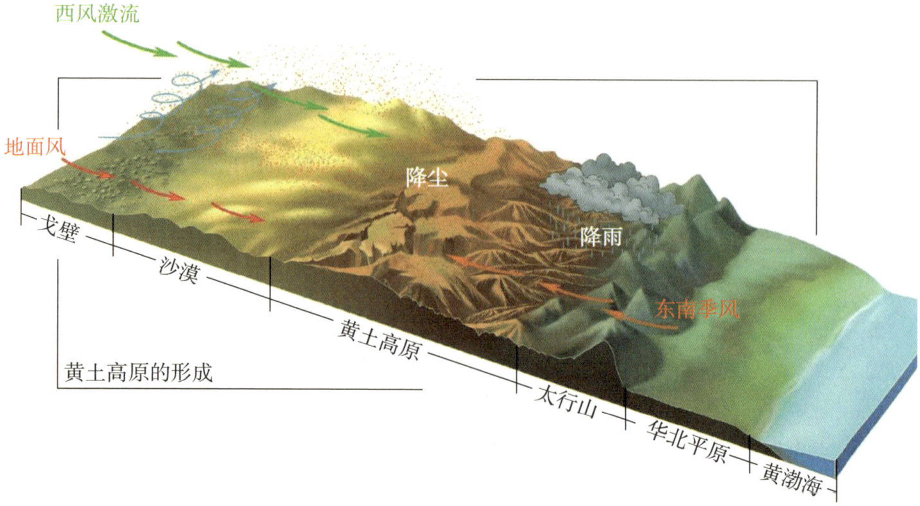

黄土地貌的形成机制

资料来源：《中国国家地理》。

第四纪黄土在世界各地广泛分布，在中国的华北和西北地区更是形成了典型的黄土高原地貌。第四纪黄土属于风成沉积物，广泛分布于大规模的沙漠边缘和外围，中国华北和西北地区的黄土沉积来源于塞外及蒙古高原的广袤沙漠。

第四纪冰川与第四纪黄土形成的过程，同时也是地球生命又一次大灭绝的过程。直到约一万年前第四纪冰期结束后，人类进入了快速发展的时期，并由狩猎、农耕逐步进入现代文明社会，同时开始了后冰期时代与全球沙漠化的斗争过程。

气候恢复和沙漠化的消退应该是一个漫长的过程，即我们目前处在地球气候大循环过程中的第 5 个阶段，过去数千年游牧民族和农耕民族的争斗，实际上是在地球沙漠化和自然资源贫瘠化条件下的生存斗争，反映了后冰期时代沙漠化的往复与进退。

地球历次成煤期之后的冰期或严寒气候的恢复，都需要有足够的时间让地表和地下的生物质及化石能源通过自然氧化逐步恢复到大气中，石炭—二叠纪的这一阶段至少持续了 1000 万年，直至三叠纪中期，才开始在局部地区再次形成煤炭。奥陶纪及更早的几次冰期，其恢复过程均在数千万年以上。

第四纪黄土地貌

但是我们已经看到，近百年来地球气候与生态恢复正在加速进行，这完全归功于人类活动特别是人类进入工业化进程后对化石能源的加速氧化——燃烧。今天人类活动一年燃烧化石能源的消耗量，要远大于化石能源在自然状态下一万年的氧化量。

三、地球气候正进入温暖期

2022 年 8 月 3 日，中国气象局发布《中国气候变化蓝皮书（2022）》，气候系统的综合观测和多项关键指标表明，全球变暖趋势仍在持续。2021 年，全球平均温度较工业化前水平（1850—1900 年平均值）高出 1.11℃，是有完整气象观测记录以来的 7 个最暖年份之一。最近 20 年（2002—2021 年）全球平均温度较工业化前水平高出 1.01℃。2021 年，亚洲陆地表面平均气温较常年值（使用 1981—2010 年气候基准期）偏高 0.81℃，为 1901 年以来的第 7 高值。

中国升温速度高于同期全球平均水平，是全球气候变化的敏感区。1951—2021 年，中国地表年平均气温呈显著上升趋势，升温速率为 0.26℃ /10 年。近 20 年是 20 世纪初以来中国的最暖时期。2021 年，中国地表平均气温较常年值偏高 0.97℃，为 1901 年以来的最高值。

2000 年之后，全球多方组织对过去 1000 年的全球温度进行了研究，对这些研究成果进行对比和讨论后发现，最近 50 年的气候转变过程十分清晰。政府间气候变化问题小组根据气候模型预测，到 2100 年，全球气温估计将上升 1.4～5.8℃。

全球气候变暖的原因有两方面：一是第四纪冰期的结束，地球进入了自然恢复期；二是燃烧煤炭、石油和天然气等产生大量温室气体。近百年来，全球的气候正在逐渐变暖，与此同时，大气中温室气体的含量也在急剧地增加。许多科学家都认为，温室气体的大量排放造成的温室效应加剧可能是全球变暖的基本原因。

四、变暖、变湿、CO_2 上升 —— 一个新的环境正在形成

CO_2 是植物进行光合作用的原料，CO_2 浓度增加会加强光合作用和生产力，等于给植物施加 CO_2 肥料，增加植物根部的碳量，提高根瘤菌的活性，增强氮元素的固定，从而促进植物的生长。科学家研究认为，在 CO_2 倍增情况下，许多植物的光合作用都会明显增加，其中农作物可增加 30%～50%，平均净第一生产力会增加 20%～26%。因为植物体叶片中的气孔是光合作用 CO_2 和蒸腾水汽出入的通道，植物中 80%～90% 的水分是由气孔散失的。CO_2 浓度增大，气孔只需张开得小一些，就能吸收足够的 CO_2，所以植物通过蒸腾损失的水分减少，从而对水的利用率提高。

在人们为全球气候变暖导致冰山消融、海平面上涨担忧时，从非洲撒哈拉和欧洲阿尔卑斯山脉却传来好消息，这些地带的植被变得越来越绿，森林面积令人惊奇地增加，野生动物也重新归来。

达尔文——现代进化论的奠基人

长期研究非洲生态状况的德国科隆大学专家斯蒂芬·克勒佩林表示，“从来没有像最近几年那样有这么多的雨”“20 年前这里只有沙漠和碎石，现在长着金合欢和其他树木”。克勒佩林称，如果不是因为当地游牧民族的人口增长较快，过分开垦种地，这一带可能早就成了绿洲。

德国的情况在欧洲具有代表性。德国联邦政府的林业报告显示，在近 40 年里，德国的森林面积增加了 1 万 km^2，德国约 30% 的土地面积被森林覆盖，这个数字接近全球平均水平，整个欧洲的森林覆盖比例约为 45%。

近年来，中国在全球森林面积正增长的统计中排列首位，中国绿地面积正在迅速扩大，西部地区的沙漠与戈壁等干旱地区降水量逐年增加，地下水位不断提高，沙漠边界线在以每年近千米的速度退缩，荒芜的黄土高原正披上绿装。

由科技部国家遥感中心组织编制的《全球生态环境遥感监测 2022 年度报告》显示，北美洲、亚洲和欧洲的森林面积近些年总体呈增加趋势。尤其是地球北部的高寒地区，由于冬季变得比较温和，植被的临界线开始越来越向北、向高处延伸。该报告的“北极地区冰雪与植被变化”专题就明确指出：2002 年至 2021 年，77.4% 的北极陆表区域绿度增加，面积约 550 万 km^2，相当于整个亚马逊雨林的面积，其中绿度显著增加的陆地面积约 175 万 km^2。北极植被绿度最高的 5 个年份全部出现在 2017 年之后，表明北极植被“绿化”近 5 年来有加速趋势。

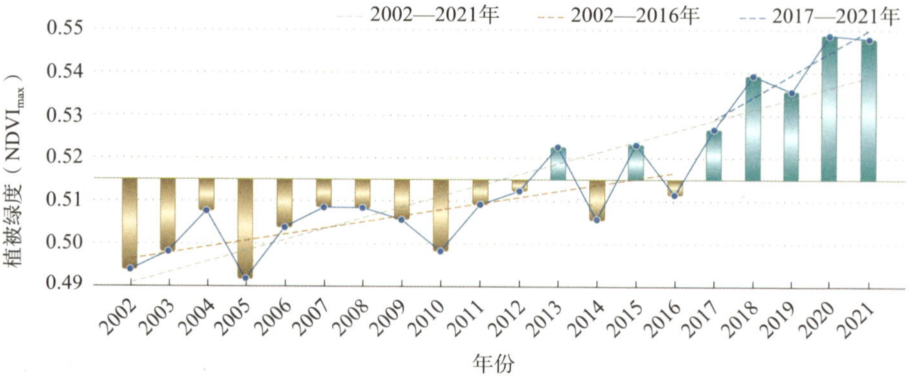

2002—2021 年北极植被绿度年际变化

注：蓝色折线为研究期北极植被的年际绿度，灰色、褐色和蓝色虚线分别为近 20 年、前 15 年和后 5 年的变化趋势，蓝色和褐色柱分别表示高于或低于研究期平均值。

黄土高原今昔对比图

全球森林面积出现负增长的主要是热带雨林地区，如印度尼西亚的苏门答腊群岛。热带雨林地区砍伐森林主要是为了种植油棕等油料作物。从油棕提

代	纪	世	同位素年龄/百年 持续时间	同位素年龄/百年 距今年龄	生物发展阶段
新生代	第四纪	全新世	0.01	0.01	古人类出现
		更新世	2.57	2.58	
	新近纪	上新世	2.75	5.33	生物特点接近现代
		中新世	17.67	23.0	
	古近纪	渐新世	10.8	33.8	
		始新世	22.0	55.8	
		古新世	10.2	66.0	哺乳动物开始繁盛
中生代	白垩纪	晚白垩	79.0	99.6	恐龙灭绝
		早白垩		145.0	被子植物兴起 爬行动物急剧减少
	侏罗纪	晚侏罗	56.3	161.5	
		中侏罗		174.7	巨大爬行动物发展
		早侏罗		201.3	鸟类出现
	三叠纪	晚三叠	50.6	237.0	哺乳类出现
		中三叠		247.2	爬行动物发展
		早三叠		251.9	四射珊瑚、三叶虫、蜓灭绝
古生代	二叠纪	晚二叠	47.0	259.5	
		中二叠		273.0	
		早二叠		298.9	裸子植物发展
	石炭纪	上石炭	60.0	323.2	
		下石炭		358.9	两栖类兴起 爬行类出现
	泥盆纪	晚泥盆	60.3	382.7	笔石衰亡
		中泥盆		393.3	蕨类植物兴起 原始裸子植物出现
		早泥盆		419.2	昆虫、原始两栖类出现
	志留纪	普里道利世	24.6	423.0	鱼类兴起
		罗德洛世		427.4	
		温洛克世		433.4	最早陆生植物出现
		兰多维列世		443.8	三叶虫衰落
	奥陶纪	上奥陶	41.6	458.4	三叶虫、笔石、头足类、腕足类等无脊椎动物大量繁盛
		中奥陶		470.0	
		下奥陶		485.4	
	寒武纪	芙蓉世	53.4	497.0	
		苗岭世		509.0	最早的脊椎动物出现
		第二世		521.0	三叶虫繁盛
		纽芬兰世		538.8	
新元古代			461	1000	无脊椎动物出现
中元古代			600	1600	藻类繁盛
古元古代			900	2500	菌藻类出现
太古宇			1500	4000	
冥古宇			600	4600	地球诞生

地质年代图

取的植物油被作为对环境友好的生物燃料出口到欧洲和北美。同样的情况也出现在南美的热带雨林地区，巴西大量的原始森林被砍伐掉，用于种植甘蔗，因为甘蔗可以作为乙醇燃料的原料。美国、欧洲等发达国家倡导的生物燃料计划，主观上是为了发展对环境友好的、可持续的新能源，但如果大气中的 CO_2 不足以维持植物量的大规模增长，客观上就会影响发展中国家的生态环境。

附：人类对碳循环与地球气候关系的认识过程

在形成之初，地球上尚没有生命的存在，大气的成分也与今天有着天壤之别。虽然，我们今天已经无法知晓当时地球上的大气组成，不过参考探测器对太阳系中近日行星的探测，水星、金星和火星等的大气组成以 CO_2 为主，其中金星的 CO_2 浓度为 97%，火星的 CO_2 浓度为 95%，可以推测地球原始大气的组成必定以 CO_2 为主，同时含有大量的氨气（NH_3）、甲烷（CH_4），以及少量的乙烯（C_2H_4）、乙炔（C_2H_2）、H_2、氦气（He）、一氧化碳（CO）、硫化氢（H_2S）、氰化氢（HCN）和 H_2O。

随着生命在地球上的起源，光合生物很快开始出现，光合作用源源不断地将大气中的 CO_2 转变为有机碳储存起来，并释放出氧气。到大约 20 亿年前，地球大气发生了从富 CO_2 贫氧到贫 CO_2 富氧的转变。从 20 亿年前到现在，大气主要由氧、氮组成，组成上没有发生像 20 亿年前那样的突变，其中 CO_2 实质上是微量气体。即使如此，CO_2 在不同地史时期含量的变化却是十分剧烈的。

科学家主要通过地球化学模拟、植物气孔指数和氧、碳同位素等方法对 5.4 亿年前以来的显生宙大气 CO_2 浓度进行了半定量的研究。结果显示，显生宙大气 CO_2 浓度以早古生代为最高，特别在寒武纪和奥陶纪之交，最高值可能达到现今大气 CO_2 浓度之 20 倍，中生代则以侏罗纪—白垩纪为最高，最高值达到现今大气 CO_2 浓度之 8 倍左右；大气最低含量 CO_2 出现于石炭—二叠纪末期和包括第四纪在内的晚新生代，很可能前寒武纪最末期也具最低含量 CO_2。这三个地质时期都有大面积大陆冰川的分布。

由于 CO_2 是大气中的微量气体，对制约的各种因素反应灵敏，在不同地区、不同季节、不同人为排放量等方面会有一些差别。例如，著名德裔地球化学家海因里希·D. 霍兰德（Heinrich D. Holland，1927—2012）在他的名著《大气和海洋的化学》（*The Chemistry of the Atmosphere and Oceans*）一书中称，大气平均 CO_2 浓度在工业革命前为 290ppm，1970 年为 325ppm，预计 20 世纪末可达 390ppm。2022 年 5 月 18 日，世界气象组织（World Meteorological Organization，WMO）在日内瓦发布的《2021 年全球气候状况》报告显示，2020 年全球 CO_2 浓度达到 413.2ppm，为工业化前水平的 149%，并认为全球平均气温比工业化前水平高出约 1.11（±0.13）℃。

实际上，世界各地之间的大气 CO_2 浓度存在很大差异。例如，我国学者周秀骥等在 1996 年给出了不同地区 1994 年 8 月至 1995 年 6 月的大气 CO_2 浓度测定值（平均）：西宁西 200km 为 369.7ppm，浙江临安为 372.6ppm，哈尔滨南龙凤山为 394.3ppm。

此外，值得注意的还有一点，那就是作为一个庞大的复杂的系统，地球大气 CO_2 浓度变化与全球气温变化之间的因果关系实际上是很难判定的。各种研究给出的数据曲线，大都表明两者存在相关性，但相关性并不能等同于因果关系。

纵观整个地球的历史，即使是在 5.4 亿年前以来的显生宙中，地球温度和大气 CO_2 浓度均发生过剧烈的变化，无论是在 2 亿年前中生代的大暖期，还是在 5000 万年前的古新世—始新世极热事件中，地球生命都生活得很好，而且十分繁盛。

参考文献

[1] FOSTER G L，ROYER D L，LUNT D J. Future climate forcing potentially without precedent in the last 420 million years [J]. Nature Communications，2017（8）：14845.

[2] BERNER R A. The phanerozoic carbon cycle：CO_2 and O_2 [M]. Oxford：Oxford University Press，2004.

[3] BERNER R A，VANDERBROOKS J M，WARD P D. Oxygen and evolution [J]. Science，2007，316（5824）：557–558.

[4] CANFIELD D E，HABUCHT K S，THAMDRUP B. The archean sulfur cycle and the early history of atmospheric oxygen [J]. Science，2000（288）：658–661.

[5] FAIRHALL A W. Accumulation of fossil CO_2 in the atmosphere and the sea [J]. Nature，1973（245）：20–23.

[6] KUMP L R. The rise of atmospheric oxygen [J]. Nature，2008（451）：277–278.

[7] TRAIL D，WATSON B，TAILBY N D. The oxidation state of Hadean magmas and implications for early Earth's atmosphere [J]. Nature，2011（480）：79–82.

[8] 解三平，阎德飞，韦利杰，等．精确重建古大气 CO_2 浓度的气孔方法 [J]．古生物学报，2005，44（3）：464–471.

[9] 罗超，刘卫国，彭子成，等．新疆罗北洼地湖相沉积物有机碳同位素的变化序列及其古环境意义 [J]．第四纪研究，2008，28（4）：621–628.

[10] 黄成敏，王成善．晚第三纪以前形成古土壤的鉴别、分类及其在古环境研究中的应用 [J]．地球科学进展，2006，21（9）：911–917.

[11] 倪庆，王永栋，田宁，等．从植物化石叶片中获取古大气 CO_2 浓度的信息 [J]．自然杂志，2008，30（2）：102–105.

[12] 杨楠，李承森．中国泥盆纪维管植物的组成与古地理分布 [J]．古地理学报，2009，11（1）：91–104.

[13] 侯鸿飞，王士涛．中国泥盆纪古地理 [J]．古生物学报，1985，24（2）：186–197.

[14] 林伟宏．植物光合作用对大气 CO_2 浓度升高的反应[J]．生态学报，1998，18(5)：529–538.
[15] 汪品先．气候演变中的冰与碳[J]．地学前缘，2002，9(1)：85–92.
[16] 中华人民共和国科学技术部国家遥感中心．全球生态环境遥感监测 2022 年度报告[R]．2023.

第二章

只要太阳依然存在，地球能源永不枯竭

Energy of the Earth Endless as Long as the Sun Exists

地球上所有的化石能源和可再生能源均来自太阳给予地球的能量：

当大气 CO_2 处于适当浓度时，光合作用效率提高，植物快速生长并储存了大量的太阳能，为生物的演化发展提供了足够的能量，为化石能源提供了基础物质；

大量的生物质沉积并掩埋在地下，形成了大量的化石能源，为人类今天的工业化提供了足够的煤炭、石油、天然气等能源；

而今天我们高度期待的新能源：风能—大气环流、水能—水循环、潮汐能、光伏能等均是当下太阳能量直接作用的结果。

第一节

太阳与地球的太阳能

一、太阳质量与核反应能量

太阳是一个直径约为 1.4×10^6km 的巨大灼热气体球，其质量是地球质量的 33.3 万倍，占太阳系总质量的 99.87%。太阳表面的温度约为 6000℃，中心部分温度推测可高达 1500 万℃，密度达到水的 160 倍。在这种高温、高压条件下，组成 3/4 太阳物质的氢元素会失去外层电子，仅剩的内部原子核称为质子。质子在以极大速度运动时可以克服彼此间的静电斥力，发生猛烈的碰撞，由 4 个氢原子核聚变成 1 个氦原子核。这种不断进行的热核反应，使太阳成为一座巨大的天然原子能工厂。

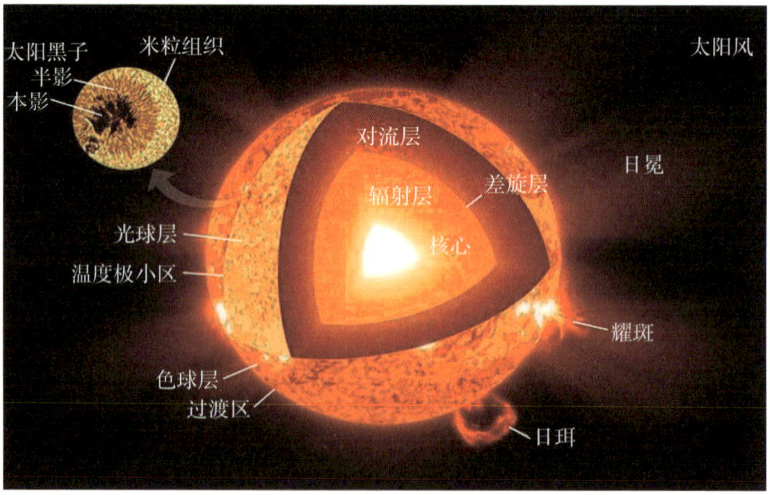

太阳内部结构图

太阳内部发生的热核反应中存在爱因斯坦在狭义相对论中指出的质量和能量的转化关系，即著名的“$E=mc^2$”公式。4 个氢原子核在聚变前的总质量是

$4 \times 1.0079=4.0316m^0$（$m^0$ 是原子质量单位，以碳原子的 1/12 为标准），而 1 个氦原子核的质量是 $4.0026m^0$，每次核聚变就亏损 $0.029m^0$ 的质量。由于真空中光的速度达到约 3×10^5km/s，所以很小的质量也可转化为巨大的能量。根据推算，1g 氢核聚变为氦核大约产生 6.281×10^{11}J 也就是约 1.5×10^{11}kcal 的热能，相当于燃烧 15t 石油或 2700t 煤所产生的能量。

太阳热核反应的能量不断地以电磁波（含可见光、紫外线、红外线、无线电波、X 射线和 γ 射线）的形式向四周放射，是整个太阳系光和热的主要源泉。

二、太阳的年龄与寿命

按爱因斯坦质能方程计算，太阳的寿命大概为 100 亿年，目前正处于稳定而旺盛的中年时期，年龄约为 45.7 亿年。

恒星的一生要经历漫长的演化，主要包括星坯、主序星、红巨星和致密星（根据恒星质量大小，又可分为中子星和白矮星等）四个阶段。主序星是内核只发生氢聚变的恒星，太阳现在就处于主序星阶段。它的内核每秒燃烧 6 亿多 t 氢燃料并释放能量。氢聚变的产物——氦元素在此阶段不发生任何核聚变，只是沉积在太阳的内核深处，主序星阶段的太阳内核温度大概在 1500 万℃，表面温度大概在 6000℃。科学界所说的太阳寿命通常就是指太阳在主序星阶段的时间。

当太阳内核的氢燃料逐渐耗尽时，核聚变反应的扩张力逐渐减小，挤压恒星内核的引力逐渐凸显，太阳的内核被引力更加猛烈地挤压，温度会逐渐从 1500 万℃上升至大约 7000 万℃，此时原本沉积在内核深处的氦元素会猛然发生核聚变，并释放出大量的能量，这一现象称为氦闪燃。氦聚变释放的能量将迅速使太阳内核的温度从 7000 万℃飙升至 1 亿℃以上，太阳受热膨胀演化成一颗红巨星。成为红巨星的太阳体积会比现在膨胀 100 万倍以上，足以吞没包括火星、地球在内的四个内行星。太阳的红巨星阶段大约只持续 10 亿年。

大约再过几十亿年，太阳将进入白矮星阶段。太阳是红巨星时氦聚变形成的产物是碳元素，这些碳元素同样会沉积在比氦更深的内核深处。成为红巨星的太阳无休止地膨胀，直至外层结构完全瓦解，沉积在内核深处的碳核心会逐渐裸露出来。当氦聚变完全停止时，内核会再次塌缩，温度飙升至数亿℃。但由于塌缩产生的热量无法引发比氦元素更重的碳元素的核聚变，所以太阳的内核只能继续塌缩直至地球大小，但密度是地球的 100 万倍以上，这时太阳已经死亡，只残留下一个炽热、浓缩的内核，这就是白矮星。

白矮星借助太阳死亡之前的余热能够持续燃烧数十亿年，但自身不再产生能量，等热量完全散发后，太阳会成为一颗冰冷、毫无热量的黑矮星。白矮星保存着太阳的大部分质量，所以它依然有足够的引力控制着剩下的四颗外行星绕着自身公转，但四颗内行星已经在太阳膨胀的过程中被燃烧殆尽了。这就是太阳以及太阳系的最终结局。

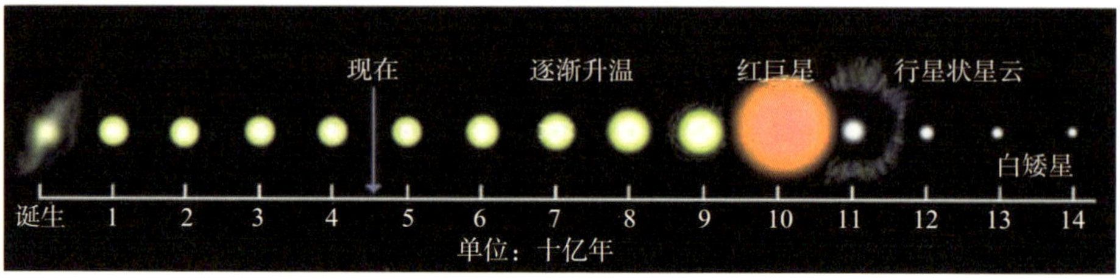

太阳的不同阶段示意图

三、进入地球的太阳能量与分布

太阳辐射指太阳以电磁波的形式向外传递能量，是太阳向宇宙空间发射的电磁波和粒子流。太阳辐射传递的能量为太阳辐射能量。地球接收到的太阳辐射能量仅为太阳向宇宙空间放射的总辐射能量的 22 亿分之一。

到达地球大气上界的太阳辐射能量称为天文太阳辐射量。当太阳辐射通过大气时，受到大气中的吸收、散射、反射等作用，使得投射到大气上界的太阳辐射不能完全到达地面。地球表面在吸收太阳辐射的同时，又将其中的大部分能量以辐射的方式传送给大气。地球表面这种以其本身的热量日夜不停地向外放射辐射的方式，称为地面辐射。地面辐射除部分透过大气射向宇宙外，大部分被大气中的水汽和 CO_2 吸收。大气在吸收地面辐射的同时，又以辐射的方式向外放射能量，称为大气辐射。

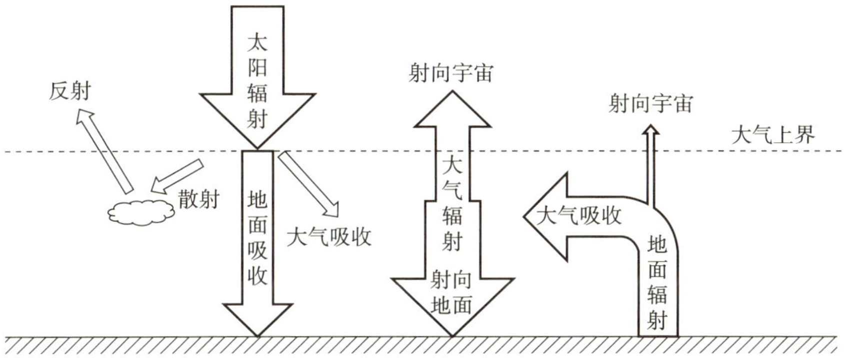

太阳辐射传递过程

由于地球以椭圆形轨道绕太阳运行，因此太阳与地球之间的距离不是一个常数，而且一年里每天的日地距离均不一样，这意味着地球大气上方的太阳辐射强度会因日地间距离不同而异。然而，由于日地间距离太大（平均距离约为 1.5×10^8km），所以地球大气层外的太阳辐射强度几乎是一个常数。因此，人们采用所谓“太阳常数”来描述地球大气层上方的太阳辐射强度。

太阳常数是指在日地平均距离上，地球大气层上界垂直于太阳光线的单位面积上每秒钟接收的太阳辐射。1981 年，世界气象组织公布的太阳常数是 1367W/m^2，地球的最大截面积是 1.274×10^8km^2，因此每秒钟地球接收到的太阳辐射能量约为 1.753×10^{17}W，一年中太阳给地球的热量累计相当于发电量 1.36×10^{18}kW·h，是目前全世界总发电量的几万倍。

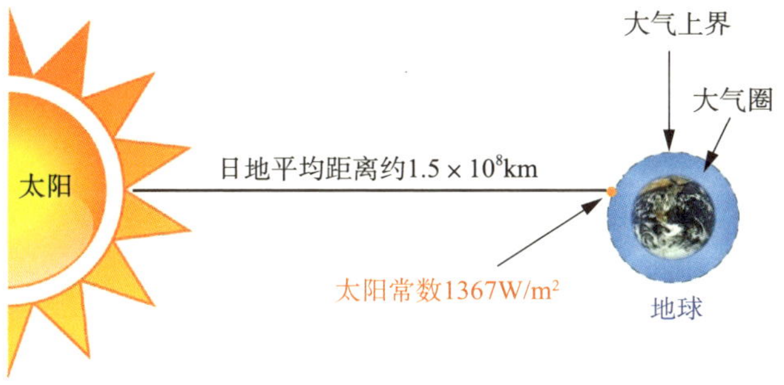

太阳常数

太阳辐射的波长为 0.15~4μm。在这段波长范围内又可分为三个主要区域，即波长较短的紫外光区、波长较长的红外光区和介于二者之间的可见光区。太阳辐射的能量主要分布在可见光区和红外光区，前者占太阳辐射总量的 50%，后者占 43%，紫外光区只占能量的 7%。太阳辐射通过大气层后其强度和光谱能量分布都发生变化，到达地面的太阳辐射能量比大气上界小得多，在太阳光谱上能量分布在紫外光区几乎绝迹，在可见光区减少至 40%，而在红外光区增至 60%。太阳辐射中各种波长的光通过大气层的吸收情况见表 2–1。

表 2–1　太阳辐射中各种波长的光通过大气层的吸收情况

波长范围 /μm	吸收状况
紫外光：<0.12	全部被高空 100km 的 O_2 及 N_2 吸收
0.12（含）~0.18	全部被高空 50km 的 O_3 吸收
0.18（含）~0.30	全部被 25~50km 的 O_3 吸收
0.30（含）~0.34	全部被 O_3 吸收
0.34（含）~0.40	几乎无损失地到达地球
可见光：0.40（含）~0.71	几乎无损失地到达地球
红外光：0.71（含）~3.00	大部分被低于 10km 的 CO_2 及水汽吸收

太阳辐射是地球表层能量的主要来源。太阳辐射在大气上界的分布是由地球的天文位置决定的，被称为天文辐射。由天文辐射决定的气候称为天文气候。天文气候反映了全球气候的空间分布和时间变化的基本轮廓。太阳辐射随季节变化呈现有规律的变化，形成了四季。

在地球大气上界，北半球夏至时，日辐射总量最大，从极地到赤道分布比较均匀；冬至时，北半球日辐射总量最小，极圈内为零，南北差异最大。南半球情况相反，春分和秋分时日辐射总量的分布与纬度的余弦成正比。南、北回归线之间的地区，一年内日辐射总量有两次最大，年变化小。纬度越高，日辐射总量变化越大。

到达地表的全年太阳辐射总量的分布基本上遵循由低纬度向高纬度递减的规律，只是在赤道地区，由于多云，年辐射总量并不是最高的。在南北半球的副热带高压带，特别是在大陆荒漠地区，年辐射总量较大，最大值在非洲东北部。

太阳辐射能量是地球大气运动的主要能量源泉。太阳辐射为地球提供光和热，维持着地表温度，促进地球上的水循环、大气运动和生物活动及变化，决定了地理环境的基本特征，为人类生产生活提供化石能源。

四、进入地球的太阳能的储存与保留状况

太阳光照射到地球后，一部分转化为热能，另一部分在生物体内转化为化学能。太阳能在生物体中最主要的吸收器和储存器是绿色植物及果实，因为只有绿色植物可以将太阳光的能量通过光合作用转化成化学能储存在有机物里，而绿色植物及果实又是整个生物圈绝大部分生物的能量来源，其最终来源是太阳能。

绿叶是光合作用的场所

每年地球上通过光合作用合成的有机物约为 2200 亿 t，相当于人类每年所需能耗的 10 倍，是作物及生物能的物质基础。

当绿色植物死去，一方面，可能作为食草动物的食物将能量带入动物体内，另一方面，如果被深埋入地下，经过很长的时间，将会变成煤炭，动物则变为石油，这是太阳能的主要储存方式——化学能，具体地说是化学键之间的能量。生物能源是植物通过光合作用将太阳能以化学能的形式固定，并贮存在生物体内的一种能量形式，是地球上最普遍的可再生能源。

狭义的生物质一般是指植物体在生长过程中，将太阳能转化为化学能，并存储在植物体各个器官内的能源物质形式。广义的生物质还包括以植物体或某器官为食物而转化为动物、微生物等生命体获得的能源物质形式，包括利用现代技术加工生物体或器官后剩余的废弃物等。因此，从根本上说，生物能源来自太阳能，将所存储的能量转移至生物质依赖于光合作用，作用过程如下：

反应方程式：$6CO_2 + 12H_2O \xrightarrow[\text{酶}]{\text{光能}} C_6H_{12}O_6 + 6O_2 + 6H_2O$

叶绿体

非能源物质 ⟶ 能源物质

地球也在向外部辐射能量，其中热辐射是主要方式，地球上大部分物体的运动都涉及能量的转移和热量的散失。

第二节

化石能源是地球历史上太阳能的储备

一、所有的化石能源均来源于光合作用

生物发展的早期，地球的阳光、水和碳资源非常丰富，全面促进了生物的爆发式增长。在漫长的地球发展过程中，阳光依旧，碳和水则经历了多次的高低波动，在不断的循环过程中，地球也经历了多次的生物大爆发和灭绝的过程，在这一过程中大量的生物质被掩埋在地下，形成了今天的化石能源，其中水生的浮游生物、藻类和其他生物形成了石油，陆生的植物通过沼泽化形成了煤炭，天然气、煤层气、页岩气、可燃冰等则是石油和煤炭形成过程中产生的衍生品。

因此，地球上所有的化石能源都是光合作用的产物，是地球历史上太阳能的储备。如果没有植物以及它们的光合作用为生物演化提供所需的物质、能量以及氧气，也许至今地球上的生物还处于极其原始的阶段，地球表面不会演变出现存的千姿百态的地貌，也不会形成丰富多彩的各种生物品种和化石能源。

- 绿色植物是生物圈中有机物的制造者及生物圈中的碳氧平衡器
  - 绿色植物通过光合作用制造有机物
    - 光合作用
      - 原料：二氧化碳、水
      - 产物：有机物、氧气
      - 场所：绿叶体
    - 表达式：$CO_2 + H_2O \longrightarrow$ 有机物 $+ O_2$
  - 绿色植物对有机物的利用
    - 用来构造植物
    - 提供能量
  - 绿色植物与生物圈中的碳氧平衡
    - 光合作用与碳氧平衡
    - 光合作用及其在农业生产上的应用

绿色植物光合作用体系

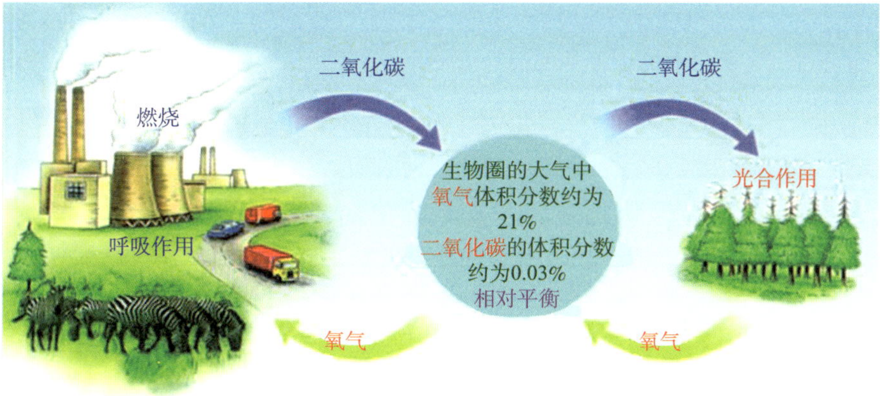

绿色植物与光合作用的碳氧平衡

二、生物发展过程伴随化石能源的形成过程

约 38 亿年前生命诞生，随后不断进行演化，但一直未能出现质的飞跃。

直到距今 5.5 亿年前的古生代寒武纪时期，出现了生物发展史上第一次生命大爆发，海洋生物门类在较短的时间内发展到几乎遍布今天所有门类。由于这一时期地球陆地尚无生命，因此这次生命大爆发主要体现在海洋生态中，其贡献是形成了一个重要的成油期。

大约 4.45 亿年前，生物开始登陆，之后陆地石炭—二叠纪生物大繁荣开始，陆地上已经由泥盆纪的低等半水生植物进化为可在内陆大规模生长的蕨类植物，形成了地球上最大的成煤期，同时也是重要的成油期。由于陆生植物和浮游生物的发展，开始出现内陆湖泊成油现象。

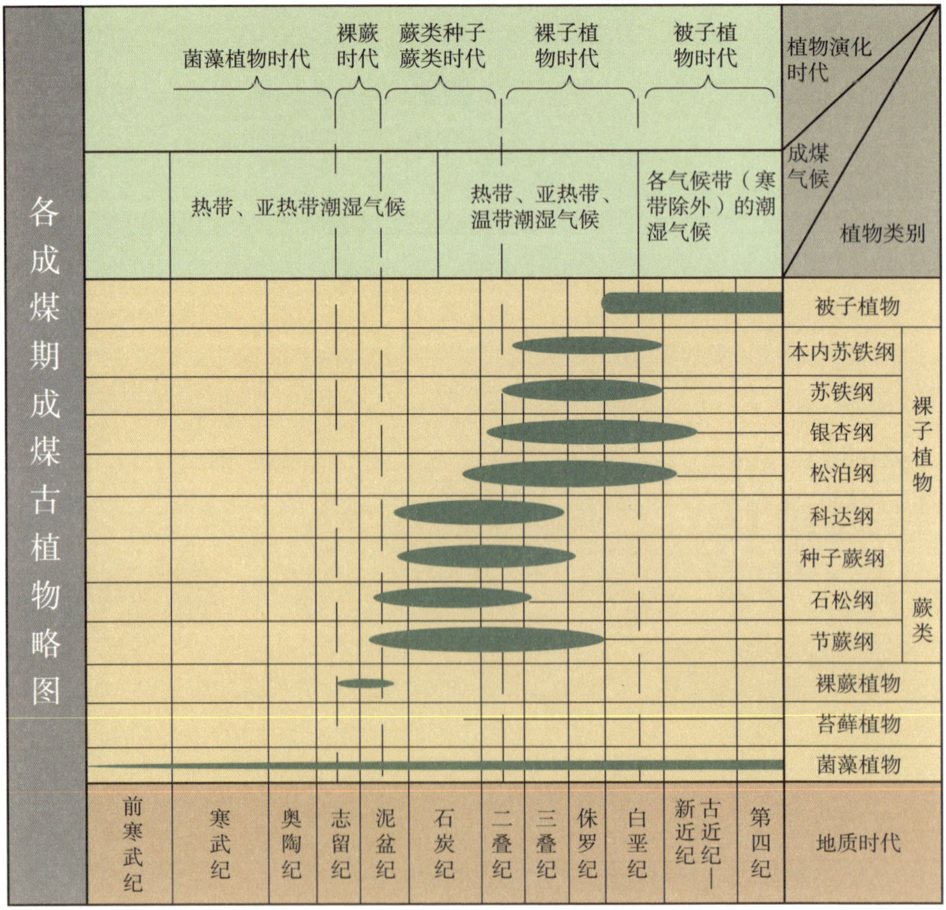

各成煤期成煤古植物略图

资料来源：王润福．煤炭传奇［M］．北京：地质出版社，2016.

2.9 亿年前，地球进入侏罗纪生物繁荣期，广大的陆地普遍出现由裸子植物组成的森林，并到处形成被沼泽地包围的湖沼，此阶段大量陆生植物形成煤炭，同时藻类也开始在湖沼中繁殖，由此也产生了以陆生藻类为原料的新种石油源岩。

从 9000 万年前开始，地球进入第三纪生物繁荣期，被子植物和针叶树林开始逐渐扩张到高纬度地区和高地，大量植物死亡形成煤炭，同时出现了以陆地木材为原料的石油源岩。

三、不同的生物环境形成了不同的化石能源品种

自从 4 亿年前植物登陆之后，借助于高浓度的 CO_2 和温暖湿润的气候，出现了植物的快速发展。陆生植物的繁茂，使生物质保有量不断增加，死亡的生物体部分被腐化分解再次以 CO_2 的方式返回大气，部分处于地壳下降区或地下水位上升区的死亡生物质不断堆积，直至被其他无机沉积物覆盖而储存于地下，在缺氧条件下被厌氧细菌生化降解，进入成煤的第一阶段——泥炭化阶段。

泥炭化阶段

其中被完整保存的纤维素、木质素、蛋白质等被分解并聚缩形成煤中的镜质组，被风化、氧化的部分形成丝质组，树脂、角质、孢子等保留原有形态的部分形成稳定组，而混入煤中的无机组分构成矿物质。在这一过程中，上述原生植物的品种与构成、沼泽的酸碱度与还原度、原地与异地堆积、沉积盆地的母岩成分等，共同决定了成煤后各阶段煤炭作为原料在除发电外的其他利用方式中的使用价值以及对使用结果的影响。

经过漫长的地质年代，泥炭在泥沙覆盖层不断增厚或地壳下沉后，在压力、温度和时间的共同作用下，泥炭的密度和碳含量逐步增加，腐殖酸、水分、氧、氢和甲烷等挥发物逐渐减少，变质程度由浅到深，依次形成褐煤、烟煤、无烟煤等。这是成煤的第二阶段——成煤阶段。

成煤物质与环境

而在海洋和湖泊环境中，特别是在海湾和河流三角洲地区，水中氧气和阳光充足，加之江河带入大量的营养物和有机质，为生物的生长、繁殖提供了丰富的食粮，使许多水生生物（如鱼类以及其他浮游生物、软体动物）迅速繁殖，石油开始大量形成。据计算，全球海洋海平面以下 100m 厚的水层中的浮游生物，其遗体一年便可产生 600Gt 的有机碳，这些有机碳沉积于海底并被其他沉积物覆盖、保存，生成海底石油。

天然气的形成物质非常广泛。除石油的有机物质可以产气外，成煤过程分解出的煤层气、泥岩页岩中残留植物的腐烂分解，都可以生成天然气。天然气的生成过程比石油容易、简单，除生成石油的压力和温度范围外，在常温、常压、高温、高压下均能产生气体。同时，除在强还原环境外，有氧气存在的弱还原条件下，如沼泽地带也可生成天然气。天然气中富集的有机物质被菌化或分解后形成的分散碳氢化合物，成为可燃气体。

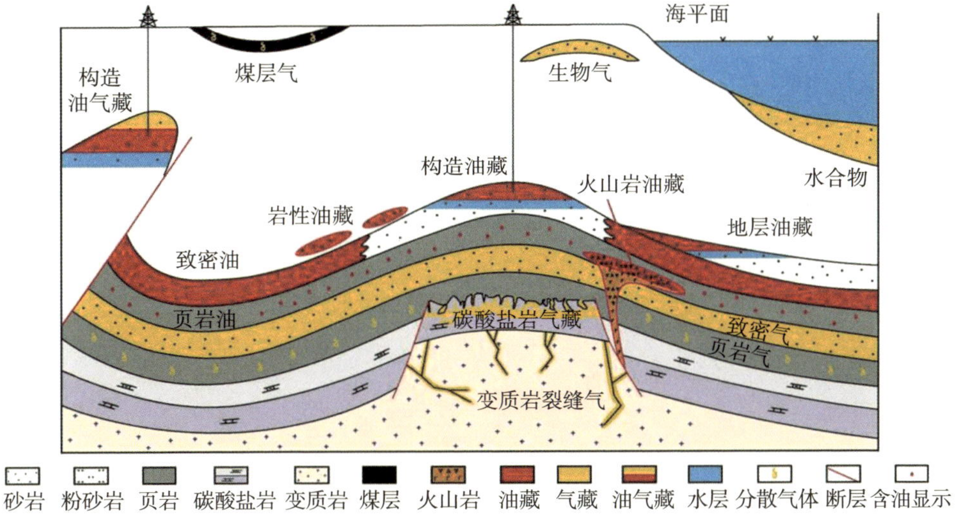

地下各种能源层示意图

四、生物掩埋过程与化石能源的形成

大量生物质死亡后，只有其中的一小部分在环境条件合适的情况下被埋入地下，转化为石油、煤炭等化石能源。煤炭的形成条件与过程如下：

（一）堆积封存

（1）所堆积部位是一个不断下降的地区，否则将在地面氧化分解，重新以 CO_2 形式返回大气中。

（2）有足够的地下水能够及时掩埋堆积物，使之不被氧化，但又能保证植物生长并继续堆积。

（3）当堆积到一定的资源量时，适逢地表快速沉降或其他无机沉积物快速堆积使密封储存，并开始进入变质过程，未封存部分则被氧化分解后再以 CO_2 方式返回大气中。

（4）变质成煤后，又有大部分在地壳波动升降中重新上升至地表被风化剥蚀，重新以 CO_2 方式进入大气，只有少部分储存在适宜人类开采的深度范围内而被开采利用。

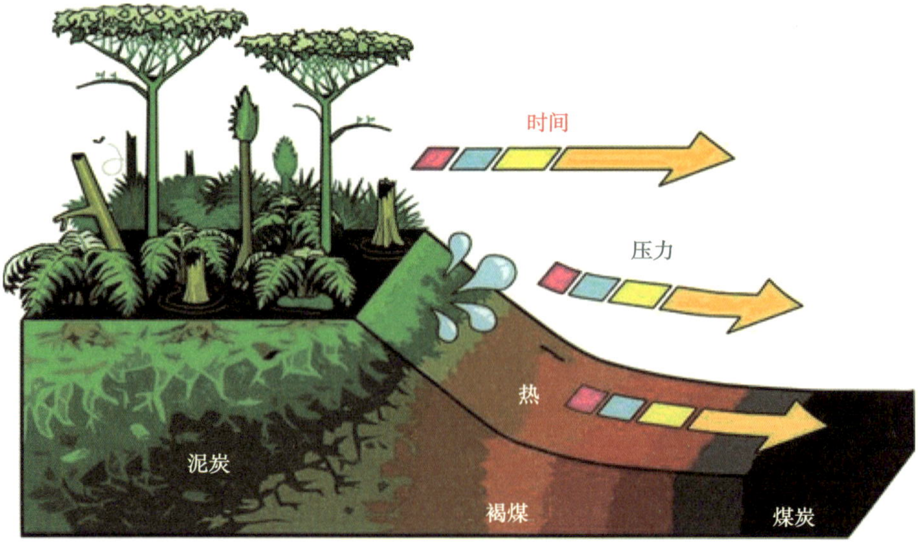

煤的形成过程

（二）变质成煤

植物堆积封存后，开始进入变质成煤阶段。决定其变质程度及变质品种的因素为：

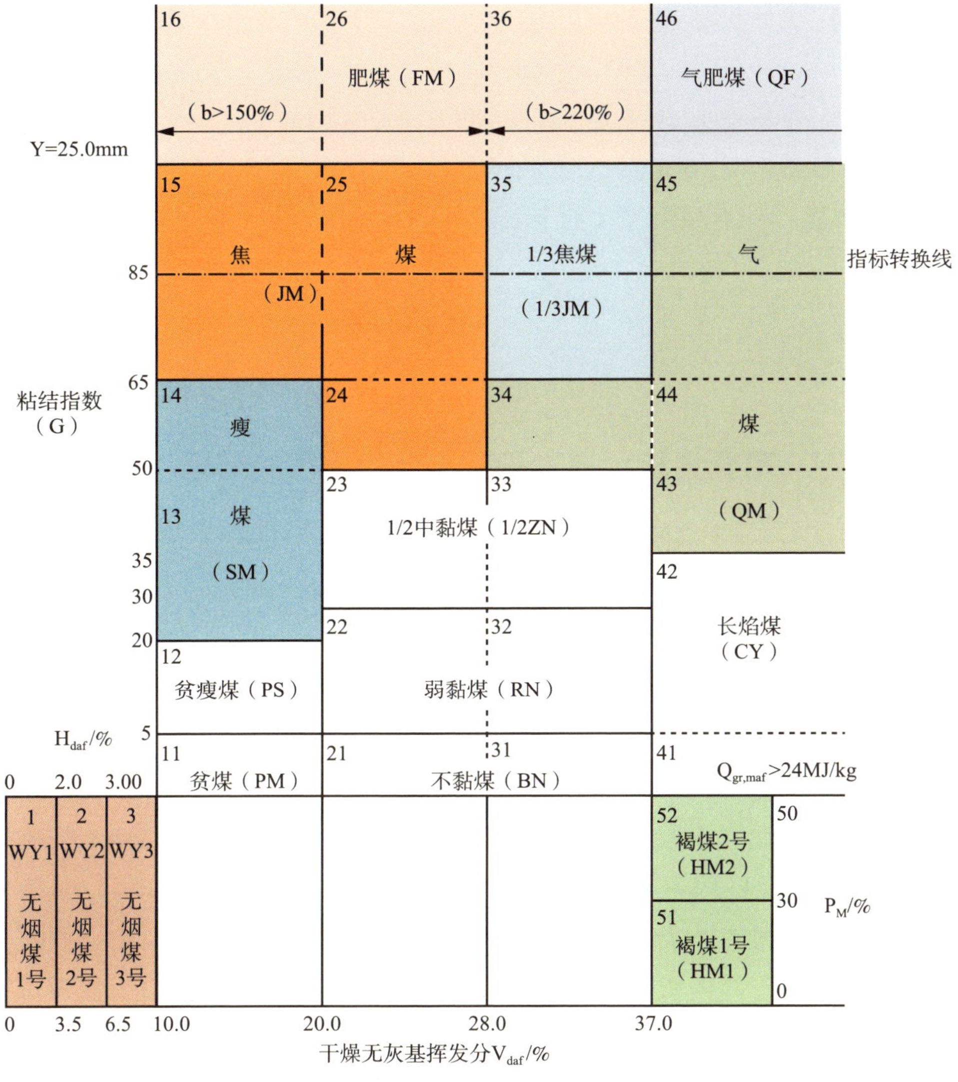

中国煤炭分类图

注：

①分类用煤样的干燥基灰分产率应小于或等于10%，干燥基灰分产率大于10%的煤样应采用重液方法进行减灰后再分类；对易泥化的低煤化程度褐煤，可采用灰分尽可能低的原煤。

② G=85为指标转换线。当G>85时，用Y值与b值并列作为分类指标，以划分肥煤或气肥煤与其他煤类的指标。Y>25.00mm者，划分为肥煤或气肥煤；当$V_{daf} \leq 28.0\%$时，b>150%的为肥煤；当$V_{daf}>28.0\%$时，b>220%的为肥煤或气肥煤。如按b值和Y值划分的类别有矛盾时，以Y值划分的类别为准。

③无烟煤划分亚类按V_{daf}和H_{daf}划分结果有矛盾时，以H_{daf}划分的亚类为准。

④ 当$V_{daf}>37.0\%$时，$P_M>50\%$者为烟煤，$P_M \leq 30\%$者为褐煤；$30\%<P_M<50\%$时，以$Q_{gr,maf}$值>24MJ/kg者为长焰煤，否则为褐煤。

时间：变质程度与时间成正比。

压力：变质程度与埋藏深度成正比。

地温：变质程度与所在地区温度梯度及深度成正比。

在经历以上两个过程后，形成了多品种、多用途的煤炭，包括褐煤、动力煤、炼焦煤、无烟煤四大类十四个煤炭品种。

第三节
可再生能源是太阳和太阳能作用的结果

一、关于地球能源的分类与评价

今天，我们认识和应用的能源种类繁多，但是追根溯源大体可以分为三类。

第一类：不可再生能源，即在地球形成时产生和携带的热能资源与地球产生时携带的核燃料矿产资源，它是维持地球过去、现在和未来持续稳定并保持活力的物质基础，一旦使用即是消耗且无法再生，这类能源包括核能和深层地热能。

第二类：准不可再生能源，是在地球通过光合作用后吸收和储存的太阳能资源，它再次产生的物质基础和自然条件依然存在，只是其生成过程之漫长是人类无法企及的，因此对人类来说可视同于不可再生资源，这类能源包括石油、煤炭、天然气等所有的化石能源。

第三类：可再生能源，即以持续不断的太阳能为原动力产生的次生动力并可为人类提供持续再生能源的资源，这类能源包括风能、水能、潮汐能、浅层地热能、光伏能、生物能等，其中风能、水能、潮汐能、浅层地热能属于太阳能衍生能源，光伏能和生物能属于太阳能的直接物理和化学转化能源。

第一类能源是保证地球内在动力和生命力的基本物质，人类不应该去开发和消耗；第二类能源是太阳能的历史储备，今天化石能源正在为人类的工业化过程提供支持，明天将继续为新能源的发展和应用过程提供充分的安全保障，更远的未来将在调节地球大气碳平衡的过程中起到关键作用；而第三类能源才是人类能源的未来，是人类能源应用和可持续发展的关键，是我们今天需要认真研究和全力发展的主要对象。

二、风能与大气环流

风是地球上的一种自然现象，由太阳辐射引起。太阳照射到地球表面，地球表面各处受热不同，产生温差，从而引起大气的对流运动形成风。在赤道和低纬度地区，太阳高度角大，日照时间长，太阳辐射强度强，地面和大气接收的热量多、温度较高；在高纬度地区，太阳高度角小，日照时间短，地面和大气接收的热量少、温度低。这种高纬度与低纬度之间的温度差异，形成了中国南北之间的气压梯度，使空气做水平运动。

理论上风应沿水平气压梯度方向吹，即垂直于等压线从高压向低压吹，但是地球在自转，产生使空气水平运动发生偏向的力，形成右图所示的大气环流。在大气环流的过程中，风还会受海洋、地形的影响，山隘和海峡能改变气流运动的方向，还能使风速增大，而丘陵、山地会加大摩擦，使风速降低。

冬季，大陆比海洋冷，大陆气压比海洋高，风从大陆吹向海洋；夏季相反，大陆比海洋热，风从海洋吹向内陆。这种随季节转换的风，我们称为季风。

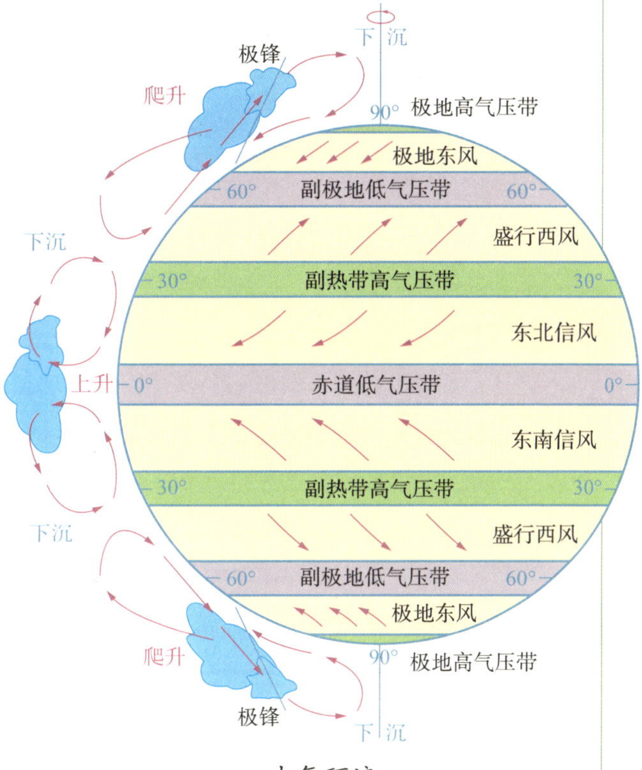

大气环流

三、水能与水循环

水能是太阳能将地表的液态水蒸发上升，搬运至高位形成势能，处于高位的水通过地表径流水平方向移动到低位，形成动能，这种将势能转化为动能的过程，即形成了今天人们利用的水能。由于水能是自然形成的一种动能，因此应用成本低，产生的污染少。

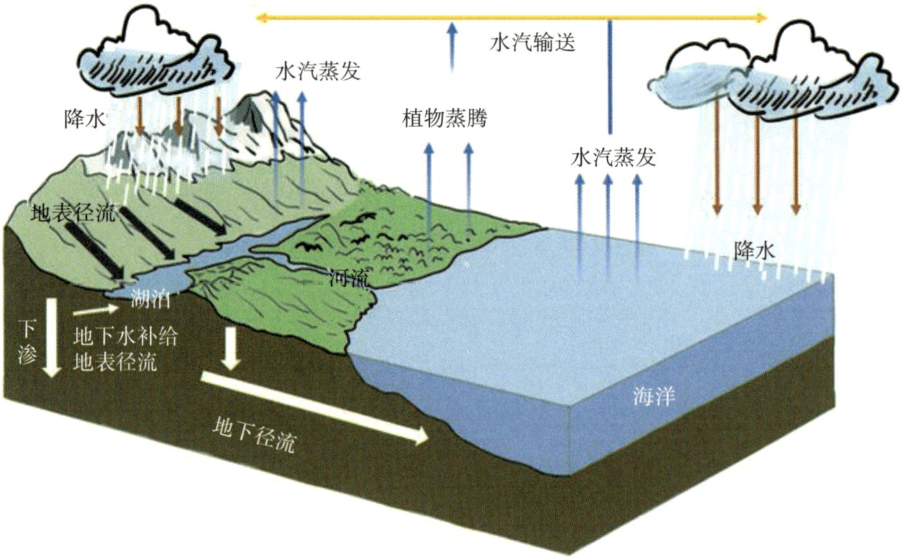

水循环示意图

地球上的水圈是一个永不停息的动态系统。在太阳辐射和地球引力的推动下，水在水圈内各组成部分之间不停地运动着，构成全球范围的海陆间大循环，并把各种水体连接起来，使得各种水体能够长期存在。其中，海洋和陆地之间的水交换是这个循环的主线，意义最重大。

在太阳能的作用下，海洋表面的水蒸发到大气中形成水汽，水汽随大气环流运动，一部分进入陆地上空，在一定条件下形成雨雪等降水；大气降水到达地面后转化为地下水、土壤水和地表径流，地下径流和地表径流最终又回到海洋，由此形成淡水的动态循环。这部分水容易被人类社会利用，具有经济价值，正是我们所说的水资源。

人类活动对水循环的影响反映在两方面。最重要的一方面是由于人类生产和社会经济发展使大气的化学成分发生变化，如 CO_2、CH_4、CFCs 等温室气体浓度的显著增加，改变了地球大气系统辐射平衡，引起气温升高、降水增加、蒸发加大、水循环加快以及区域水循环变化。这种变化的时间尺度可持续几十年到几百年。另一方面人类活动主要作用于流域的下垫面，如土地利用的变化、农田灌溉、农林垦殖、森林砍伐、城市化不透水层面积的扩大、水资源开发利用等引起的陆地水循环变化。这种人类活动的影响虽然是局部的，但往往强度很大，有时对水循环的影响可扩展至较大地区。

四、浅层地热能

浅层地热能是指地球浅表层数百米内的土壤砂石和地下水中所蕴藏的低温热能。它的来源以太阳辐射为主，还有一小部分来自地心热量，是一种可再生能源，由于地下的保温效果，一般温度恒定。

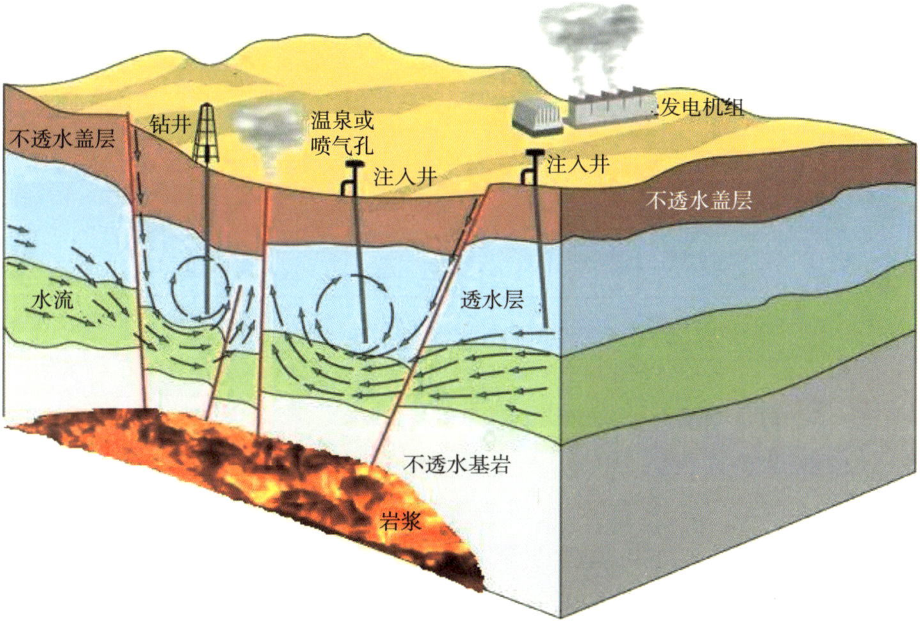

浅层地热能利用示意图

浅层地热能是太阳能的一种存在形式，是地热可再生能源家族中的一名新成员。由于浅层地下收集了太阳射向地球60%的能量，相当于人类每年能耗的近2万倍，加上地核芯热综合作用，这个地层形成相对恒温层带，因此，与传统能源相比，浅层地热能具有储量巨大、再生迅速、分布广泛、温度四季适中，并且取之不尽、用之不竭的特点，是巨大的“绿色能源宝库”。与传统地热相比，具有投资及运营风险较小、易于回灌、可再生性强、对地下水影响小、地域局限性小等优势。

在四季分明的地区，浅层地热能夏天低于空气温度，冬天高于空气温度，其应用空间和应用价值潜力巨大，特别是近年来热泵技术快速发展，使其大范围的应用具备了可行性。

五、潮汐能

潮汐能主要是由太阳、月球的引潮力以及地球自转效应产生的能量。涨潮时，大量海水汹涌而来，具有很大的动能；同时，水位逐渐升高，动能转化为势能。落潮时，海水奔腾而归，水位陆续下降，势能又转化为动能。海水在运动时所具有的动能和势能统称为潮汐能。潮汐能是一种蕴藏量极大、取之不尽、用之不竭、不需开采和运输、洁净无污染的可再生能源。

海上的潮汐发电设备

潮汐能的主要利用方式是潮汐发电。潮汐发电与普通水力发电原理类似，在涨潮时将海水储存在水库内，以势能的形式保存，然后，在落潮时放出海水，利用高、低潮位之间的落差，推动水轮机旋转，带动发电机发电。差别在于海水与河水不同，蓄积的海水落差不大，但流量较大，并且呈间歇性，从而潮汐发电的水轮机结构要适合低水头、大流量的特点。

利用潮汐发电必须具备两个物理条件：第一，潮汐的幅度必须大，至少要有几米；第二，海岸地形必须能储蓄大量海水，并可进行土建工程。

潮汐发电是一项潜力巨大的事业，据海洋学家计算，世界上潮汐能发电的资源量在 10 亿 kW 以上，也是一个天文数字。经过多年来的实践，在工作原理和总体构造上基本成型，可以进入大规模开发利用阶段。潮汐发电的前景是广阔的。

六、光伏能与生物质能

光伏能与生物质能都是直接利用太阳能进行物理和化学转化的可再生能源，其特点是资源分布均匀而广泛，在同一纬度和高度其太阳能分布大体相同，其中光伏发电的发展取决于光伏材料、技术进步与发电成本，生物能源的发展取决于大的碳环境和生物及其应用技术等。

关于太阳能的直接利用最有效的途径就是光合作用，后面我们专门就此进行研究和对比。

第四节

光合作用是收集、储存太阳能的最佳途径

尽管各国在新能源和可再生能源方面进行了大规模的投入，但迄今为止世界使用的能源依然有 80% 左右来自过去（化石能源）和当下（生物质）的

光合作用。在人类工业化前的数千年的历史中，人类始终将生物质作为主要能源。只是在工业化前期的快速发展阶段，由于大量的森林砍伐和开荒种地，而大气中的 CO_2 大幅低于今天的水平，一度造成了植被退化和土地沙漠化的局面。

时过境迁，今天通过生物质利用太阳能，已经不仅是解决能源问题，还是通过碳汇实现碳中和的关键。今天的环境已与之前大不相同：光合作用速度在加快，生物能源的成本在降低，生物技术在不断获得新突破。

光合作用是收集、储存和应用太阳能的最佳途径，是地球有生命以来伴随生物发展的基本能源，也是未来能够充分满足人类能源需求和可持续发展的根本出路。即使是在我们预测的即将出现的生物质繁荣和生物能源成本大幅降低之前的今天，生物能源较其他能源依然有着明显的竞争优势。

一、生物能源发电与太阳能发电的比较

生物能源发电与太阳能发电的比较如表 2–2 所示。

表 2–2　生物能源发电与太阳能发电对比

能源	生物能源	太阳能
发电成本	0.3~0.6 元 /（kW·h）	约 1.6 元 /（kW·h）
能源形式	生物能源发电	光电
优点	可再生、低污染、分布广、生物质燃料总量丰富	运行时零排放、零噪声、免维护、资源丰富
缺点	需要化肥、土地和水资源，产量不确定；需要农业、林业的发展；体积大；运输、存储不便；受季节影响	成本高；在多晶硅合成过程中所产生的大量四氯化硅需要有效消化，四氯化硅具有毒性；太阳能的转化效率低，目前还不到 20%
稳定性	稳定	不稳定
CO_2 排放	有	无
对太阳能的应用	发电、液体燃料、产沼气	发电

（一）对生态环境影响的比较

要想太阳能得到应用，就首先要制造太阳能电池板（PV板），制作这种电池板的主要物质是单晶硅，利用它的光电传导效应将光能转换为电能。从多晶硅中加工高纯度的单晶硅片的生产过程，会产生高达十几种危险及有害物质，包括氯、氯化氢、三氯氢硅、四氯化硅、氢氟酸、硝酸、氮气、氟化氢和氢氧化钠等，对环境和人体都存在危害。有专家表示，在太阳能被大范围利用后，城市中的光伏电池表面玻璃和太阳能热水器集热器在阳光下反射强光，形成光污染。如此多的污染物让太阳能的“清洁”染上了污点。

生物质是太阳能最主要的吸收器和储存器。太阳能照射到地球后，一部分被植物吸收，转化为生物质能。生物质通过光合作用，能够把太阳能富集起来，储存在有机物中，这些能量是人类发展所需能源的源泉和基础。与此同

城市建筑物上的太阳能电池板

时，生物质产生能量的同时也在改善环境：一棵中等大的桦树，大约有 20 多万片可进行光合作用的叶子，面积共计约 1300m^2，以每平方米吸附 3g 尘埃计算，一昼夜可吸附超过 3000g 尘埃，产生约 4000g 氧气。

（二）发电功效比较

随着能源转型深化，除了成本优势，人们将越来越关注能源之外的资源属性，尤其是有效容量和稳定容量（系统负荷高峰时段的发电能力）。在电源结构低碳转型进程中，更高的稳定容量和有效容量将使生物能源发电稳定出力电源的价值逐步凸显。

受天气、生态环境等因素的影响，光伏资源一般分为一类、二类和三类地区。《关于 2020 年度全国可再生能源电力发展监测评价结果的通报》的数据显示，光伏一类地区的平均实际发电小时数在 2000 小时左右，二类地区 1500 小时左右，三类地区 1200 小时左右。而根据装备和技术路线不同，生物能源发电实际利用小时数分别为，循环流化床电厂为 4000~6000 小时，水冷振动炉排炉电厂在 8000 小时以上。

《关于 2020 年度全国可再生能源电力发展监测评价结果的通报》显示，截至 2020 年底，全国光伏发电装机 2.53 亿 kW，发电量 2611 亿 kW · h；生物质发电装机 2952 万 kW，生物质发电量 1326 亿 kW · h。光伏发电的装机总量几乎是生物能源发电的 9 倍之多，但是发电量只是生物能源发电量的 2 倍。

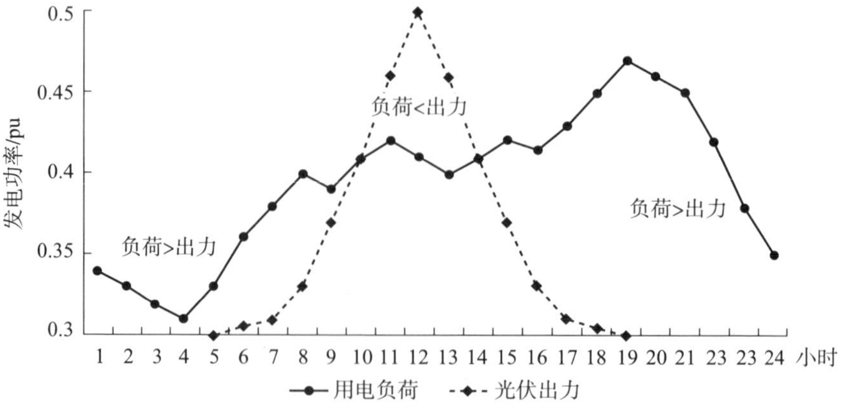

24 小时的用电负荷和光伏发电出力明显不平衡

也就是说，在同等装机规模的情况下，不同技术路线的生物能源发电实际发电小时数是光伏发电的 3~7 倍，发电量是光伏发电的 4~5 倍，纯农林生物质发电量还会更高，生物能源发电的有效容量远高于光伏。

另外，受自然因素的影响，光伏发电随机性、间歇性、波动性明显，对当前电网的冲击很大，需要建设特高压线路，以及强制性政策收购来保障。相较于光伏，生物能源发电持续稳定且安全，可媲美煤电，不需要建设特高压，因此电网对生物质发电是全额消纳的。通过光伏和生物质发电实际并网情况来看，生物能源发电质量是最高的，而且可替代燃煤锅炉，为工业和居民提供稳定的热负荷。

（三）对太阳能应用的比较

太阳能电池板对太阳能应用主要体现在发电方面。相对而言，生物质能在太阳能的使用过程中根据生产工艺不同，可生产不同类型的终端能源燃料产品，用于提供电热、热能和交通能源等能量。目前，综合效益较高且技术成熟的利用方式主要包括厌氧发酵产沼气、燃料乙醇、生物质气经发电以及秸秆固化成型等。此外，除进行发电、供气及生产能源燃料的生物质资源化利用外，具有多功能性的生物质原料还可作为饲料、肥料和工业原料等进行综合开发利用。

二、生物能源发电与风能发电的比较

生物能源发电与风能发电的比较如表 2–3 所示。

表 2–3　生物能源发电与风能发电对比

能源	生物能源	风能
成本	0.3~0.6 元 /（kW · h）	0.5~1.3 元 /（kW · h）
能源形式	生物质发电	风电
优点	分布广、无噪声、可持续性、发电性能稳定	无污染、成本日渐低廉、可保护土地和生态

续表

能源	生物能源	风能
缺点	需要化肥、土地和水资源，产量不确定；需要农业、林业的发展；体积大；运输、存储不便；受季节影响	占地大、有噪声、受地理位置限制严重，转化率较低、干扰鸟类、具有间歇性、储能部分成本高、上网电力质量差
稳定性	稳定	不稳定
对太阳能的应用	发电、液体燃料、产沼气	发电

（一）在稳定性上的比较

风能发电的优势在于发电没有燃料问题，也不会产生辐射或空气污染，是一种可再生清洁能源。风力发电的原理是利用风力带动风车叶片旋转，再通过增速机将旋转的速度提升，来促使发电机发电。风力发电的核心是风力发电机，将风能转换为机械功的动力机械称为风车。广义地说，它是一种以太阳为热源，以大气为工作介质的热能利用发动机。风力发电利用的是自然能源。但是若应急来用的话，风力发电不可视为备用电源，因为风车的最大缺点就是不能提供恒定输出功率，微风或静风时，输出功率为零，工厂只有停工等风。

新疆草原风车风力发电

作为同样对环境无害的生物能源，相较于风能发电，就有了更大的优势。生物能源比风能发电更加稳定、持久。只要有阳光、水分与 CO_2 的存在，绿色植物即可通过光合作用将其转化成生物能源。光合作用所需的阳光、水分和 CO_2 则均来自大自然。在这一点上，风能发电有较多的局限性，因为风这一自然现象较难控制与把握，更难通过人为的方式得以实施。

（二）对生态环境影响的比较

利用风能发电的过程中，风力涡轮机的安置是个问题。风力涡轮机需要安置在风大的开阔地带。在欧洲，风电场常建在泥炭沼上，风电场会破坏泥炭沼的完整性，使其无法发挥完整的生态系统的作用。

除此之外，风电场也对鸟类等造成了严重的伤害。美国加利福尼亚的风电场是世界上最大的风力发电站，每年都会有接近 5000 只鸟死在这个风车阵中，以致每年到了冬天候鸟迁徙的季节，政府不得不关闭这一电站。生物学家詹德勒·罗宾斯观察了很久之后发现："是风的气流在绕着尖塔打转，卷起了那些接近风车的鸟儿往塔上撞。"

三、生物能源与水能的比较

生物能源与水能的比较如表 2–4 所示。

表 2–4　生物能源与水能的比较

能源	生物能源	水能
成本	0.3~0.6 元 /（kW·h）	约 0.35 元 /（kW·h）
能源形式	生源质发电	水电
优点	原料易取、可存储、易运输	成本较低；为农业灌溉提供可靠水源；为水电站建设改善通航条件
缺点	需要化肥、土地和水资源，产量不确定；需要农业、林业的发展；体积大；运输、存储不便；受季节影响	发电量不稳；易引发地震；修坝动迁居民，水质污染，影响下游生态环境
稳定性	稳定	不稳定
CO_2 排放	有	无
对太阳能的应用	发电、液体燃料、产沼气	发电

枯水期的水电站

水能作为一种清洁、绿色和低成本的可再生资源，是人类较早开始使用的可再生能源，人们目前较易开发和利用比较成熟的水能是河流能源。现代水能利用主要是利用水能发电，尽管水力发电发展较快，但其资源有限。水电站的建设与分布受水文、气候、地貌等自然条件的限制大，不能满足人类能源增长的需求，只能因地制宜地作为一个有益的能源补充。

四、生物质生产与化石能源再开采的经济比较

随着化石能源的减少及开采深度与难度的增加，其开采成本及其对生态的破坏程度地会大幅增加。而大气中 CO_2 增加及生物工程技术的发展使生物质产量快速增加，成本持续下降。今天，一些埋藏较深的煤矿开采与生物质能种植经济性与适用性的比较已经悄然发生逆转。现将 2020 年开采的西南地区某煤矿的实际效果与生物质能种植进行对比。

（一）项目选择与概况

西南地区某小型煤矿，井田面积 8.0 万 m^2，煤层厚度 0.9m，开采深度 250m，生产原煤发热量为 5500kcal/kg；其设计生产能力为 21 万 t/a，服务年

限为 22 年。按其开采条件，目前的建设投资成本约为 760 元 /t 煤，总投资为 1.6 亿元（产能 21 万 t/a 煤矿的分项投资预算见表 2–5），建设时间为 2 年。

同等投资额的生物种植园项目：选择在盐碱地、坡地、荒地种植用于生物质燃料的高产桉树林，建设桉树种植园平均投资成本为 1200 元 / 亩[①]，总投资 1.6 亿元可种植桉树林 13 万亩（13 万亩桉树种植园的分项投资预算见表 2–6）。

（二）投资与建设

1. 煤矿投资预算表

表 2–5　21 万 t/a 煤矿建设预算

项目	投资 / 万元	备注
前期投资	500	规划、调研、可研、设计、
土地与矿权	5000	资源价款、征地等
井巷工程	2600	
地面设施	800	
设备及安装	5400	
其他	1700	
合计	16000	

2. 桉树种植园预算表

同样的投资可建 13 万亩桉树种植园，建设成本构成如表 2–6 所示。

表 2–6　13 万亩桉树种植园建设成本构成

项目	投资 / 万元	备注
前期投资	500	规划、调研、可研、设计
荒地租用	200	租用 30 年首付
水利和灌溉	5000	
苗木采购与种植	1000	
地面设施	3800	
采伐设备	2800	
其他	2700	
合计	16000	

① 1 亩≈666.67 ㎡。——编者注

3. 对比说明

以以上 21 万 t/a 煤矿的建设预算为基础，按国内盐碱地、坡地、荒地租用政策等估算桉树种植园建设成本，计算出相同投资下的桉树种植园规模。

桉树种植园采用就近打深井的方法，开发水源并建立现代灌溉系统。

桉树种植园设备主要是采伐设备、运输设备、加工设备和边角材料沼气化设施。

（三）生产成本与综合效益

分析汾渭信息近年来的煤矿生产成本数据可知，西南地区每生产 1t 原煤的成本为 346 元。2020 年，我国西南地区发热量为 5500kcal/kg 的动力煤，其平均价格为 675 元 /t，则生产 1t 煤可盈利 330 元左右，按其设计生产能力 0.21Mt/a 计算，每年约可盈利 6930 万元。煤矿服务年限为 22 年，共可盈利 15.18 亿元。

再来看看桉树种植园：作为世界上生长最快的树种，桉树一天可长高 3cm，一个月可长高 1m，一年最高可长 10m。种植桉树 6 年左右可以轮伐，1 亩产量大致为 10t，桉树的平均发热量为 4000kcal/kg。2020 年西南地区相近发热量的动力煤单价为 0.123 元 /kcal，则每亩桉树大约售价为 4920 元，13 万亩收入为 6.40 亿元。扣除灌溉管理、除草施肥及采伐运输等各项成本每亩约有 2300 元的净收益，假设桉树林的利用服务期限为 30 年，共可盈利 71.76 亿元。

相同投资下的煤矿与桉树种植园投资效益比较汇总见表 2–7。

表 2–7　相同投资下的煤矿与桉树种植园投资效益比较

项目	煤矿（0.21Mt/a）	桉树种植园（13 万亩）
总投资 / 亿元	1.6	1.60
每年收入 / 亿元	1.42	6.40
年总成本 / 亿元	0.73	3.41
年盈利 / 亿元	0.69	2.99
建设期限 / 年	2	6.00
服务年限 / 年	22	24.00
项目总回报 / 亿元	15.18	71.76

注：土地租赁期按一期 30 年计。

由以上对比可见：

桉树种植园每年较煤矿多盈利 2.30 亿元，总回报多 56.58 亿元。

不仅如此，桉树种植园不断改善生态环境，其生物质也在不断增加。煤矿则严重破坏生态环境，并随着资源枯竭而失去再使用价值。因此，从长远看，生物能源取代化石能源已是必然趋势。

参考文献

[1] 张强，韩永翔，宋连春．全球气候变化及其影响因素研究进展综述［J］．地球科学进展，2005，20（9）：990–998.

[2] 张亮，王赤，傅绥燕．太阳活动与全球气候变化［J］．空间科学学报，2011，31（5）：549–566.

[3] 闫云飞，张智恩，张力，等．太阳能利用技术及其应用［J］．太阳能学报，2012，33（S1）：47–56.

[4] 赵亮，徐影，王劲松，等．太阳活动对近百年气候变化的影响研究进展［J］．气象科技进展，2011，1（4）：37–47.

[5] 蒋样明，彭光雄，邵小东．自然驱动是全球气候变化的重要因素［J］．气象与环境科学，2011，34（2）：7–13.

[6] 于荣金．光学与太阳能［J］．光学学报，2009，29（7）：1751–1755.

[7] 李华东．油气历史成因假说［J］．石油实验地质，2004，26（40）：404–408.

[8] 谢光辉．能源植物分类及其转化利用［J］．中国农业大学学报，2011，16（2）：1–7.

[9] 杨艳，卢滇楠，李春，等．面向 21 世纪的生物能源［J］．化工进展，2002，21（5）：299–322.

[10] 孙利源．生物质能利用技术比较与分析［J］．能源研究与信息，2004，20（2）：68–73.

[11] 史丹．能源工业改革开放 30 年回顾与评述［J］．中国能源，2008，30（6）：5–12.

第三章

岩石圈、生物圈和大气圈的碳平衡

Carbon Balance in Lithosphere, Biosphere and Atmosphere

地球上的碳总量是基本不变的，但其赋存状态是变化的。碳通过在岩石圈（化石能源）、生物圈和大气圈的循环过程，推动地球生命的产生与发展，控制地球的气候循环，决定地球生物的繁荣和灭绝。

地球碳循环的动力来自太阳，光合作用将大气中大量的 CO_2 转化为生物质，进入生物圈；生物质掩埋在地下形成化石能源，进入岩石圈。岩石圈的碳导致大气圈和生物圈的碳减少，地球进入氧化环境。随着地壳的波动和当下人类对化石能源的开采，地下的化石能源逐步被氧化并再次进入大气中，大气中的 CO_2 开始逐步回升，地球再次开始繁荣，并将更多的碳转化为生物质。

第一节

岩石圈、生物圈、大气圈的碳总量及循环模式

一、岩石圈、生物圈与大气圈的碳总量

地球上的碳总量是不变的，主要分布在岩石圈、生物圈和大气圈，其分布状态在地质历史上是动态变化的，在现阶段大致分布如下：

岩石圈（含化石燃料），是地球上最大的碳库，约占地球上碳总量的99.9%，其中大部分以碳酸盐的形式沉积于大理石、石灰石、白垩等岩石中，这部分碳主要起着贮存库的作用，一般不参与大自然中的碳循环。而煤、石油、天然气等化石燃料的含碳量相当于全球生物含碳量的 50 倍，这部分碳在地质历史上始终参与碳循环，特别是在人类活动的干预下，目前每年排放到大气中超过 30Gt。

生物圈包括海洋表层生态系统和陆地生态系统，海洋表层和大气间进行碳交换，进入海洋中的碳在表层被用于海洋生物，而约 97% 的碳元素进入中下层，并将会在此储存几百年甚至几千年之久，短期内在地球碳循环中的参与性

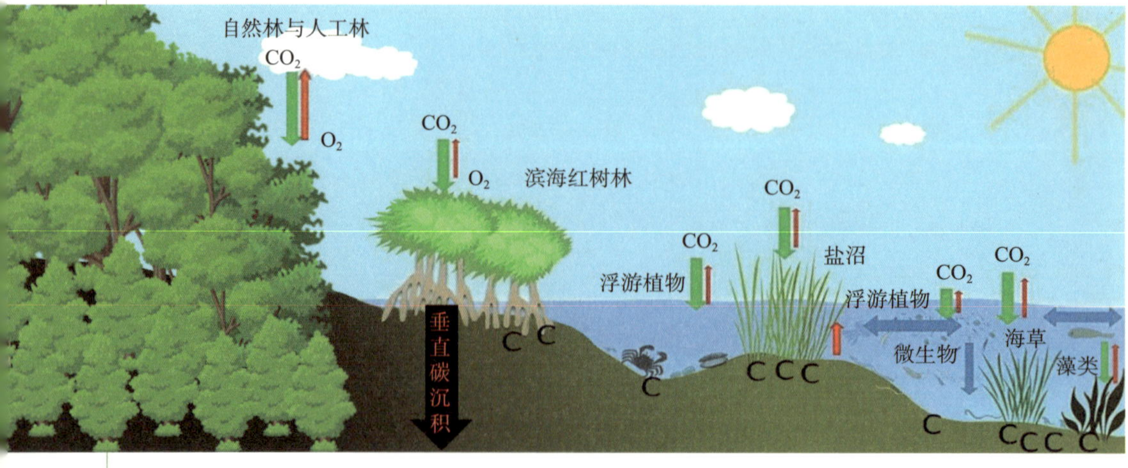

生物质碳汇模式示意图

不高。陆地生物圈包括地上和地下两部分，陆地生物圈的碳含量约为 6800 亿 t，其中森林是大自然碳循环的主要参与者，也是生物库中碳的主要贮存者，贮存量约为 6500 亿 t。

大气圈中 CO_2 是含碳的主要气体，也是碳参与物质循环的主要形式。大气圈的碳总量约为 6000 亿 t，CO_2 目前占空气体积分数的 0.04%，虽然其总量不大，但非常活跃，实际上起着交换库的作用。

自然界碳循环的基本过程如下：大气中的 CO_2 被陆地和海洋中的植物吸收，以生物质和化石能源的形式储存，然后通过地质过程的自然氧化和人为燃烧，又以 CO_2 的形式返回到大气中。

二、岩石圈与大气圈的碳循环模式

大气圈中的 CO_2 通过交换界面、溶解于雨水和地下水中的可溶态的碳酸氢盐进入海洋。海水通过表面交换界面与大气保持动态平衡，从界面进入海水中的碳分别被表层生物利用、沉入中下层储存，也可以和海水中的钙、镁离子

自然界的碳循环

生成碳酸盐沉积。海水接纳的碳酸盐和碳酸氢盐含量也是动态平衡的，超过饱和度的可溶性碳酸盐便生成碳酸盐沉积，溶解于雨水和地下水中的可溶态的碳酸氢盐进入海洋时，大多数直接形成碳酸盐沉积，达不到饱和度时，碳酸盐也可能再次在海洋中分解。

岩石圈的碳酸盐主要形成于石炭纪成煤期完成前的古生代早期和元古代时期，在这一时期大气中的 CO_2 浓度为今天的十倍甚至数十倍之多，使海水的碳浓度大多数时期处于过饱和状态，形成了大量的生物碳酸盐沉积、化学碳酸盐沉积和陆源碳酸盐沉积，同时大气中高浓度的 CO_2 通过各种界面不断补充到海洋中，为碳酸盐沉积提供了源源不断的资源，使得世界各地均形成巨厚层的碳酸盐沉积。

到石炭—二叠纪成煤期之后，一方面由于大量的碳储藏在沉积岩中，另一方面成煤与光合作用大量消耗 CO_2，大气中的碳浓度不断降低，海洋中的碳同步降低，导致全球性的大规模的碳酸盐化学沉积减少，难以再形成巨厚层的碳酸盐沉积，之后全球性的海洋碳酸盐沉积多数与生物碳酸盐沉积有关。

碳酸盐岩石难分解不易氧化，因此储存在碳酸盐岩石中的碳形成了地球主要的稳定的碳库，而很难参与到今天的碳循环过程中。

化石能源是岩石圈中的另一种碳储存，光合作用将大气中的 CO_2 转化为生物质，生物质沉积并储存在岩石圈中即成为岩石圈中的化石能源。由于化石能源的有机特性，其较碳酸盐等无机盐岩更易氧化、风化，甚至自燃，因此，当地壳抬升或地下水下切使化石能源重新裸露或接近地表时，在自然状态下通过风化剥蚀和氧化作用，储存地下的化石能源再次以 CO_2 的形式进入大气循环中。工业革命后，人类开始大量开采化石能源，使碳直接燃烧成为 CO_2 排入大气，人类大量消耗化石燃料对地球碳循环产生了重大影响。

三、生物圈与大气圈的碳循环模式

绿色植物从空气中获得 CO_2，经过光合作用转化为葡萄糖，再综合成为植物体的碳化合物，经过食物链的传递，成为动物体的碳化合物。呼吸作用把生物摄入体内的一部分碳转化为 CO_2 释放入大气，另一部分则构成生物的机体或在机体内贮存。

森林作为生物圈与大气圈中最重要的碳调节主体，在碳循环中起着非常重要的作用。全球森林面积为 41.61 亿 hm^2，其中热带、温带和寒带分别占 32.9%、24.9% 和 42.1%。全球陆地生态系统地上部含碳量为 562Gt，森林生态系统地上部的含碳量为 483Gt，占全球陆地生态系统地上部含碳量的 86%。全球陆地生态系统地下部含碳量为 1272Gt，而森林地下部含碳量约为 927Gt，占整个世界土壤含碳量的 73%。

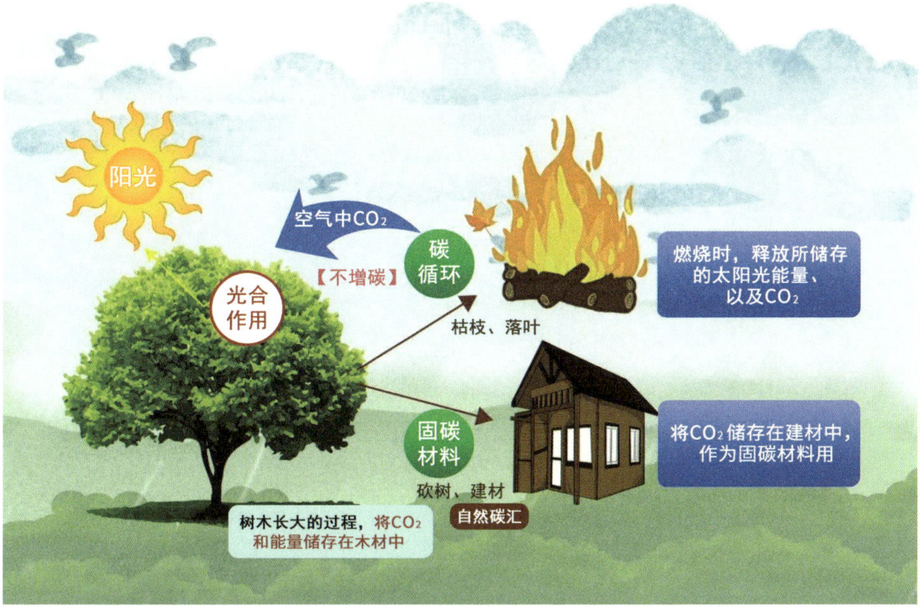

森林碳汇

森林生态系统在碳循环中的作用主要取决于以下几个方面：

（1）生物量。森林生态系统的生物量贮存着大量的碳素，如植物生物量的含碳量以 45%~50% 计，那么整个森林生态系统的生物量将近一半是碳素含量。森林的生物量与其成长阶段的关系较密切，一般森林据其年龄可分为幼龄林、中龄林、近熟林、成熟林 / 过熟林，碳的累积速度在中龄林生态系统中较大，而成熟林 / 过熟林由于生物量基本停止增长，其碳素的吸收与释放基本平衡。从森林的年龄结构估算吸收碳素的潜力是决定森林生态系统碳汇功能的一个主要方面。

（2）林产品。森林生态系统林产品的固碳量是个变化很大的因子。一般林产品根据其使用寿命可分为短期产品和长期产品。燃料用木、纸浆用木等属于短期产品，而胶合板、建筑用木属于长期产品。林产品使用寿命的长短在很大程度上也决定着森林生态系统的碳汇功能。使用寿命长的林产品可以延缓碳素释放，缓解全球大气碳浓度的增加，一般来说，耐用林产品的使用寿命可达100~200 年，在这么长的时间里，完全可以通过再造林实现碳素的良性循环。因此，应尽量加工耐用、使用寿命长的林产品。

（3）植物枯枝落叶和根系碎屑。这一部分含碳量在整个森林生态系统中占比虽小，但也是一个不容忽略的碳库，减缓它的沉淀和分解对森林生态系统的固碳量也起到一定的作用。

（4）森林土壤。这是森林生态系统中最大的碳库。不同的森林土壤含碳量具有很大的差别，在北部森林中，土壤含碳量占总碳量的 84%；在温带森林中，土壤含碳量占总碳量的 62.9%；在热带森林中，土壤含碳量占整个热带森林生态系统碳储量的一半。全球森林土壤的含碳量为 660~927Gt，是森林生态系统地上部的 2~3 倍。国内外很多学者认识到森林土壤碳库的重要作用，纷纷对其展开研究。

表 3–1 为森林植物与土壤中的碳元素储藏量以及碳的流通量。

表 3–1　森林植物与土壤中的碳元素储藏量以及碳的流通量

纬度带区分	碳元素储藏量 /0.1Gt		碳元素的流通量 /（0.1Gt/a）
	植物	土壤	
高纬度地域			
俄罗斯等	460	1230	3~5
加拿大	120	2110	0.8
阿拉斯加	20	110	包含在美国的统计数据中

续表

纬度带区分	碳元素储藏量 /0.1Gt		碳元素的流通量 / (0.1Gt/a)
	植物	土壤	
小计	600	3450	4.8 ± 2
中纬度地域			
美国	150	210	1~2.5
欧洲	90	250	0.9~1.2
中国	170	160	−0.2
澳大利亚	180	330	少量
小计	590	950	2.6 ± 1
低纬度地域			
亚洲	410~540	430	−5~−9
非洲	520	630	−2.5~−4.5
南美洲	1190	1100	−5~−7
小计	2120~2250	2160	−16.5 ± 4
合计	3310~3440	6560	−9 ± 5

四、碳循环与新一轮生态发展的开始

在 CO_2 大旋回的过程中，地球会周期性地接近 CO_2 的极低值即碳极限线，这时，生物大灭绝和大冰期来临，地面进入封冻状态，碳循环几近停止，如石炭—二叠纪大冰期和第四纪大冰期。

是什么力量打破了封冻？科学家们做了许多解释，如地球外力、火山爆发等，但最终都没有找到足够的地质记录。在此，我们根据本课题组完成的碳循环模型尝试分析或假设如下。

由于冰川和生物大灭绝是碳汇期（成煤期）大量CO_2转化为化石能源导致的，打破冰封期必须补充足够的CO_2。而正常的氧化作用和火山喷发完全不足以打破冰川的封冻状态，这时我们把目光放在正常情况下难以参与碳循环的两个碳库——海底岩石圈和海洋中下层的碳酸盐沉积，即海洋在这一过程中将起到关键作用：

当表层海水中CO_2的分压大于大气中CO_2的分压时，海水向大气放出CO_2；

当海水表层CO_2的溢出导致表层海水碳浓度下降，海洋中下层碳库界面上升，直至到达表面交换界面而溢出；

海洋中下层碳库溢出后，海水的碳容量处于不饱和状态，在不饱和状态下，海底的碳酸盐沉积将逐渐溶入海水中，使海水的CO_2总量增加；

海底的有机碳沉积，在微生物的分解下，不断将沉积碳补充到海水中；

最终，通过海水表层交换界面，将通常不参与碳循环的碳库资源，以CO_2的方式重新补充到大气层中，与自然氧化和火山喷发一道，冲破冰川期的封冻，恢复了正常的碳循环，地球开始了新一轮的生命演化和一个新的生态繁荣期。

第二节

在地球碳循环过程中找到一个新的平衡点

一、地质历史上新生代及当代碳循环模型的建立

目前，在人类活动的影响下，地球大气中的CO_2直线上升，全球多家权威机构对其增长趋势进行了预测，我们接下来将第一章第二节的图“地质历史上的碳循环”中的新生代部分节选放大，将其间第三纪成煤期、第四纪冰川和人类活动的记录进行分析对比后形成如下模型：

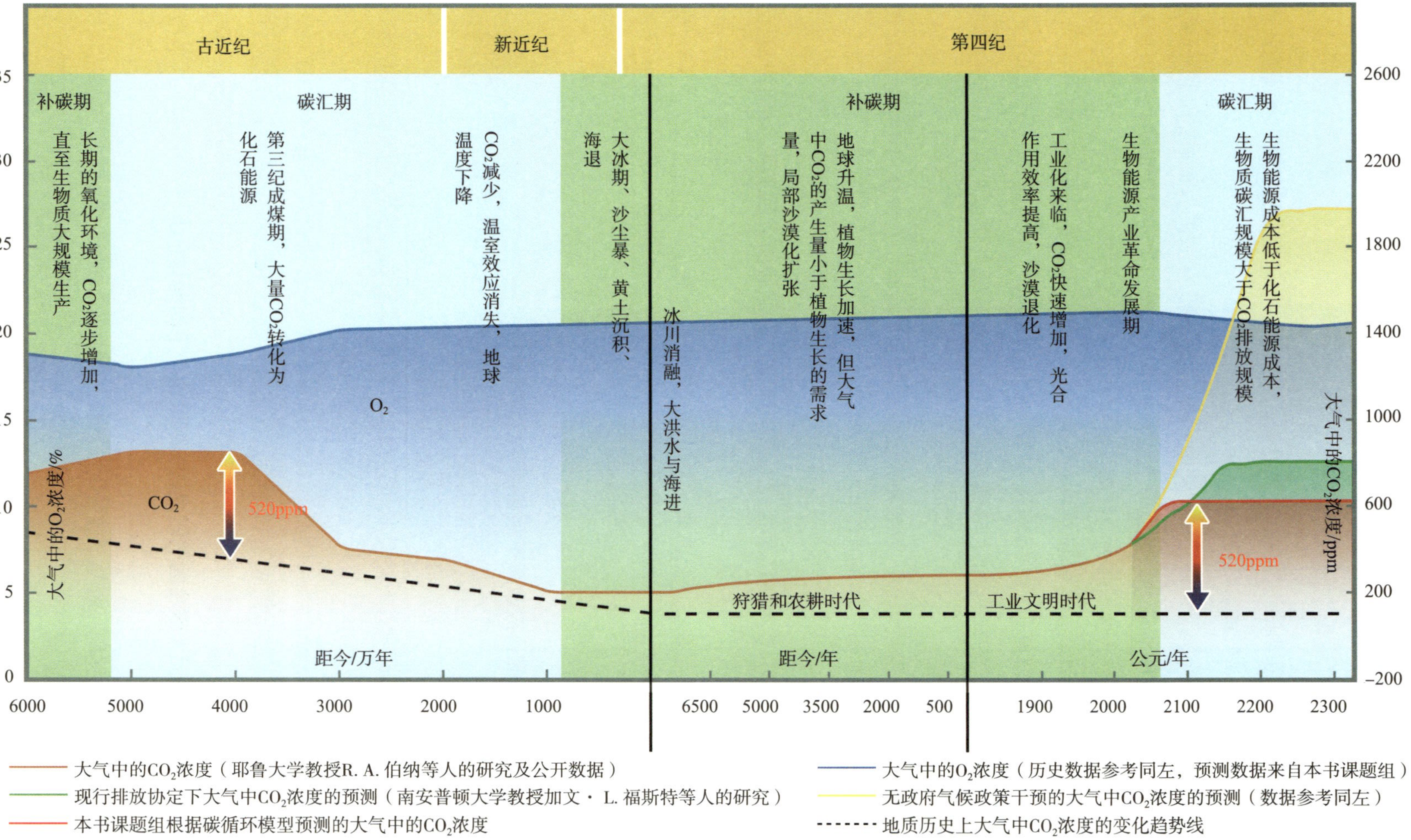

人类发展与生物能源时代的碳平衡

我们处在第四纪冰期后的间冰期，由于人类的碳排放已经进入补碳期，地球生态进入持续改善的阶段。

约 1 万年前，第四纪冰川开始消融，人类经历了大洪水和海平面上升的阶段，农耕文明阶段开始，但由于 CO_2 仍处于地球历史的最低水平，强氧化环境导致沙漠化严重，耕地与沙漠、狩猎与农耕反复争夺。

工业文明以来，使用化石能源导致 CO_2 开始快速增加，如上图所示，20 世纪 70 年代前后 CO_2 开始明显回升，2010 年前后开始快速回升，今天我们已经充分感受到气候变暖、沙漠退缩、植被繁荣、降雨增加这些补碳期的基本特征。

当 CO_2 继续增加，地球补碳过程进入转化点时，光合作用碳汇与氧化作用排碳达到平衡，进而随着生物质保有量的增加，CO_2 开始下降，地球进入碳汇期。

由于 CO_2 浓度围绕趋势线（图中虚线）上下波动，且波动转化点的波动幅度相近，我们可以从上一个转化点的幅度找到我们下一次发生转化的幅度。上一个转化点在古近纪前期，当时大气中的 CO_2 浓度高出地质历史上 CO_2 变化趋势线 520ppm，按照 CO_2 趋势线和目前 CO_2 增加趋势，下一个转化点是 610ppm。

二、无碳排放政策干预条件下的情景分析

按照美国、英国多家机构的研究人员在 2017 年发表的文章预测，以 21 世纪初的 CO_2 排放规模，如果不控制化石能源的使用，地球大气中的 CO_2 将持续上升，到 2110 年前后，CO_2 浓度将达到 1000ppm，到 2250 年，CO_2 浓度将超过 2000ppm。当 CO_2 达到 1000ppm 时，人类开始感到不适。同时，由于 CO_2 持续增长将导致大气中的 O_2 持续下降，进一步促使人类窒息。

三、满足《联合国气候变化框架公约》下的情景分析

按照上述同一预测，政府出台各种气候政策和战略，世界各国能够按照协

定认真执行减排承诺，温室气体自然会减少排放，到2150年大气中的CO_2将控制在850ppm以内。虽然这一浓度不会对人类生存造成严重影响，但是按照约定的减排模式，广大发展中国家难以发展，还需拿出更多投资用于各项减排工程，这必将导致这些国家失去应有的生存权和发展权，经济停滞，甚至有更多的经济体面临破产。

四、本模型下新的平衡点

本书课题组的模型表明，按照当下的排放水平，未来大气中的CO_2浓度不会高于700ppm，当CO_2超过600ppm时，地球植物光合作用吸收的CO_2将大于自然排放的CO_2，地球进入成煤物质的储备阶段，即碳汇期（成煤期）。

上述模型显示的新的碳平衡点特征如下：

（1）根据英国南安普敦大学教授加文·L. 福斯特等的研究，以无政府气候政策干预下的预测曲线为基础，同时考虑本模型下的碳循环过程，预计2080年前后，CO_2将再次高于趋势线520ppm，达到610ppm，这将是CO_2下一次自然调节的峰值。

（2）在达到以上峰值后，按照碳循环规律，地球将进入碳汇期，CO_2将因生物质碳汇进入下降期。

（3）在碳汇期，由于生物能源成本低于化石能源成本，以及生物技术的发展，人类将通过使用生物能源消化生物质，而不会再次形成化石能源，从而使大气CO_2持续保持相对的动态平稳状态。

（4）依靠地球自身的调节能力，CO_2是不可能无限增长的，本模型表明，在光合作用下，地球自然调节的结果可能比专家预测更迅速、更和谐地实现碳达峰和碳平衡。

（5）地球所有的碳汇期都是生态繁荣、自然资源丰富的时期，人类将由此进入一个更加富饶的发展阶段。

第三节

地球大气的碳平衡

一、化石能源的燃烧——CO_2 的正调节机制

大气圈、生物圈、土壤圈的碳都要通过光合作用和氧化分解作用进行交流，形态的变化主要表现在 CO_2、生物质和化石能源的转化之间。而化石能源属于被地质封存的碳，是转化过程中最困难的环节，它需要地壳波动重新上升至地表后，通过自然氧化才能逐步回归到大气循环中。

自第四纪冰期以来，由于地球大气中 CO_2 一直偏低，导致人类一直处于同沙漠、饥荒和沙尘暴的斗争之中，而依靠自然氧化循环回来的 CO_2，远远满

燃烧化石能源排放 CO_2 属于正调节

足不了人类发展的需求。直到人类工业化开始，特别是21世纪以来，人类对化石能源的开发和使用，使 CO_2 直线上升，生态与农业系统开始改善，充分展现了人类对大气 CO_2 的正调节能力。

但是，CO_2 的过快增长导致了温度上升等一系列不适应和副作用，照此下去，CO_2 排放量在21世纪再翻一番，会严重影响人类的生存和发展。

2021年全球与能源相关的 CO_2 排放量增加了6%，达到363亿t。全球 CO_2 排放量的绝对增幅超过20亿t，是历史上最大的增幅。

二、生物质与农业能源——CO_2 的负调节机制

在地球有机历史中，大气与生物质的交流是通畅的，大自然的碳平衡机制是当大气中的 CO_2 增加时，生物质通过光合作用固化大气中的碳，增加生物质保有量，从而实现固碳。

但是，化石能源燃烧排放的碳是自然氧化产生的碳远不能及的，加之土壤、耕地、种子、灌溉等资源的供给与配套不足，无法通过植物的光合作用消耗过剩的 CO_2，导致碳正负调节机制失衡，大气中的 CO_2 不断增加。然而，配套就意味着不需要创造，当大气中的 CO_2 增加到一定浓度，使得现有植物的光合作用效率增加时，土壤、耕地、种子、灌溉的配套作用将变得事半功倍。在工业化和高科技快速发展的今天，相较于碳捕捉与碳封存的难度及工作量，这种自然调节显得更有效率。

人类已经有能力在新的碳环境下，通过生物质的光合作用，增加生物质的保有量，实现对大气 CO_2 的负调节。

三、碳平衡的调节与生态环境的优化

今天，人类的工业化生产已经把上述数千万年到上亿年的循环的过程缩短到数百年甚至更短的时段中。我们通过化石能源的挖掘与使用快速实现了 CO_2 的正调节，我们也可能从生物质与农业能源的快速崛起实现 CO_2 的负调节，关键问题是我们必须用历史唯物主义的哲学观和科学务实的态度认识地球的生

态轨迹，进而发挥我们的智慧和力量。

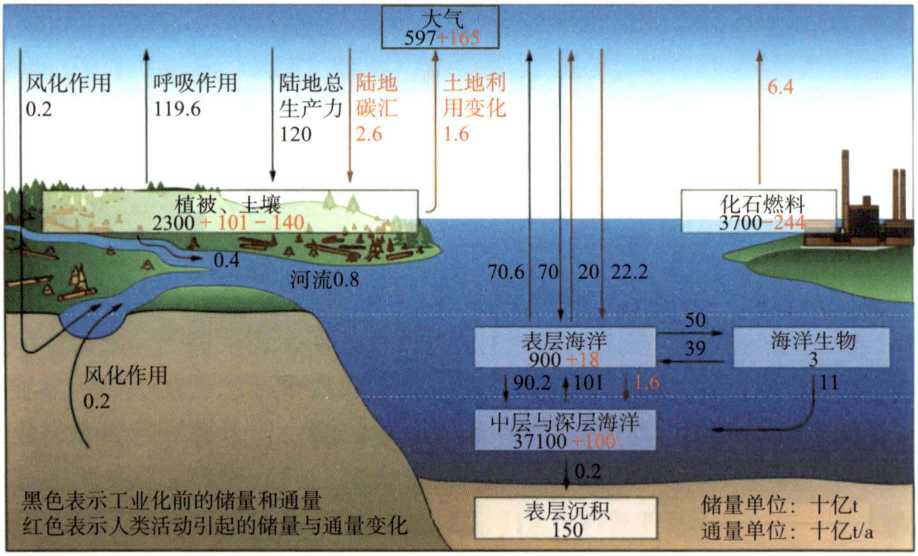

全球碳储库和年通量

我们是不可能阻止地球生命发展轨迹的，但是我们可以研究并顺应地球的生态规律，顺势调节，使之向更有利于人类生存的状态过渡。

今天，我们找到了调节地球生态的杠杆——碳，我们将有能力通过碳的调节，实现绿色能源的无限循环和生态环境的不断改善。

参考文献

［1］ 刘广文 . 森林与碳循环［J］. 现代农业科技，2007（19）：219–220.

［2］ 董文福，管东生 . 森林生态系统在碳循环中的作用［J］. 重庆环境科学，2002，24（3）：25–27+31.

［3］ 梁峰，张瑞，刘秀花 . 生物能源技术进步与产业发展观察［J］. 河南科技，2016（3）：14–16.

［4］ 王义祥 . 福建省主要森林类型碳库与杉木林碳吸存［D］. 福州：福建农林大学，2004.

［5］ 马明 . 秦岭火地塘林区几种主要天然林碳素空间分布规律的研究［D］.

咸阳：西北农林科技大学，2009.
[6] 王会勤，杨慧玲，梅世秀，等．绿色能源植物的研究进展[J]．安徽农业科学，2009，37（13）：6056–6058.
[7] 杜青松．黄土高原黄土－古土壤序列古气候代用指标综述[J]．西北地质，2011，44（2）：177–185.
[8] 郭远珍，彭密军．CO_2 与气候[M]．北京：化学工业出版社，2012.
[9] 唐剑武，叶属峰，陈雪初，等．海岸带蓝碳的科学概念、研究方法以及在生态恢复中的应用[J]．中国科学：地球科学，2018，48（6）：661–670.

第四章

生物技术的突破与生物能源主导未来

Biotechnology Breakthroughs will Dominate the Future

随着地球碳环境的改善，生物质和生物能源将迎来一个全新的发展机会，丰富的生物资源将挑战包括能源领域在内的方方面面，在此背景下，生物技术将成为最热门的应用技术：培养适用于沙漠等环境的汇碳植物；针对发电、燃料油和燃气等不同需求开发不同用途的能源种植园；不断开发全面满足人类生存发展需要的多样化生物技术产品；等等。

生物技术在生物产业发展过程中将起到关键作用，并通过产业和技术的协同发展，全面推动生物能源时代的来临。

生物工程即生物技术的统称，是20世纪70年代初兴起的一门综合性应用学科。20世纪90年代诞生了基于系统论的生物工程，即系统生物工程。所谓生物工程，一般认为是以生物学（特别是其中的微生物学、遗传学、生物化学和细胞学）的理论和技术为基础，结合化工、机械、电子计算机等现代工程技术，充分运用分子生物学的最新成就，自觉地操纵遗传物质，定向地改造生物或其功能，短期内创造出具有超远缘性状的新物种，再通过合适的生物反应器对这类“工程菌”或“工程细胞株”进行大规模的培养，以生产大量有用代谢产物或发挥它们独特生理功能的一门新兴技术。生物工程具体分为细胞工程、酶工程、发酵工程和基因工程。在生物工程中，基因工程与绿色能源的发展具有较多的相关性。

第一节

基因工程技术发展与光合作用效率的提高

光合作用是决定作物产量最重要的因素之一，作物中90%以上的干重直接来源于光合作用。因此，光合作用效率的高低直接关系作物的产量。通过提高农作物的光合作用效率来提高产量水平，即高光效育种，一直是国际光合作用研究和作物育种等领域专家关注的热点。

生物技术的发展为利用基因工程手段提高植物总的生物量，培育高光效作物提供了一条行之有效的途径。研究表明，目前普通植物对阳光的利用效率不到4%，如果通过基因工程改良，使光能利用效率提高到5%，即现有植物体的光能利用效率提高1%，就可提供相当于目前人类使用的全部化石能源的能量。利用植物基因工程技术调控光合作用途径来提高植物对光能的捕获和利用效率已成为能源植物改良的重要目标。随着基因工程的发展，通过光合作用与基因工程原理来提高光合效率已有多种途径。

一、通过改变 C_3 与 C_4 植物的基因提高光合作用效率

根据光合作用碳同化途径中 CO_2 固定的最初光合产物的不同，可把高等植物分成 C_3、C_4。C_4 植物是从 C_3 植物进化而来的一种高光效种类。与 C_3 植物相比，其具有在高光强、高温及低 CO_2 浓度下保持高光效的能力。而一些主要农作物如水稻、小麦、马铃薯、甜菜等均为 C_3 作物。

光合作用在植物源组织中将 CO_2 和水固定成碳水化合物。提高叶片光合效率是增加源强度最直接的方法。核酮糖 -1，5- 二磷酸羧化酶 / 加氧酶（Rubisco）是固定 CO_2 的限速酶，O_2 与 CO_2 竞争结合 Rubisco 的活性位点，由此产生了光呼吸过程。光呼吸在消耗能量的同时降低碳固定效率，损失羧化反应中固定的 20%~50% 的有机碳。小麦、水稻、马铃薯等大部分重要的 C_3

甘蔗是典型的 C_4 植物

作物存在光呼吸作用。而玉米、高粱、甘蔗等 C_4 作物具有发达的生理机制，能够将 CO_2 固定在 Rubisco 活性位点周围，使其浓度增加，从而避免 Rubisco 氧化反应，抑制光呼吸。

先来看下不同植物的光合作用流程。C_3 植物指在光合作用的暗反应中，CO_2 固定后的第一个产物是 C_3 化合物的植物。

$$CO_2 + C_5 \xrightarrow{\text{酶}} 2C_3$$

（二磷酸核酮糖）　　　　（磷酸甘油酸）

C_4 植物是在光合作用的暗反应中，CO_2 固定后的第一个产物是 C_4 化合物的植物。

$$CO_2 + C_3\text{（PEP）} \xrightarrow{\text{PEP 羧化酶}} C_4$$

（磷酸烯醇式丙酮酸）　　　　（草酰乙酸）

C_3 植物与 C_4 植物的光合效率分析如下：

在光合作用 CO_2 的同化途径中，C_3 途径为 C_3 植物通过 Rubisco 催化 1，5- 二磷酸核酮糖（RuBP）羧化的同时，直接同化大气当中的 CO_2，生成 2 个三碳化合物 3- 磷酸甘油酸。在此途径中，最大的限制酶是 Rubisco，它的反应速度每秒只有 2~3 次，与一般的酶促反应速度（每秒 25000 次左右）相比，效率极低。Rubisco 是一个双功能酶，它不仅催化 RuBP 的羧化反应，还催化其加氧反应。加氧反应中除消耗能量外，还损失羧化反应中固定的 20%~50% 的有机碳。

而在 C_4 途径中，C_4 植物使 CO_2 被叶肉细胞内的磷酸烯醇式丙酮酸羧化酶（PEPC）催化，使 CO_2 与磷酸烯醇式丙酮酸（PEP）形成四碳化合物草酰乙酸（OAA）。OAA 经过叶绿体中 NADP—苹果酸脱氢酶（NADP-MDH）还原后变成苹果酸（MA），MA 转运至鞘细胞中脱羧，放出的 CO_2 进行 C_3 循环被固定后，其余丙酮酸重新进入叶绿体，经过磷酸丙酮酸二激酶（PPDK）催化形成 CO_2 的受体 PEP。与 C_3 途径相比，C_4 循环不仅增加了 Rubisco 的羧化活性，抑制了其加氧活性，还增加了维管束中 CO_2 的浓度。因此，C_4 循环具有较高的光合效率。

针对 C_4 植物同化作用的优点，利用 C_4 途径关键基因改善 C_3 植物的光合效率，进而提高产量已经成为植物高光效基因工程的研究热点。

C_4 光合途径主要涉及 3 种关键酶，即 PEPC、PPDK 和 NADP–ME。目前，这 3 种关键酶基因均已从不同的 C_4 植物中克隆出来并分别导入不同的 C_3 植物中。Hudspeth 等将玉米 PEPC 的 cDNA 与烟草 Cab 基因的启动子和终止子重组在一起并转入烟草中，转基因植株的 PEPC 活性比对照植株高 2 倍。Ku 等将两个 C_4 循环酶基因分别连同上游的特异性启动子同时导入水稻，获得的转基因植株的光合性能和产量分别比对照植株提高了 35% 和 22%。Gehlin 等将 C_4 植物玉米的 PPDK 基因转入马铃薯中，转基因植株的 PPDK 活性比对照植株高 5.4 倍。Ishimaru 等将拟南芥 RbcS（Rubisco Small Subunit，1，5– 二磷酸核酮糖羧化酶 / 加氧酶小亚基基因）启动子和 CaMV35S 启动子调控的玉米 PPDK 基因导入拟南芥中，转基因植株的 PPDK 活性为对照植株的 4 倍。

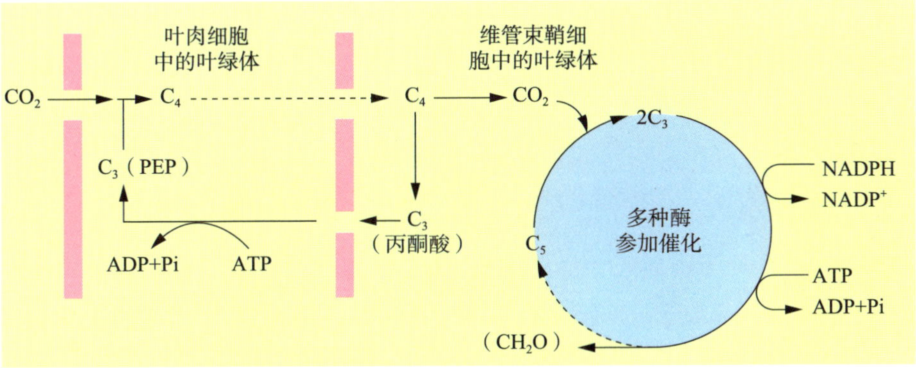

C_3、C_4 植物光合作用对比图

资料来源：常毅军 . 新生态与新能源［M］. 北京：煤炭工业出版社，2014：100.

光合作用同化 CO_2 经 Calvin 循环后迅速用于合成淀粉等碳水化合物，才能保证光合作用顺利进行。Calvin 循环中的果糖 –1，6– 二磷酸酶（FBPase）在决定碳元素到最终产物的分配上有重要作用。将来源于蓝藻的 –1，6– 二磷酸酶（FBPase）/ 景天庚酮糖 –1，7– 二磷酸酶（SBPase）基因导入烟草叶绿体中，转基因烟草的干物质量和净光合效率与非转基因对照植株相比分别增加了 1.5 倍和 1.24 倍，Rubisco 活性提高了 1.2 倍，Calvin 循环中间产物及碳水化合物积累较对照组有所增多。这些研究结果表明，改变植物体内的酶就能显著提高植物的光合作用，也揭示了通过调控光合作用来提高转基因作物产量的可行性。

除了基于 C_4 光合途径的策略，其他途径也可用于提高光合作用中的碳同化效率。Rubisco 激酶是 Rubisco 活性的一个关键调节因子。该活性蛋白对温度非常敏感。Verdia 公司利用基因突变等技术制造出耐热的活化蛋白。将耐热的 Rubisco 激酶转入南芥中，在高温胁迫下，转基因植株叶片面积是野生型的 2 倍，光合效率提高约 30%。

二、通过延缓叶片衰老来提高光合作用效率

提高光合产物也可以通过增加植物叶片总光合能力实现。衰老是成熟细胞有序降解最终导致死亡，代谢产物被重新运输到植物其他组织的过程。延缓叶片衰老可提高总光合能力，从而增加光合产物的积累及其向籽粒分配的比例。

叶片生命全过程

资料来源：中国科学院分子植物卓越创新中心。

三、通过提高氮素利用率进而提高光合作用效率

氮素是植物生长发育必需的营养物质，也是作物产量的主要限制因子之一。长期以来，大量使用氮肥是稳产和高产的重要措施，但土壤中仅 1/3 的氮肥能被植物吸收利用。因此，改善植物的氮素利用率，将对作物产量的提高起到重要作用。结合基因工程和生理生化分析，使氮同化过程中的关键酶过量表达或异位表达增加植物的氮同化途径，是提高氮素利用率的一个有效途径。

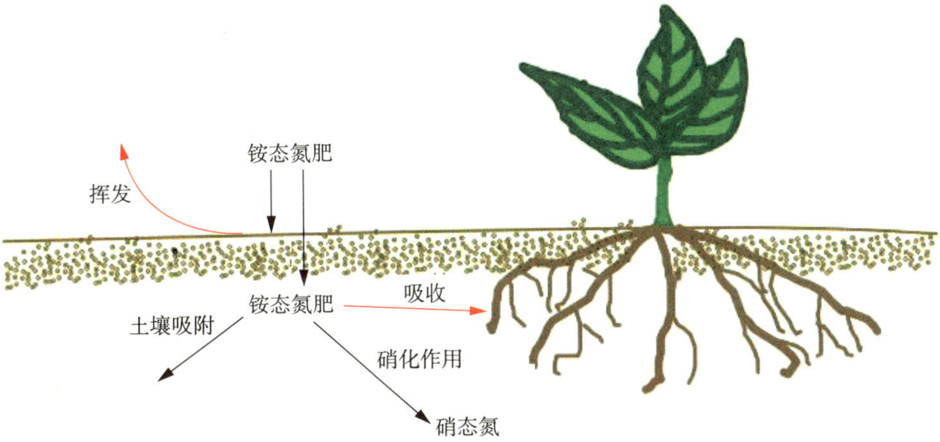

提高植物的氮素利用率至关重要

谷氨酰胺合成酶（GS）是高等植物氮同化代谢的主要酶，这类酶的活性是影响植物生长速度的重要因素。它们以两类蛋白质形式存在，分别存在于胞质和质体中。无论是单子叶植物，还是双子叶植物，胞质 GS（GS1）均由一个多基因家族编码，质体 GS（GS2）则由一个单基因编码。在烟草叶肉细胞质过量表达 GS1，不仅影响烟草的生长和光呼吸，还能增加烟草的鲜重、干重和叶片可溶蛋白含量，同时导致叶中游离氨的含量变为原 1/7~1/6。小麦的胞质 GS1 基因在植株体内铵的再利用过程中起关键作用，GS1 基因的过量表达使小麦叶片 GS1 活性增强，氮在体内尤其在籽粒中积累增多，根部和籽粒干重也能得到提高。

四、通过修饰植株株型提高光合作用效率

一般情况下，高密度植株、高氮肥投入的生长环境会促进作物叶片生长和茎秆伸长。植物过高一方面增加倒伏风险，另一方面会导致源组织中的碳水化合物和其他营养物质更多地供应茎秆而不是籽粒生长。相反，半矮秆品种能抵抗外界环境的危害，不易发生倒伏，株高的降低也提高了收获指数以及生物学产量。

高密度植株玉米

19 世纪 60 年代，小麦和水稻半矮秆品种的研发引发了“绿色革命”，而调控 GA 代谢是目前最佳的培育矮秆高产品种的传统育种方法。拟南芥 GA1 基因、小麦 Rht-B1/Rht-D1、玉米 dwarf-8 和水稻 Sd1 基因为同源基因，它们编码一类具有 SH2-like 功能域的细胞核转录因子蛋白，参与赤霉素信号转导过程，这些位点发生突变的转基因植株对赤霉素的响应减弱，表现为植株矮化。Sakamoto 等使编码 GA2 氧化酶的基因 OsGA2oxl 在水稻幼苗中特异过量表达，成功培育出半矮秆转基因水稻，产量明显提高。

五、通过提高水分利用率提高光合作用效率

大多数情况下，水分利用率低是作物产量的重要限制因素，多年来一直是作物遗传改良的标靶。水分胁迫使植株生长速度、叶片伸展速度降低，显著地制约叶片的扩大，减少截获光能的总叶面积，从而降低作物生物学产量和

经济产量。利用与抗旱相关的基因对水分利用效率进行遗传改良的研究屡有报道。

植物水分利用效率（WUE）是指植物利用单位水所能固定的碳量，Sivamani等将大麦的抗旱基因HVA1转入小麦，使转基因小麦后代的WUE提高到0.66~0.68g/kg，而未转化对照品种的WUE为0.53~0.57g/kg；进一步自交纯合后，转基因小麦与对照组相比在生物产量干重、根鲜重和干重，以及茎叶干重等方面有显著增加。Malse等从拟南芥中克隆了一个富亮氨酸受体激酶基因ERECTA，该基因能改变叶片气孔数和叶片结构，调控植株的蒸腾效率。海藻糖是一种可溶性的小分子化合物，在细胞中积累可提高渗透势，对蛋白质、膜系统具有很好的保护作用，将海藻糖–6磷酸合酶基因（TPS1）在烟草叶绿体中过量表达，使海藻糖含量增加了20多倍，抗渗透胁迫能力与水分利用率也明显提高。

第二节

生物能源原料的改良与发展

一、对淀粉和糖类作物的改良

尽管以玉米和甘蔗为原料的第一代生物燃料存在“与人争粮”和“与粮争地”的问题，但世界上大部分乙醇仍然是以玉米和甘蔗为原料进行生产的。针对生物燃料生产需求，对玉米和甘蔗的转基因改造的重点在于提高淀粉或蔗糖含量、促进原料中糖化酶的表达、降低原料预处理难度等。

ADP葡萄糖焦磷酸化酶在玉米淀粉生物合成的调节过程中起到关键作用，而玉米胚乳中该酶的几个主要单元由编码基因Brittle2（Bt2）和Shrunken2（Sh2）调控合成。科学家通过转基因手段控制这两个基因的表达，使玉米胚乳中淀粉含量提高65%。玉米的淀粉合成酶由zsS3a基因编码。科学家通过转录控制分析发现，该基因主要在胚乳中表达，脱落酸有助于提高 zsS3a 启动子 PzsS3a 的活性，促进 zsS3a 基因表达，从而促进淀粉合成酶的合成，提高玉米胚乳的淀粉含量。还有研究人员应用干扰技术抑制玉米胚乳中淀粉分支酶控制基因 Sbe2（pRSBE2a）的表达，调节淀粉合成，提高直链淀粉含量。这些研究为作为生物燃料原料的转基因玉米研究提供了线索和方向。

二、对纤维素类植物的改良

纤维素类生物质资源用于乙醇生产的最大问题是原料转化，一方面，纤维素结构致密，酶解不易；另一方面，纤维素酶存在空间位阻效应，作为植物细胞壁重要组成部分的木质素会阻碍纤维素酶的作用。此外，部分纤维素类原料中大量存在的五碳糖无法被微生物利用进行生物燃料生产，亦会对生产过程

韩国转基因对纤维植物的改良

资料来源：常毅军．新生态与新能源［M］．北京：煤炭工业出版社，2014：106.

产生不利影响。因此，研究木质素生物合成途径，通过转基因手段降低纤维素类原料中木质素含量，从而提高生物质消化和糊化效率，以及设法利用五碳糖进行乙醇发酵生产等，成为以纤维素乙醇为代表的第二代生物燃料原料的开发重点。

研究发现，通过控制苜蓿中的木质素生物合成基因，可提高发酵糖含量从而促进乙醇生产，由此提出可以采用控制木质素生物合成基因表达的方法，对柳枝稷、芒草、白杨树等能源作物加以改造。科学家运用反转录技术构建了转基因杨树，使其木质素含量降低 40%，纤维素含量提高 14%。还有研究人员建议，全面阐明脂类代谢途径将促进细胞壁合成过程中脂肪酸的生物合成。通过提高脂肪酸含量，优化植物细胞壁水解，促进发酵糖的释放并最终转化为生物乙醇，从而促进生物能源作物开发。韩国培育出能够提高生物能源产量的杨树品种，比起原有的品种，新品种的树枝量要多出 3 倍以上，大大提高了生物能量的产量。

利用酵母发酵纤维素、半纤维素和木质素生产乙醇的另一个主要障碍是大多数细胞壁多糖已乙酰化（化学键连有乙酸基团），这些分子在处理过程中释放的乙酸盐会抑制微生物发酵糖类生成乙醇的活性。因此，植物生物燃料研究领域的一个重要目标是减少细胞壁乙酸盐含量，或阻断使细胞壁聚合物乙酰化的酶。美国科学家利用质谱技术分离到模式植物拟南芥中的一个突变体，其木葡聚糖的乙酰化反应减少了 20%~45%。进一步研究发现，拟南芥基因组中突变基因位点为 AXY4，抑制 AXY4 在拟南芥中的表达可消除木葡聚糖的乙酰化反应。这一位点的发现和充分利用有助于提高纤维素生物质转化效率。

近年来，人们对利用生长速率快的短轮伐期林木作为第二代生物能源原料的兴趣越来越浓。杨树是一种极具潜力的林木类生物能源作物，对其基因组序列研究发现，可通过应用基因组学研究应对能源作物优化挑战。科学家还通过改变杨树的基因，提高了其生长速度，降低了生长成本。鉴定杨树中有关木材形成的基因，有助于提高生物燃料生产原料的生物能量。除杨树外，研究对象还包括柳枝稷、芒草、甘蔗、高粱和短柄草等潜在生物燃料原料。

速生林是轮伐期短的人工林

表 4–1 为亚热带主要经济林树种未经改良和优良新品种生产能力对比情况。

表 4–1　亚热带主要经济林树种未经改良和优良新品种生产能力对比

主要经济林树种未经改良生产能力		优良新品种生产能力	
名称	单位面积产量 / (hm^2 · a)	名称	单位面积产量 / (hm^2 · a)
银荆	8t 干物质	银荆优良种源	12t 干物质
黑荆	8t 干物质	黑荆优良种源	12t 干物质
芒草	15t 干物质	芒草高产新种源	20t 干物质

三、对油脂类能源植物的改良

目前，国内外运用基因工程技术生产生物柴油还处于初级阶段，多采用单基因的特异表达提高脂类含量水平。但脂类的积累涉及脂类的生物合成及分解代谢，是一个复杂的系统。

大量研究结果显示，通过对任何一种脂肪酸合成酶的上调而使油料植物的含油量大幅提高是不可能的，脂肪酸含量的大幅提高要求同时上调多个脂肪酸合成途径中的多个酶，这使调控整个脂肪酸合成途径的转录因子、蛋白激酶和其他调控因子引起广泛关注。

同时，来源于作物种子的植物油的工业价值被其脂肪酸的成分限制。植物中构成油脂的脂肪酸成分有很大区别，这意味着植物在脂肪酸代谢上存在多样性和可塑性。因此，可以应用基因工程等生物技术对油料植物种子中的脂肪酸成分进行改良，通过转基因生产特殊化工原料需要的主要成分为单一脂肪酸的植物油。

利用基因工程改造植物油成分主要通过 RNA 干涉等基因沉默技术调控脂肪酸脱氢酶基因和延长酶基因的活性，修饰脂肪酸链的长度和不饱和度，调整脂肪酸分子在三酰甘油酯相关位置的分布，增加或减少特定脂肪酸成分，或者可以通过转移外源基因创造出高等植物不能合成的脂肪酸。以上技术已经在高油酸植物油、高硬脂酸油、含有特殊饱和脂肪酸的高月桂酸油等油料植物新品种培育中得到应用。

油菜是中国最主要的生物柴油的原料。中国油菜研究和育种处于世界领先地位。科学家按照当前油菜育种和生物能源开发的主要目标，利用植物基因组学最新研究成果，克隆了一批重要性状相关的功能基因，开展了基因工程创制油菜种子基生物柴油关键技术的系统研究，并通过代谢工程途径进一步提高含油量，通过功能基因聚合育种培育出具有高油、高产、广适、多抗、适应轻型栽培等多种优异特性的“超级”油菜。由中国农业科学院油料所培育的“中油 -0361”油菜新品系种子含油量高达 54.72%，创国际新高，亩产油量可提高约 30%，相当于中国一年增种 2800 万 ~3000 万亩油菜。

目前较为成功的基因工程提高油菜种子含油量的技术途径包括：

（1）增加脂肪酸合成底物来提高油脂合成水平。反义 PEP 技术途径，即通过抑制蛋白质合成关键酶 PEP-Case 基因表达以增加脂肪酸生物合成底物 PEP 的供应（含油量提高 25%）。

（2）增强油脂合成途径关键酶基因表达。包括超量表达脂肪酸合成关键酶基因 ACC 以提高脂肪酸合成能力（含油量提高）和基因工程技术提高溶血磷脂酸酰基转移酶（LPAAT）活性以增强脂肪酸与甘油骨架结合成油脂的能力（含油量提高 13.5%）。

瑞典科学家 Olsson 认为，提高种子含油量比提高单株产量更重要。因此，提高油料作物含油量，选育高油品种是油料作物品质改良的重要途径。目前，大多数能源植物尚处于野生或半野生状态，相对于栽培种，油料资源中的野生种有更好的抗逆性。但是，野生资源与栽培植物产量差异很大，野生种经过遗

油菜是重要的油脂类能源作物

传改良，产油量可以得到提高，生产潜力增加，在栽培种中新品种的生产潜力也与普通的栽培种有很大差异。因此，当前人们正在研究应用遗传改良、人工栽培或先进的生物技术等手段提高栽培植物的产量与质量。

品种改良前后生产能力对比情况见表 4–2。

表 4–2　亚热带地区主要木本油料树种未经改良和优良新品种生产能力对比

未经改良生产能力		优良新品种生产能力	
名称	单位面积年产量 /kg	名称	单位面积年产量 /kg
油桐	250	油桐品种	450
樟树	200	樟树优良种源	500
桉树	350	桉树油用物种	450
乌桕	300	乌桕优良品种	500
山苍子	400	山苍子优株	600
油茶	80	油茶品种	750
壳斗科植物	600	锥栗品种	3500

四、对藻类能源植物的改良

从全球来看，藻类是一种数量巨大的可再生资源，也是生物燃料的重要来源。地球上生物每年通过光合作用可固定 8×10^{10}t 碳，生产 14.6×10^{10}t 生物质，其中一半以上应归功于藻类光合作用。每年仅海洋中的水生植物（主要是海藻）通过光合作用产生的生物质总量就有约 5.50×10^{10}t，且是唯一能实现完全替代化石燃油的生物燃料原料。

藻类生物能源有多种形式，如固态的生物炭，液态的生物柴油、生物乙醇，气态的生物氢、生物燃气等。藻类生物燃料研究及应用还处于初级阶段，面临诸多挑战。生物技术用于藻类，其主要目标是降低生产成本和能量需求，同时最大限度地提高油脂生产能力；充分利用藻类的所有生物成分，提高生物质的价值。基因工程、代谢工程和合成生物学等方法的介入将促进藻类成为更加优质的生物能源载体，并促进藻类生物能源的工业化和商业化。

藻类燃料实验室做筛选

藻类细胞合成油脂后，经分离萃取、甲酯化等步骤，转化成可市售的生物柴油，其中影响其经济性的关键因素是细胞中油脂的含量。基因组学与信号传导技术的发展以及相关生物合成途径的解析加强了对藻细胞基因调控、代谢物变化、蛋白质活性和相互作用的理解，进而推动了利用合成生物学技术手段提高藻类油脂生产的研究进程，针对基因元件和代谢途径的改造优化已经被用于提高藻类油脂的产量，主要策略是通过上调或下调藻细胞中编码特定酶的基因的表达，构建转基因藻类藻株，促进不同藻种中碳水化合物或油脂的积累。

微藻细胞产氢技术主要包括发酵产氢（光发酵产氢、暗发酵产氢和光暗联合发酵产氢）和光合作用产氢（直接生物光解产氢和间接生物光解产氢）。利用合成生物学技术，可以通过有针对性地修改或设计相关的酶来构建工程菌株，从而显著提高藻细胞中氢的产量和产率。氧气能抑制氢化酶基因的表达进而限制氢化酶的活性，改变氢化酶的结构可以增加氢化酶对氧的耐受性，研究人员通过突变特定的氨基酸，改变了氢化酶表面的气体结合位点，阻止其与氧气结合从而保护具有催化功能的活性中心。研究人员还设计了一种复合酶，将氢化酶与具有铁还原功能的蛋白融合在一起，从而将电子从铁氧还蛋白转移到氢化酶，提高了生物产氢率。

藻类开放式培养

藻类中的蓝藻在生产生物柴油原料的过程中有其独特的优点，如蓝藻会分泌出游离的生物柴油前体脂肪酸（FFA），有利于下游产品分离等。人类已经为蓝藻建立起完善的基因工程方法，对蓝藻进行基因组测序将有助于确定其生产生物燃料的潜力。操纵代谢产物途径可以重新定向细胞的功能，使其合成所需的产品。一些研究工作利用代谢工程通过诱变或引入外源基因对有机体的细胞机制进行直接控制。例如，改变蓝藻的细胞壁属性，转化新基因用于生产氢气或其他产品；增加脂质合成，寻找新前体以及更多更具效益的领域等。这些工作将使生物燃料生产变得更为经济可行和富有成效。

此外，光合蓝藻可以通过基因转化、菌种 / 工艺开发以及代谢模型 / 谱分析进行重新设计，用于高效生产乙醇。研究人员已经将运动发酵单胞菌中的丙酮酸脱羧酶（pyruvate decarboxylase，PDC）和乙醇脱氢酶Ⅱ（ADH2）转化到单细胞集胞藻中，该菌株可通过光合作用将 CO_2 转换成乙醇。

第三节

当生物质主导人类能源需求时

一、生物能源替代化石能源的必然性

（一）生物质的增长潜力与速度不可同日而语

生物工程技术的突破已使地球生物质的快速发展具备了强劲的内在动力，地球大气的 CO_2 的快速增长则使生物质发展拥有了更大的物质基础与发展空间。研究表明：在1860年前后，大气中 CO_2 浓度处于一个相对稳定的状态，为260~280ppm。之后一段时间，其年增长率为0.0001%~0.0002%；到21世纪初，增速加快，2011—2021年年均复合增长率约为0.6%，目前约为420ppm。照此速度，大约60年后，大气 CO_2 浓度将达到610ppm。在全球都在激烈讨论减少 CO_2 排放的时候，我们也不得不面对一个现实：全球工业化的持续发展需要更多的能源来做基础支持，这必将导致大气中的 CO_2 进一步快速持续增长。

生物学的实验调研表明，大气 CO_2 浓度达到600~700ppm时，植物光合速度将大大提高，而生物工程技术、水利与灌溉技术以及生物能源的应用与

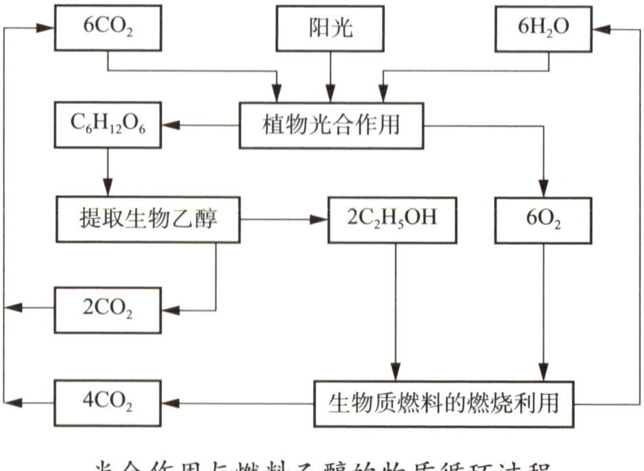

光合作用与燃料乙醇的物质循环过程

转化技术的飞速发展也必将进一步推进生物质体量的增加及成长与再生速度的加快。

（二）生物能源必将取代化石能源

在亿万年的历史累积中形成的化石能源已可供人类使用几百年，但化石能源终有枯竭的一天。而生物质的组成也是 C–H 化合物，它与常规的化石燃料，如石油、煤炭等是同类。生物质的特征和利用方式与化石燃料有很大的相似性，因而可以充分利用已经发展起来的常规能源体系开发利用生物质能。相对于化石燃料，生物质的挥发组分高、炭活性高，含硫量和灰分都比煤炭低。其利用过程中的 SO_2、NO_x 排放较少，空气污染与酸雨明显减少。因此，绿色植物能源作为一种再生能源，不仅美化了人类的生存环境，促进了生态环境的碳氧平衡，还可以成为一种安全能源的典范。

生物能源发电厂

二、光合速率与最佳 CO_2 浓度

大气中 CO_2 浓度增加会引起全球气候变化，并引起区域的温度、湿度、生长季长度、降水和蒸发的变化。科学试验表明，当大气中 CO_2 浓度超过 1000ppm 时，人会产生轻微不适。中国东北林业大学杨金艳、范晶、刘思秀等的研究表明，到 2030 年，CO_2 浓度将达到 550ppm，是一百年前的 2 倍，从而可能导致全球增温 1.5～4.5℃，降水增加 7%～11%。当 CO_2 升高时，地球植被会大量增加，大面积的森林植被会在一定程度上缓解气温的升高，对温度急速升高进行有效调控。因此，无论是从地区植物光合速率还是从人类的舒适度来看，大气 CO_2 达到 600～700ppm 时，地球碳环境即可实现良性循环。

森林夏季降温、冬季保温

森林夏季具有降温作用，主要体现在5—9月；冬季具有保温作用，主要表现在11月、12月、1月、2月，但保温效果不如降温效果明显，而且无论是月变化还是年变化，无论是白天还是夜间，森林温度变化的振幅都较小。

山东交通学院冯海霞等的研究表明：上午10:30森林类样点的温度比城镇低3℃左右；下午1:30两者的温差更大，是3.89℃。森林在夏季，温度越高降温效果越明显；在冬季，森林类样点的温度比城镇温度高，主要体现在11月、12月、1月、2月。1月上午10:30城镇类样点的温度是0.17℃，森林类样点温度是3.10℃，温差为2.93℃，这说明森林在冬季具有保温的效果，且在温度最低的月份，保温效果也最明显。

以上研究表明，大气CO_2的增加会导致气温升高，同时促进植物的生长，而植物的快速增长，尤其是森林植被的覆盖率增长又会吸收和固化大气CO_2，使之减少，并抑制气温的增长，有效调节地球温差。

三、满足人类能量消耗的生物质再生能力评估

（一）国际机构对未来能源需求量的预测

随着世界经济的不断发展和人口的增长，全世界一次能源的需求量也将不断增长。据联合国统计，1995年世界一次能源的需求量约折合8.34Gt石油。国际能源机构BP当时预测，如果未来20年的世界经济增长率为3.1%，世界一次能源的需求量将以平均2%的年增长率增长，到2020年，世界一次能源的需求量将达到13.75Gt石油。BP能源的实际数据显示，2020年全球一次能源的消耗量为564EJ，折合13.43Gt石油，证实当时预测精度约为98%。

BP的《世界能源展望》预测，2035年全球一次能源需求上升至16.7Gt油当量。除此以外，联合国工业发展组织、国际原子能机构、国际应用系统分析研究所和石油输出国组织在第15届世界能源委员会上对未来能源需求趋势作了预测，预计到2050年，全球能源需求将达到180亿~210亿t石油。

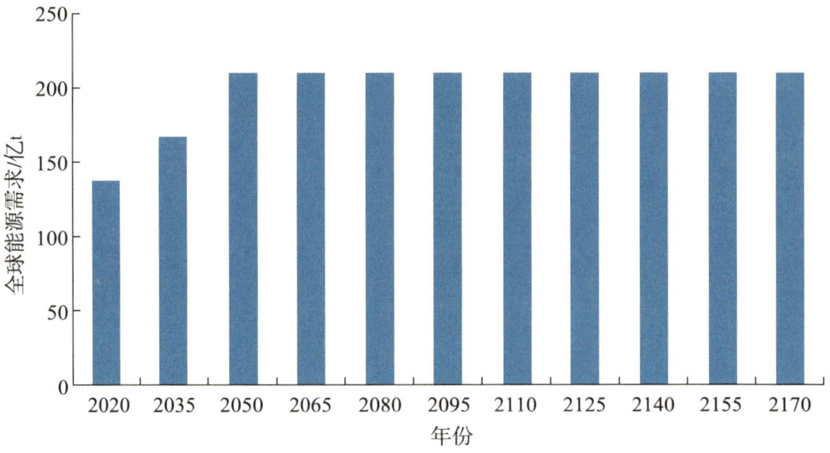

未来全球能源需求预测

（二）现有环境条件下的再生能力评估

据估算，世界全部生物质存量约为1900Gt，陆地与海洋合计平均最低更替率约为11年，可以计算出每年新产生的生物质约为170Gt，折算成标准煤85Gt或油当量60Gt，约相当于2007年全球一次能源供应总量的5倍（见表4-3）。只要合理开发、科学使用，加之生物工程技术、科学灌溉与科学种植，生物质体量及再生速度将大幅提高，生物能源将足以满足人类的需求。

表4-3 现有生物存量及再生量

类型	面积 / 10^6km^2	平均净初级生产率 / [kg/（m^2·a）]	初级生产量 / 0.1Gt/a	平均生物量 / kg/m^2	生物质存量 / 0.1Gt	最低更替率 / a
热带雨林	17.0	2.200	374.0	45.000	7650.0	20.50
热带季雨林	7.5	1.600	120.0	35.000	2625.0	21.88
温带常绿林	5.0	1.320	66.0	35.000	1750.0	26.52
温带落叶林	7.0	1.200	84.0	30.000	2100.0	25.00
寒带森林	12.0	0.800	96.0	20.000	2400.0	25.00
地中海型开放森林	2.8	0.750	21.0	18.000	504.0	24.00

续表

类型	面积 / 10^6km^2	平均净初级生产率 / [kg/ (m^2 · a)]	初级生产量 / 0.1Gt/a	平均生物量 / kg/m^2	生物质存量 / 0.1Gt	最低更替率 / a
沙漠和半沙漠灌木林	18.0	0.090	16.2	0.700	126.0	7.78
沙漠、砾漠、岩漠或冰原	24.0	0.003	0.7	0.020	4.8	6.67
耕地	14.0	0.650	91.0	1.000	140.0	1.54
沼泽	2.0	2.000	40.0	15.000	300.0	7.50
草原与草地	37.7	0.637	240.1	3.008	1134.0	4.72
溪流和湖泊	2.0	0.250	5.0	0.020	0.4	0.08
大洋	332.0	0.125	415.0	0.003	10.0	0.02
涌升流地带	0.4	0.500	2.0	0.020	0.1	0.04
大陆架	26.6	0.360	95.8	0.010	2.7	0.03
藻床和珊瑚礁	0.6	2.500	15.0	2.00	12.0	0.80
河口和红树林	1.4	1.500	21.0	1.000	14.0	0.67
合计	510.0	0.334	1702.8	3.680	18773.0	11.02

1. 生物工程引领下的可再生能力评估

理想的能源植物应该是太阳能利用转化率高，具有较高的光合速度和干物质积累能力的快速生长植物。目前，普通植物对阳光的利用效率不到 4%，如果通过基因工程改良使光能利用效率提高到 5%，就可提供相当于目前人类使用的全部化石能源的能量。

按全球每年光合作用产生的植物生物量为 1700 亿 t 计算，当阳光利用率提高 1% 时，植物光合作用每年新生的生物量将增加 425 亿 t，达到 2125 亿 t。

2. 科学灌溉后的可再生能力评估

随着水利工程的发展，科学灌溉已具备让植物大量增产的条件。据新疆天业集团有限公司陈小林等的研究，通过科学的灌溉方式，可使不同植物

科学灌溉

增产 43%~140%。以全球光合作用产生的植物生物量为每年 2125 亿 t 为基础，按甘蔗科学灌溉增产率 60% 计算，科学灌溉将使植物生物更新量每年增加 1275 亿 t。常规灌溉（沟灌）与滴灌主要作物单产对比见表 4–4。

表 4–4　常规灌溉（沟灌）与滴灌主要作物单产对比

作物	常规灌溉 / 亿 t	滴灌 / 亿 t	增产 /%
小麦	340	583	71
棉花	68	163	140
西甜瓜	1500	3000	100
玉米	1450	2080	43
大豆	170	326	92
甘蔗	5000	8000	60

3. 现有条件下生物质可再生能力合计

在当前条件下，全球生物质每年的更新量 = 原每年生物质可再生量 + 运用基因工程后生物质年可再生量增加 + 科学灌溉后生物质年可再生量增加。

估算可知：

原每年生物质可再生量	=	1700 亿 t
运用基因工程后生物质年可再生量增加	=	425 亿 t
科学灌溉后生物质年可再生量增加	=	1275 亿 t
合计	=	3400 亿 t

（三）CO_2 浓度增至 610ppm 时在上述基础上的生物质增长规模

大气中 CO_2 浓度的增加影响树木的生理和生长过程。中山大学生物学博士陈章和实验表明，在高 CO_2 环境生长的 4 种幼苗干物质比对照组增加 29.79%~50.30%，且根系量加大。此外，专家研究发现在某一特定生长期间提供 600~700ppm 的 CO_2 会使农作物增加 10%~30% 的产量。在此我们选择现有植株平均增长 25% 计算如下：上文测算出在现有 CO_2 条件下，全球生物质每年的更新量为 3400 亿 t，则此数据在 CO_2 增至 610ppm 后将增至：（1+25%）× 3400=4250 亿 t。

（四）在新的碳环境下现有沙漠与戈壁的绿化前景及再生能力

随着 CO_2 的增加，地球的温度、湿度及降水量将均得到改善，加上生物与灌溉技术措施的增加，沙漠退缩速度将进一步加快，中国的荒漠约合每年减少 4‰，非洲、美洲等主要沙漠地区近十年同样出现了类似的沙漠缩减情况。全球现有沙漠面积约 3800 万 km^2，按每年减少 4‰计算，每年可增加绿地面积 15 万 km^2。将这些土地用作种植林时，按桉树一般种植密度每亩可种植 180~200 株，每年每亩约可增加生物质产量 20~33t，即每年每平方千米约可增加生物质产量 3 万 ~5 万 t。各阶段增加绿地面积与生物质增量预测如表 4–5 所示。

表 4–5　各阶段增加绿地面积与生物质增量预测

项目	2030 年	2050 年	2080 年	2100 年
总增加绿地面积 / 万 km^2	255	555	1005	1305
总增加生物质量 / 亿 t	765~1275	1665~2775	3015~5025	3915~6525

（五）未来生物质可再生能力评估

未来生物质年更新量 =CO_2 增至 610ppm 时生物质年更新量 + 沙漠缩小后生物质年增量。按现有碳排放量及专家预测 2080 年 CO_2 增至 610ppm 预测：

2180 年 CO_2 增至 610ppm 时生物质年更新量	=	4250 亿 t
2080 年沙漠缩小后生物质年增量	=	3015 亿 ~5025 亿 t
合计	=	7265 亿 ~9275 亿 t

根据上述（公式）可知，2080 年地球生物质再生总量将达到 8000 亿 t 左右，折合石油 2000 亿 ~4000 亿 t——生物质发热量为（10.3~21）$\times 10^3$kJ/kg；而从 2050 年后，全球能源需求将保持在 181 亿 ~210 亿 t 石油，即每年的再生量是消耗量的 10~20 倍。届时，地球生物质将从解决食物问题到解决能源问题，最终发展到通过储碳，即吸收储存大气中过量的 CO_2 来解决其威胁人类正常生活的问题。当地球生物保有量与再生量进一步扩张时，也许又回到地球的初始状态，地球开始重新生成化石能源，直至 CO_2 不断减少，O_2 不断增加，重新出现沙漠化和干旱的氧化环境。

四、绿色地球与人类生存环境的根本改善

地球没有像月球等星球的极大温差，还得归功于 CO_2 等保温气体。月球上，在阳光垂直照射的地方温度高达 127℃，夜晚月球的温度可降到 –183℃。这主要是因为月球上没有大气层。而地球上的 CO_2 犹如温度的调节剂，当太阳直射在地面上时，CO_2 吸纳了太阳部分热量，从而有效降低了太阳直射处

的地温；同时 CO_2 通过气体流动，将吸纳的热量转移到没有太阳直射的地方，从而提升了当地的温度，整体上降低了地球各地的温差。

随着 CO_2 的增长，全球气温将提升，但由于地表的地理地貌特性不同，地表物理、化学结构不同，植被和气候带不同，水陆差异等因素影响，全球变暖程度各地也不同，不同季节也不同。

设在奥地利的国际应用系统分析研究所于 1993 年在全球范围内选择了 11 个区域（6 个半旱区、5 个北半球中纬度地区）进行 CO_2 浓度增加对地区气候、经济影响的研究，结果表明：CO_2 浓度倍增会使地表平均温度升高 2.01℃，且冬季增温明显，约 2.9℃，夏季只有冬季的一半，为 1.5℃，在高纬度地区更明显，年平均增温 2.5℃，中纬度地区为 2.2℃，而低纬度（0°~30°）仅为 1.6℃。因为冬季高纬度（60°~90°）增温大于低纬度，使得极地—赤道之间的热差发生变化，而使东亚冬季风强度减弱。除此以外，国际气候变化理事会通过对大气环流模型进行预测，也得出相似结论：随着 CO_2 倍增，气温上升，热带地区升温较少，极地升温较多。

青藏高原作为干冷荒寂的第三极，是世界上人类干扰最少的区域之一，因为地形和气候优势，千百万年来这片区域的冰川和冻土中封存了巨大碳库和氮库。工业革命后大气中 CO_2 浓度上升引起全球变暖，也不可避免地影响到青藏高原。全球目前的增温速度为每十年 0.2℃，而青藏高原的增温速度翻了一倍，同时增长的还有畜牧量。

中国科学院成都生物研究所高寒草地与湿地生态项目组经过十余年研究发现：在全球变化的情况下，青藏高原碳库和氮库在 2022 年依然处于稳定状态；而且由于气候变化和恢复工程，青藏高原的生态系统净生产力在不断增加，其植被生产力的增加超过了碳的损失。青藏高原自然生态系统每年碳净吸收约为 44 百万 t，相当于吸收了我国 2000 多万人的碳排放。

研究发现，气候变暖缓解了高原地区植物生长中受到的两个限制——植物生长的温度限制、生态系统的氮限制，促进了植物生长；冰川和冻土融化不仅导致受永久冻土层影响的生态系统中植物生产力和土壤呼吸增加，而且导致受解冻影响的水域中的沉积物和气体排放增加。另外，随着与升温相伴而来的年际间降水量变异性的增加，土壤湿度也发生了改变，并进一步调节了气候变暖带来的一系列效应。

参考文献

[1] 王慧媛，刘晓，王玥．转基因技术与生物能源［J］．生物产业技术，2012（2）：58–65.

[2] 曾淑珍，吴延旭，谢晓敏，等．生物能源树种的研究进展［J］．经济林研究，2008，26（4）：109–113.

[3] 付红波，赵清华，李玉洁，等．德国：全方位推进生物科技及产业发展［J］．中国生物工程杂志，2008，28（10）：1–4.

[4] 姚小华．生物柴油原料资源和主要木本油料植物的选育［C］．2006 年中国生物柴油行业发展与技术交流研讨会．

[5] 孟胜利．德国生物科技的引擎［J］．生物技术世界，2008（3）：5–10.

[6] 付红波．美国生物科技及产业发展概况［J］．中国生物工程杂志，2010（4）：135–138.

[7] 彭仁，林晴茹，谢娟霞．日本生物产业的发展现状及展望［J］．产业与科技论坛，2008（1）：250–252.

[8] 陈欢，陈光，李海燕．油料作物油脂合成基因工程研究现状［J］．吉林农业大学学报，2012（2）：198–203.

[9] 孙晓波，马鸿翔，王澎．基因工程在能源植物改良中的应用［J］．生物技术通报，2007（3）：1–5.

[10] 孙中亮，陈辉，王强．从 CO_2 到有机物——碳中和的微藻绿色生物制造［J］．合成生物学，2022，3（5）：53–65.

[11] 杨金艳，范晶，刘思秀．大气 CO_2 升高和气候变化对森林的影响——国内近五年研究概况［J］．森林工程，2000（1）：11–12.

［12］冯海霞，侯元兆，冯仲科．山东省森林调节温度的生态服务功能［J］．林业科学，2010，46（5）：20–26.
［13］陈槐，鞠佩君，张江，等．青藏高原高寒草地生态系统变化的归因分析［J］．科学通报，2020，65（22）：2406–2418.

第五章

化石能源与生物能源的互补性

Complementarity of Fossil Fuels and Bioenergy

如果将地下的化石能源全部燃烧，重新以 CO_2 形式补充到大气中，人类将难以承受；而如果没有工业革命对化石能源的应用，则大气中的 CO_2 严重不足，人类还将处于同第四纪间冰期和沙漠化等恶劣环境长期斗争的过程中。

地球的生态繁荣依赖于适量的 CO_2，而化石能源封存了太多的碳。随着化石能源的使用，这一状况正在改善，使得通过生物碳汇增加生物质保有量以及通过生物能源的应用减少碳排放变得更加现实。

生物能源和化石能源同祖同源、相生相克，如何与时俱进地规划生物能源和化石能源的应用权重，正在考验人类的智慧。

第一节

化石能源是生物能源发展的必要支持

过去200多年中，建立在化石能源基础上的能源体系，极大地推动了人类社会的发展。以煤炭和石油为基础的传统能源加快了世界经济的发展，我们的现代生活方式也密切依赖燃料。人类创造财富所需的能量几乎都来自化石能源。在此基础上，人口数量已普遍增长1倍以上，城市化扩展了5~10倍，人均利用的财富量增长了10倍以上。与之相伴的是科学、教育的飞速发展，同时人类的需求得到一定满足，产品实现多样化。人类社会几乎达到理想境界。

一、化石能源改变了人类的生存方式

人类获取与利用能量的多少与方式是决定人类文明程度的根本原因，不同时代体现了不同文明的特征，纵观历史长河，化石能源从根本上改变了人类的生存模式。

（一）狩猎时代——动物能源时代

在狩猎时代，人类文明是在动物能源的基础上发展起来的。人的吃、穿、用基本与动物能源有关。由于动物能源来自植物能源，大约同样的能源量，动物能源需要10倍左右的植物能源量转换，而所有动物能源仅有一部分能为人类所获得与利用，不到1/10。因此，动物能源时代的人类生存空间需要约100倍农耕时代所需的土地量，如果农耕时代每人生存需要5~10亩地，则狩猎文明时代需要500~1000亩的生存空间。一个300人的部落需要15万~30万亩，为100~200km^2；如果超过1000人，就需要300~600km^2的土地。因此，狩猎时代的人口平均密度非常低，是农耕时代的1%左右。

狩猎时代

此外，狩猎时代的人口总量也非常小。人类的文明发展受到非常大的限制，主要是无法形成一个大型的群聚性社会，从而无法构成文明发展的最基础条件。

（二）农耕时代——植物能源时代

在农耕时代，人类文明是在植物能源的基础上发展起来的。人的吃、喝、住、穿，以及各种财富基本和植物能源有关。植物能源利用量与利用效率比动物能源时代的利用量与利用效率大为提高，为10~100倍。人类文明得到了飞跃发展。

与此同时，农耕时代的人口数量也比狩猎时代扩展了10倍以上，大型的群聚性社会得以形成，城市得以建立，社会分工得到较大发展。能量的提供还让一部分人从劳作中解脱出来，专门研究思想、文化、制度、技术和教育的机构与机制因此得以建立，人类社会得到飞速发展。

农耕时代

（三）工业文明时代——化石能源时代

人类现代文明创造财富所需的能量几乎都来自化石能源。工业革命的象征蒸汽机，早期由托马斯·塞维利和托马斯·纽科门率先制造，并由瓦特在1763—1769年进行了重大改造，之后改良的蒸汽机投入生产并开始大规模销售。但大量的蒸汽机购买者多不完全使用它，主要原因是动力源依赖木材，而使用木材消费较大。按历史学家菲利谱·李·拉尔夫的说法："在1830年之前，工业革命不具任何重要意义。"其关键是没有大规模利用化石能源。

1850年前后，由于法国加来海峡地区和德国鲁尔地区煤矿的发现与开发，1850—1869年，法国的煤产量由4.4Mt上升到13.3Mt，德国的煤产量由4.2Mt上升到23.7Mt，整个世界从1830年煤炭消耗量占整个能源消耗量的不到30%，迅速达到1888年的48%，而后很快超过木材使用量，成为主要能源。大量蒸汽机派上用场，交通、钢铁、电力得到大力推动。整个世界的经济、社会产生连锁式飞跃发展，世界从此全面进入化石能源时代。

1900年前后，在俄国及美国得克萨斯州发现石油，内燃机得以应用，使用石油的内燃机效率比蒸汽机大为提高，在第二次世界大战后由于中东廉价石油的使用，欧美、日本等老牌资本主义国家获得20年左右的高速发展，完成了现代化，实现了大量财富积累。

从世界典型国家单位GDP能源消耗量变化来看，一个国家的经济发展和工业化进程明显是建立在能源体系上的。英国作为当时全球主要的煤炭生产国和第一次工业革命的诞生地，在19世纪就建立起庞大的日不落帝国；美国经济的腾飞则离不开优质煤与油、气的驱动，也为其后来成为超级大国打下基础。能源的利用水平不仅从整体上影响着人类文明的进步，还从结构上深刻影响了各国的发展前景。

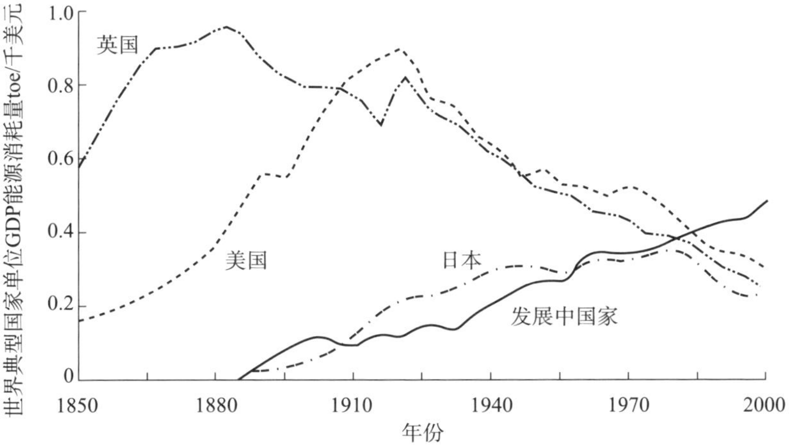

世界典型国家单位GDP能源消耗量变化

资料来源：BP。

第二次能源革命后，全球生产力大幅提升，人口随之出现爆发式增长。其背后的主要动力之一就是化石能源的广泛使用，因此，人均能源消耗水平是衡量一国工业化水平和居民生活质量的核心指标。

以1965—2021年美、日、英、法、中的人均能耗为例，美国人均能耗一直断层居高位，大部分年份在300GJ以上；日本、英国、法国的人均能耗比较接近，在150GJ左右，这些发达国家的人均能耗在2000年之前整体是上升态势，2000年开始呈下降趋势，即便如此，2021年美国的人均能耗依然高达280GJ，日本、法国在140GJ左右；中国的人均能耗和发达国家存在明显差距，2008年之前一直低于全球平均水平，不足70GJ，经过十几年的提升，目前大约为105GJ。

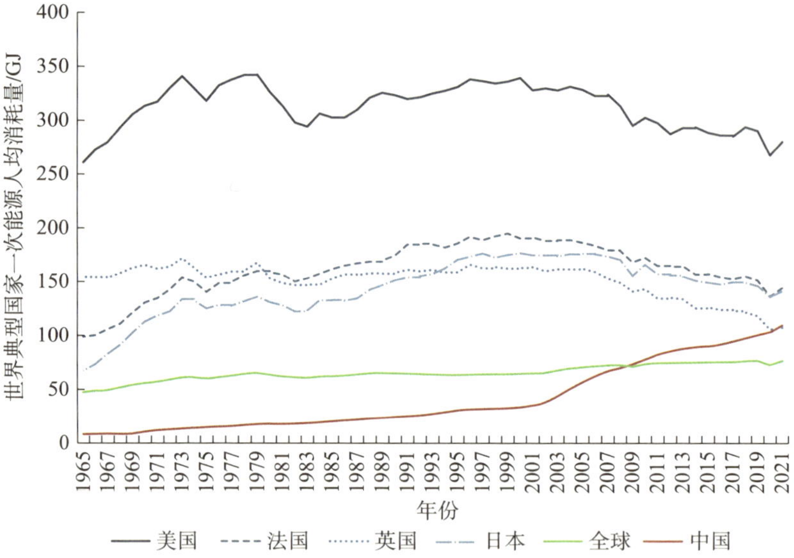

世界典型国家一次能源人均消耗量变化

资料来源：BP。

工业文明时代

从化石能源时代开始，人类社会在短短的百年间发生了翻天覆地的变化，这种变化的根源就是人类使用了自然界在几亿年间给人类储存的这笔宝贵的且极其重要的化石能源财富。没有这笔财富，我们即使有一万个爱因斯坦、牛顿、爱迪生、瓦特和最先进的蒸汽机、内燃机、发电机都创造不了这种变化。

二、化石能源释放了深埋地下的碳元素

（一）化石能源是几亿年光合作用的产物

在地球的历史中，构成地球多个成煤期与成油期的重要时期，如侏罗纪、石炭纪等，其大气中的 CO_2 浓度都超过目前数倍，足够多的 CO_2 保持了植物生长，以维持较高的光合效率，形成茂密的植物，其结果一方面形成了今天的化石能源；另一方面消耗了大气中的 CO_2，使之被储存于地下，不能循环。

以煤炭形成为例，据第十一届世界能源会议估计，世界煤炭探明储量中，各不同聚煤地质时代的比例为石炭纪占 41.3%、二叠纪占 9.9%、白垩纪占 16.8%、侏罗纪占 8.1%、第三纪占 23.6%。中国煤炭储量以侏罗纪和石炭纪、二叠纪为主，而这与 CO_2 变化吻合。

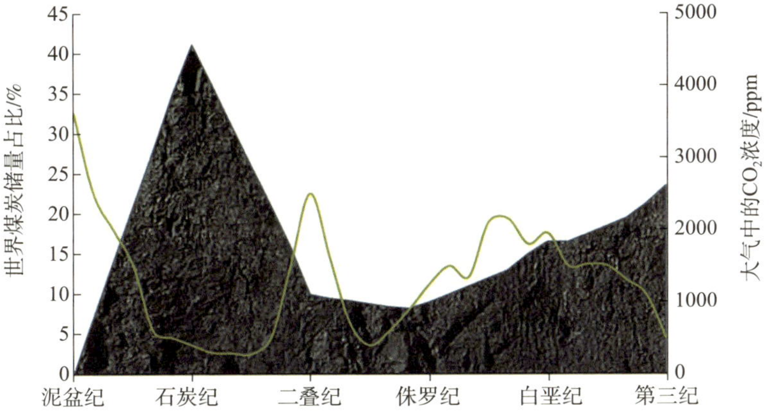

不同成煤期煤炭储量与 CO_2 浓度对应

（二）当今的工业化释放了生物发展史上的碳元素

化石能源带来了今天灿烂的文明、繁荣的经济，同时燃烧释放出了亿万年以来生物逐渐存储和长期禁锢的碳元素。人类利用化石燃料燃烧相当于把封储在地下的 CO_2 库门打开，将其放入大气之中。

资料表明，公元1000—1800年，大气中 CO_2 浓度相对稳定，为270~290ppm，但1850—1987年，燃烧化石燃料总共向大气中释放 CO_2 约201Gt，大气中 CO_2 浓度上升到350ppm。目前，化石燃料利用每年继续向大气中释放大量 CO_2，2021年排放量约为33.9Gt，BP统计数据显示，2011—2021年 CO_2 排放量年均增长率约为0.6%，大气中 CO_2 浓度年均增长率约为0.7%，2021年大气中的 CO_2 浓度一度接近420ppm。

三、生物能源成为主导能源尚需一个发展过程

（一）碳环境改善周期

碳环境改善周期，是指形成 CO_2 在最佳浓度下，满足植物生长所需的时间。

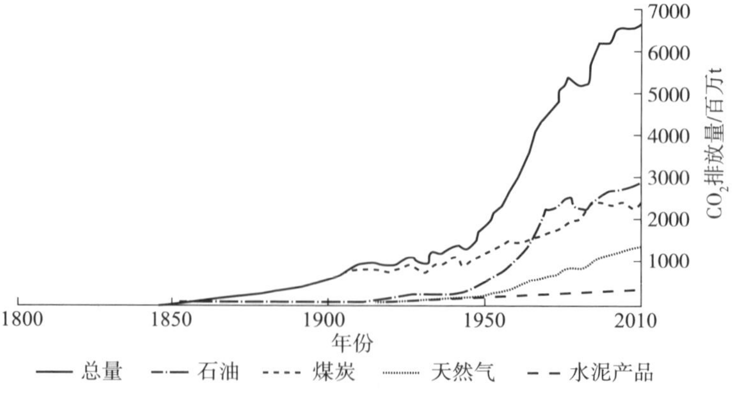

工业革命后的 CO_2 排放量

资料来源：邓彤.新能源与第四次产业革命［M］.北京：中国经济出版社，2019：138.

大气中的 CO_2 浓度同时影响人类和其他生物的生活作息（见表5-1）。

表 5-1　不同 CO_2 浓度与人类生理反应

CO_2 浓度 /ppm	对应参照	植物描述	人类生理反应
350~450	第三纪	被子植物极度繁盛	同一般室外环境
350~1000	二叠纪	蕨类植物极度繁盛	空气清新，呼吸顺畅
1000~2000	白垩纪	裸子植物和蕨类植物仍占统治地位；被子植物开始出现	感觉空气浑浊，昏昏欲睡
2000~5000	志留纪	植物开始登陆	感觉头痛、嗜睡、呆滞、注意力无法集中、心跳加速、轻度恶心
大于 5000	寒武纪	可能分布有苔藓和地衣类的低等植物	可能导致严重缺氧，造成永久性脑损伤、昏迷，甚至死亡

基于植物光合作用与人类生理反应综合考虑，我们认为，大气中 CO_2 浓度达到 600~700ppm 时，空气清新，环境舒适，人类适宜生存，更重要的是绿色植物将会生长得更加旺盛，生物圈也更加繁荣，地球环境也得到最大优化。

根据 2011—2021 年的 CO_2 排放量以及大气中 CO_2 浓度的年均增长率计算，预计 2050 年，大气中的 CO_2 浓度将超过 500ppm，2080 年将达到 610ppm，碳环境改善周期还需要 60 年的时间。

（二）生物质总量的培育与成长过程

据估计，绿色植物每年固定的能源，相当于 60~80Gt 石油，即全世界每年石油总产量的 20~27 倍，约相当于世界主要燃料消耗的 10 倍；而作为能源的利用量不到其总量的 1%。但是如果将这些植物采伐并用于燃料动力，在今天的条件下必然会出现生物质消耗量大于生物质再生量的情况，造成植被退化，光合作用规模减小，植物吸收 CO_2 并放出 O_2 的总量下降，进而产生严重的生态问题。

因此，生物能源的规模化应用并取代化石能源必须确保全球生物质保有量大幅增长，必须建立在生物质再生能源即光合作用固定碳的能力大幅超过消耗能力的基础上，这就需要人类有一个有计划地培育生物质的过程，这个过程包括：

（1）随着大气中 CO_2 的增加，拓展生物质总体量，从而使部分化石能源释放出的碳重新转化为生物质储备的过程。

（2）通过生物工程与生物农业改善生物质增长速度，优化其生长环境。

（3）专用生物品种的普及与成长。

这一过程的真正实现一定是随着地球大气中 CO_2 的增长。随着 CO_2 的增长，植物将同步增长，直至达到生物增长的最佳浓度，植物的快速增长必将抑制 CO_2 的增长，直至达到碳平衡，除满足人类能源需求外，还创造了一个绿色的生态环境。事实上，近年来 CO_2 的快速增加已经显示出其对植物增长的作用。

许多研究表明，自工业革命初期以来，植物的生长速率是增长的，而且这些年这种趋势在逐渐加快，这与地球历史上其他类似时期的环境变化相呼应。

（三）加工应用与技术装备的成熟过程

生物能源替代化石能源，还必须有相应的生物能源应用技术、工艺、设备与配套工程。近年来世界各地在这方面均有大量的投入进行研发，新的突破不断出现，其发展速度已经领先于生物能源体量与再生能力的增长速度。与此同时，由于化石能源与生物能源同根同源，人们发现，生物能源应用技术与工程的发展，可以在化石能源的基础之上，通过过渡、磨合、兼容、创新而逐步趋于完成。

1. 化石能源与生物能源结构具有相似性与兼容性

生物能源是与化石能源最相近的能源，从化学的角度上看，生物质的组成是 C–H 化合物，它与常规的矿物燃料如石油、煤等是同类。由于煤和石油都是生物质经过长期转换而来的，所以生物质是矿物燃料的始祖，被喻为“即时利用的绿色煤炭”。正因如此，生物质的特性和利用方式与矿物燃料有很大的相似性，可以充分利用已经发展起来的化石能源技术开发利用生物质能，实现化石能源与生物能源的无缝对接。

2. 化石能源为生物能源提供了技术支撑

在生产方面，可将生物质固体原料置于高温环境，通过热分解和化学反应将其转化为气体燃料和化学原料气体（合成气体）。其技术原理与煤的处理方式一样，都可进行常压气化与加压气化，而设备与煤处理方式相似，都可使用固定床、流动床、喷流床进行气化。生物能源气化条件与分类见表 5–2。

表 5–2　生物能源气化条件与分类

条件	分类
气化压力	常压（0.1~0.12MPa）、加压（0.5~2.5MPa）
气化温度	低温（700℃以下）、高温（700℃以上）、高温熔融（灰分熔点以上）
气化剂	空气、氧、水蒸气及其组合，特殊场合为 CO_2
加热方式（温度场的形成）	直接气化（气化原料的一部分与氧反应产生热量）、间接气化（通过外部加热原料与气化剂）
气化炉形式	固定床、流动床、循环流动床、喷流床、移动床、熔融炉

（四）应急储备与安全保障

生物能源未来虽可代替煤、石油等常规能源，但由于其本身为植物，易受突发事件与生物灾难影响，一旦发生全球性的重大灾难，将对经济与生活造成巨大损失，这就需要化石能源做好应急储备。

四、化石能源为生物能源应用提供了基础设施与保障

由于化石能源与生物能源在结构与工艺处理技术上有一定的相似性，因此化石能源应用的基本设备设施及配套产业基础均可得到充分利用，为生物能源的应用提供一定保障。

（1）发电。以生物质混合燃烧发电技术为例，将生物质气化产生的燃气与煤混合燃烧，混合燃烧产生的蒸汽可一同送入汽轮机发电机组，共用发电设备。

（2）造气。可将大型沼气工程产生的沼气与天然气管道共用，可在全世界范围内确保生物能源技术的逐步成熟与普及。

（3）石油化工。化石能源与生物质生产石油、化工产品的基本原则相同，设备与设施适当调整后基本可用。

第二节

化石能源与过渡期的能源保障

19 世纪 70 年代工业革命以来，化石燃料的消费量急剧增长，初期主要是煤炭，进入 20 世纪以后，特别是第二次世界大战以来，石油和天然气的生产与消费持续上升。石油的消费量于 20 世纪 60 年代首次超过煤炭，居一次能源的主导地位，尽管 20 世纪 70 年代世界经历了两次石油危机，但世界石油消费量丝毫没有减少的趋势。此后，石油、煤炭所占比例缓慢下降，天然气的比例上升。同时，核能、风能、水力、地热等其他形式的新能源逐渐被开发和利用，形成了目前以化石燃料为主和可再生能源、新能源并存的能源结构格局。到 2021 年底，化石能源仍是世界的主要能源，在世界一次能源供应中约占 79.1%，其中石油占 29.3%、煤炭占 26.4%、天然气占 23.4%。非化石能源和可再生能源虽然增长较快，但仍保持较低的比例，约为 20.9%。

一、各种化石能源的探明储量与生产情况

2021 年世界化石能源储量如表 5–3 所示。

表 5–3　2021 年世界化石能源储量

		已探明储量			资源量
		石油 / 亿桶	天然气 / 万亿 m^3	煤炭 / 亿 t	煤炭 / 亿 t
世界		17520	219	10750	208030
不同地区储量	北美洲	2373	16	2570	83890
	中南美洲	2910	8	140	600
	欧洲	151	5	1370	9820
	非洲	1252	19	150	3430

续表

		已探明储量			资源量
		石油 / 亿桶	天然气 / 万亿 m^3	煤炭 / 亿 t	煤炭 / 亿 t
不同地区储量	中东地区	8870	81	10	410
	欧亚地区	1460	69	1910	20145
	亚太地区	504	21	4600	89735
2021 年产量		329.6	4.15	81.73	—
可开采年数 / 年		53.2	52.8	131.5	—

资料来源：《国际能源机构 IEA》。

（一）石油

石油在国民经济中的地位和作用十分重要，被誉为“黑色黄金”“工业的血液”等，它是自然界中以气态、液态或固态广泛存在的碳氢化合物，以烷烃和芳香烃化合物为主。石油是现代文明的神经动脉，没有石油，这种文明便陷入瘫痪。

石油由于运输方便、能量密度高，因此是最重要的运输驱动能源。今天，90% 的运输能量是依靠石油获得的。石油还是许多工业化学产品的原料，因此它是目前世界上最重要的商品之一。许多军事冲突（包括第二次世界大战和海湾战争）的重要因素就是抢占石油来源。

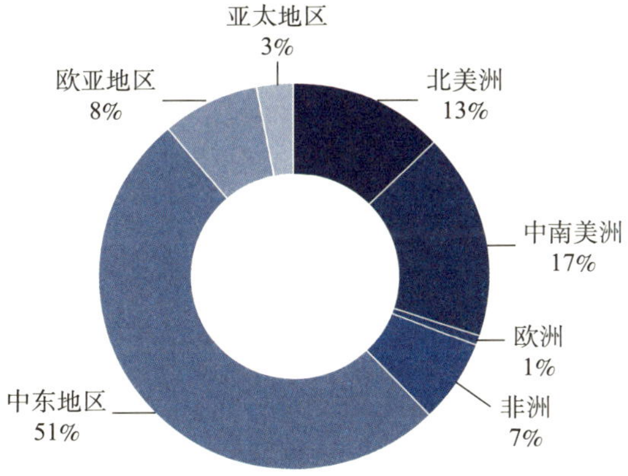

世界各地区已探明石油储量分布

截至 2021 年，全球已探明石油储量约为 17520 亿桶。中东地区、北美洲与中南美洲占据了石油资源的 81%，其中中东地区占 51%、北美洲占 13%、中南美洲占 17%，其他地区合计仅占不到 20%。

（二）天然气

天然气是多组分的混合气体，主要成分是甲烷（80%），另有少量的乙烷（7%）、丙烷（6%）、丁烷（4%）和戊烷（2%），一般还含有硫化氢、二氧化碳、氮和水汽，以及微量的惰性气体，如氦和氩等。

天然气于 1659 年开始使用，第二次世界大战以后逐渐取代煤成为主要能源。天然气主要存在于油田气、气田气、煤层气和生物生成气中。在全球主要能源消耗中，天然气的增长速度最快。2001—2021 年，天然气消耗的年平均增长率为 2.8%，而石油和煤分别为 0.8% 和 1.5%。

截至 2021 年底，全球已探明天然气储量为 219 万亿 m^3，其中中东地区占探明储量的 37%、欧亚地区占 31%、其他地区占 32%。

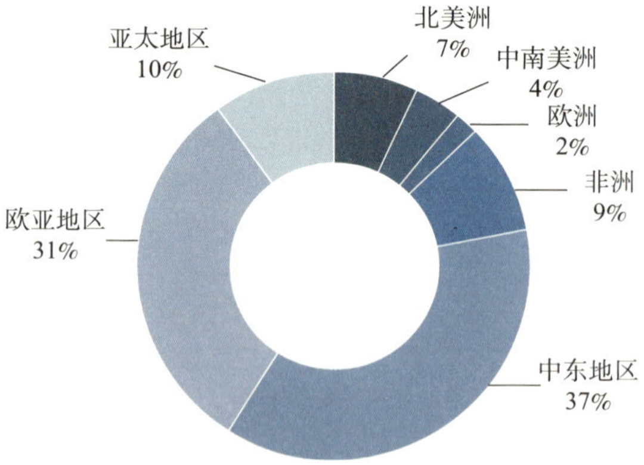

世界各地区已探明天然气储量分布

2021 年全球累计生产天然气 4.15 万亿 m^3，天然气储采比为 52.8，也就是说，按 2021 年的采集量计算，全球已探明的天然气储量可继续开采 52.8 年，但由于天然气储量分布不均，各地区的可采年限有明显差距，如中东地区可采年限高达 122.8 年。

天然气输送管道

（三）煤

煤是重要能源，也是冶金、化学工业的重要原料。

（1）燃烧。煤炭是人类的重要能源资源，任何煤都可作为工业和民用燃料。

（2）炼焦。把煤置于干馏炉中，隔绝空气加热，煤中有机质随温度升高逐渐被分解，其中挥发物质以气态或蒸气状态逸出，成为焦炉煤气和煤焦油，而非挥发性固体剩留物即为焦炭。焦炉煤气是一种燃料，也是重要的化工原料。煤焦油可用于生产化肥、农药、合成纤维、合成橡胶、油漆、染料、医药、炸药等。焦炭主要用于高炉炼铁和铸造，也可用来制造氮肥、电石。电石是生产塑料、合成纤维、合成橡胶等合成化工产品的重要工业原料。

（3）气化。气化是指将煤转变为可作为工业或民用燃料以及化工合成原料的煤气。

（4）低温干馏。把煤或油页岩置于 550℃左右的温度下低温干馏可制取低温焦油和低温焦炉煤气。低温焦油可用于制取高级液体燃料和作为化工原料使用。

（5）加氢液化。将煤、催化剂和重油混合在一起，在高温高压下使煤中有机质破坏，与氢作用转化为低分子液态和气态产物，进一步加工可得汽油、柴油等液体燃料。加氢液化的原料以褐煤、长焰煤、气煤为主。

2021 年全球已探明煤炭可采储量为 10750 亿 t，排名前五的国家分别为美国、俄罗斯、澳大利亚、中国、印度，合计储量超过 8100 亿 t，占世界探明可采储量的 75.9%；其中，中国已探明煤炭可采储量为 1432 亿 t，约占世界探明可采储量的 13.3%。

2021 年世界煤炭产量 81.73 亿 t，排名前五的国家分别为中国、印度、印度尼西亚、美国、澳大利亚，合计煤产量为 65.54 亿 t，占世界煤产量的 80.2%；中国 2021 年煤炭产量为 41.26 亿 t，占世界总产量的 50.5%。

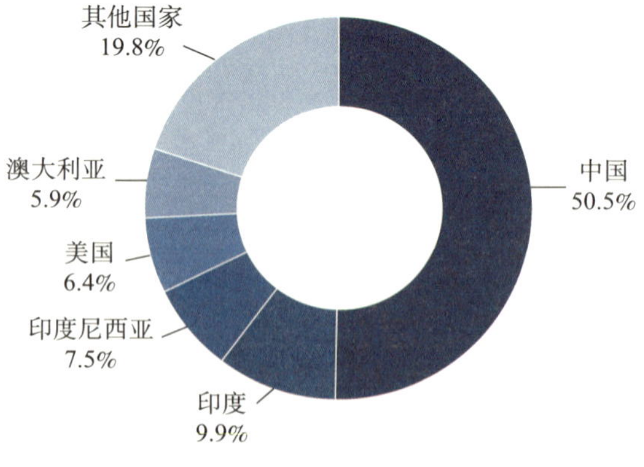

2021 年世界主要产煤国产量占比

二、煤炭是可持续发挥作用的化石能源

世界能源机构 IEA 发布的《2022 年世界能源前景》报告显示，全球石油

和天然气产量的顶峰均将在 2030 年前后出现，然后保持稳定一直到 2050 年。其中，石油产量稳定在 365 亿桶 /a 左右，天然气产量稳定在 4.4 万亿 m^3/a 左右。2050 年后随着剩余储量开采难度增加，石油和天然气的产量会有明显下降。根据目前已探明的资源储量和 2021 年的产量计算，石油和天然气的可采年数只有 53 年左右。

而按照 2021 年的生产规模，煤炭目前已探明的储量可满足 130 年以上的需求，同时煤炭的潜在资源量高达 20.8 万亿 t，假设有 20% 转化为探明储量，煤炭可采年限则会超过 500 年。

随着新能源特别是生物能源的快速发展，化石能源的消耗量会逐步下降，而煤炭将是化石能源中需求下降最快的品种。2050 年，煤炭在世界一次能源供应中的比例将由目前的 26.4% 降到 15% 左右，随着碳排放限制政策的逐步加强以及新能源和生物能源成本的快速降低，煤炭在能源消费中的占比将进一步降低，煤炭资源枯竭的危机将不复存在。

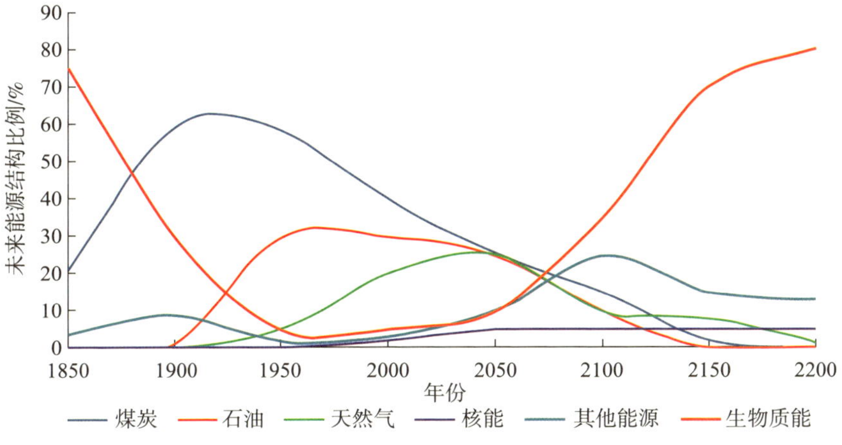

未来能源结构比例图

在未来的能源体系中，化石能源可以充分满足人类能源过渡时期的使用，而煤炭将作为化石能源中用之不竭的辅助能源长期存在，并通过应用技术创新，发挥其在能源和资源中的重要作用。

第三节

化石能源与清洁技术的推广

一、化石能源规模化应用尚有空间与时间

（一）碳排放量尚有一定的时间与空间

试验表明，大部分 C_3 农作物光合作用时 CO_2 的最适合浓度约为 1000ppm，但我们认为 CO_2 达到 600ppm 左右时既可满足植物快速生长的需求，又不影响人类的正常活动。而 2021 年 CO_2 浓度为 420ppm，化石能源规模化使用尚需要一定的时间与空间。

（二）照此速度达到最佳碳环境还需 130 年

一个世纪以来，大气中 CO_2 浓度不断增加，目前全世界释放到大气中的 CO_2 每年超过 30Gt，2011—2021 年 CO_2 排放量的增长率约为 0.6%，CO_2 浓度的增长率为 0.7%。

《斯特恩报告》中提到："在过去的两个世纪，将近 2000Gt 的 CO_2 通过人类活动排放进大气层（主要通过化石燃料），地球上的土壤、植物及海洋估计吸收了这些排放量的 60%，剩下积存在大气中的 CO_2 约有 800Gt。这对应着大气 CO_2 浓度 100mg/kg 的增加，也就是说，每 8Gt 的 CO_2 对应着 1mg/kg 的浓度增加。"

以目前大气中的 CO_2 浓度为基准，增长率为 0.7%，可计算出我们达到 CO_2 理想浓度 600ppm 需要的时间。

CO_2 理想浓度（600ppm）= 目前 CO_2 浓度（420ppm）×（1+CO_2 年增长率）^{所需年限}

经计算：所需年限 ≈60 年。

因此，达到最佳碳环境还需要 60 年。也就是说，我们仍可使用化石能源 60 年。

二、化石能源应用的最大阻碍是污染问题

现阶段化石能源应用最大的阻碍是污染问题。众所周知，煤和石油在燃烧过程中除了产生 CO_2，还向大气中排放大量的 SO_2、氮氧化物及碳氢化合物等，这些有毒有害气体会随着地球上空气的流动而扩散到很远的地方，乃至其他国家，从而造成跨境大气污染。

全球性大气污染主要有以下两种。

（一）SO_2 和氮氧化物

酸雨是指 pH 小于 5.6 的降水，SO_2 和氮氧化物是形成酸雨的主要污染物质，它们在高空中被雨雪冲刷、溶解，从而形成酸雨，这些酸性气体溶解在雨水中可以形成硫酸根、硝酸根和铵离子。国外酸雨中硫酸和硝酸的比例一般为 2 ∶ 1，我国的酸雨以硫酸为主，硝酸含量不足 10%。

酸雨是一种复杂的大气化学和大气物理现象。酸雨在国外被称为“空中死神”，其潜在的危害主要表现在以下四个方面：

（1）对水生系统的危害。会危害鱼类和其他生物群落，改变营养物和有毒物的循环，使有毒金属溶解到水中，并进入食物链，使物种减少和生产力下降。据报道，20 世纪 70 年代初到 80 年代中，“千湖之国”瑞典因酸雨有 1.8 万个湖泊发生酸化。

（2）对陆地生态系统的危害。重点表现在对土壤和植物的危害上。对土壤的影响包括抑制有机物的分解和氮的固定，淋洗钙、镁、钾等营养元素，使土壤贫瘠化。对植物而言，酸雨会损害新生的叶芽，影响其生长发育，导致森林生态系统的退化。

酸雨对植物的腐蚀

（3）对人体的影响。一是通过食物链使汞、铅等重金属进入人体，诱发癌症和阿尔茨海默病；二是酸雾侵入肺部，诱发肺水肿或导致死亡；三是人类长期生活在含酸沉降物的环境中，诱使人体产生过多氧化脂，从而导致动脉硬化、心肌梗死等发病概率增加。

（4）对建筑物和市政设施的腐蚀。酸雨能使非金属建筑材料表面水泥溶解，出现空洞和裂缝，导致强度降低，造成建筑物使用寿命减少。另外，建筑物表面会因酸雨变脏、变黑，影响城市市容。

（二）固体颗粒物（$PM_{2.5}$）对大气的污染

$PM_{2.5}$是指大气中直径小于等于2.5μm的颗粒物，也称为细颗粒物。它的直径还不到人的头发丝粗细的1/20。虽然$PM_{2.5}$在地球大气成分中含量很少，但它对空气质量和能见度等有重要的影响。细颗粒物粒径小，比表面积大，活性强，易附带有毒、有害物质（如重金属、微生物等），且在大气中的停留时间长、输送距离远，因而对人体健康和大气环境质量的影响更大。

雾霾前后

高浓度的 $PM_{2.5}$ 是形成雾霾天气的重要原因之一，$PM_{2.5}$ 主要由硫和氮的氧化物转化而成。这些气体污染物往往是由于人类燃烧化石燃料煤、石油等和垃圾而产生的。在发展中国家，煤炭燃烧是家庭取暖和能源供应的主要方式。没有先进废气处理装置的柴油汽车也是 $PM_{2.5}$ 的主要来源。

三、化石能源清洁应用技术的发展

（一）煤的清洁燃烧

在多年的努力和大量的投资下，中国煤炭的直接燃烧已经实现了清洁化，主要技术措施如下：

石洞口电厂

（1）燃烧前的净化加工技术，主要是洗选、型煤加工和水煤浆技术。原煤通过洗选除去或减少灰分、矸石、硫等杂质；型煤加工是把散煤加工成型煤，由于成型时加入石灰固硫剂，可减少 SO_2 排放，减少烟尘，还可节煤；水煤浆是由优质低灰原煤制成的，可以代替石油。

有“美丽电厂”称号的上海石洞口电厂，始终认真履行环保责任，重视污染物和废弃物的达标排放，严格控制煤炭燃烧前的净化加工、燃烧过程中的净化燃烧以及燃烧后的净化处理，2023 年新投产的项目更是采用先进的二次再热超超临界燃烧机组和“欧罗仓”煤场封闭技术，有效降低煤耗、减少大气污染物排放，被业界和媒体赞誉为“绿色发展的探路者”。

（2）燃烧中的净化燃烧技术，主要是流化床燃烧技术和先进燃烧器技术。流化床有泡床和循环床两种，由于燃烧温度低，可减少氮氧化物排放量，煤中

添加石灰可减少 SO_2 排放，炉渣可以综合利用，能烧劣质煤，这些都是它的优点。先进燃烧器技术是指改进锅炉、窑炉结构与燃烧技术，减少 SO_2 和氮氧化物排放的技术。

（3）燃烧后的净化处理技术，主要是消烟除尘和脱硫脱氮技术。消烟除尘技术有很多，其中静电除尘器效率最高，可达 99% 以上。脱硫脱氮有干法、湿法、干—湿结合法三大类，传统的烟气处理是脱硫、脱氮分开进行，随着技术的发展，目前已经广泛开展烟气同时脱硫脱氮的技术研究，目的是减少烟气净化的费用，同时提高净化效率。

（二）煤转化为洁净燃料的技术

近年来，比较热门的技术，其核心是将固态燃料的煤通过物理赋能和化学反应，形成气态和液态能源。

（1）煤的气化技术，有常压气化和加压气化两种。该技术是在常压或加压条件下，保持一定温度，通过气化剂（空气、氧气和蒸汽）与煤炭反应生成煤气。煤气的主要成分是一氧化碳、氢气、甲烷等可燃气体。用空气和蒸汽作气化剂时，煤气热值低；用氧气作气化剂时，煤气热值高。煤在气化中可脱硫除氮，排去灰渣，因此，煤气就是洁净燃料。

（2）煤的液化技术，有间接液化和直接液化两种。间接液化是先将煤气化，然后再把煤气液化，如煤制甲醇，可替代汽油。直接液化是把煤直接转化成液体燃料，如直接加氢将煤转化成液体燃料，或煤炭与渣油混合成油煤浆反应生成液体燃料。

（3）整体煤气化联合循环发电技术（IGCC），是指通过煤炭气化燃烧，利用燃气和余热蒸汽进行联合循环发电的技术，这种技术能有效减少 CO_2 排放，发电效率可达 45%，是世界公认的清洁、高效煤基发电技术。

2012 年 12 月，中国华能集团在天津建成 250MW IGCC 示范电站。这是我国第一座，也是目前唯一一座具有自主知识产权的整体煤气化联合循环电站。该电站采用包括公司自主知识产权的两段式干煤粉加压气炉在内的多种新技术、新工艺，标志着我国拥有了大型 IGCC 电厂建设核心技术、集成设计、设备制造、安装调试、运营管理的能力。

中国华能集团天津 250MW IGCC 示范电站

为了减少直接烧煤产生的环境污染，世界各国都十分重视洁净煤技术的开发和应用。经过 20 多年的发展，煤炭气化、液化以及发电技术已经日趋成熟。通过实施洁净煤技术，环境将得到改善，从而促进经济增长和保护环境协调发展。

（三）煤的干馏分离技术

煤不仅仅是碳，它既含有生物质的大部分元素，又含有石油的大部分组分，还含有生物质和石油没有的优质组分；不同的成煤环境下形成的煤具有不同性质的岩相组分，如镜质组、稳定组、丝质组等；不同变质程度的煤也会有不同的成分和不同的工艺性能，如黏结性、结焦性、流动性；煤本身的各种元素和外部环境带入及次生的无机元素，都对煤的应用及其产品产生重要影响。

如果我们简单地把煤作为燃料燃烧，既会产生更多的污染和 CO_2，又会浪费许多宝贵的资源。如果我们使用更多的能源将固态的煤转化为气态或液体燃料，尽管技术上可行，但从能量平衡的角度看是一种能源浪费，从经济上看也难以获得效益。

当我们认真研究了煤的元素、成分、有机组分和工艺性能后，就会发现煤炭的最佳应用方式是干馏。通过干馏，可以将煤中的不同组分按其性质分离出气相、液相、固相三态和各相中更多的高附加值的产品。这样既避免了燃烧产生的污染，又增加了产品的附加值：煤气是最好的氢原料及天然气的替代品；焦油等液相产品是石油的替代品，而留下的固定碳是焦炭，既可作为化工原料，又可继续用于燃料。

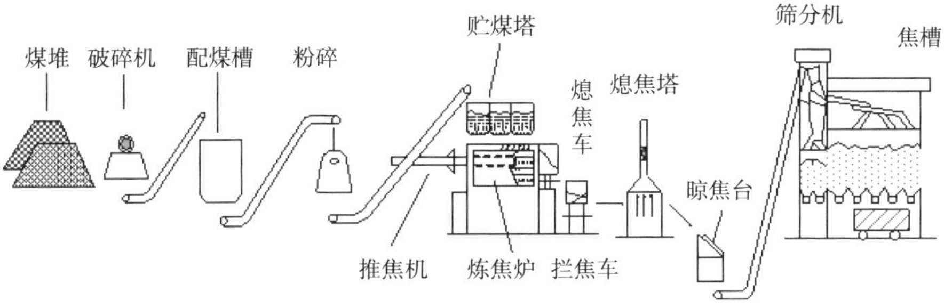

焦化流程

因此，未来煤炭的最佳应用方式是干馏，干馏最成熟的工艺是焦化。

四、提前布局生物能源农业，全面推动生物质碳汇工程

地质历史上的碳循环规律表明，当大气 CO_2 增加时，光合作用效率提高，植物生长加速，生物质保有量增加，碳汇功能增加。当生物质保有量和碳汇规模等于或大于 CO_2 增加规模时，大气 CO_2 将出现平衡或负增长。

在人类的推动下大气 CO_2 快速增长，而自然条件下植物增长和碳汇的速度必将滞后于人类推动下 CO_2 的增加，从而导致大气中 CO_2 的快速增长。

但是，在生物技术、灌溉技术、工程技术已经高度发达的今天，人类同样有能力利用 CO_2 增加的机会发展生物能源，实现大规模碳汇并使之替代化石能源的应用。

第四节

煤炭的未来

——精准应用与焦化干馏

一、煤炭将进入辅助能源和原料时代

煤炭燃烧和发电是目前 CO_2 排放的主要来源，因此对煤炭的使用越来越控制严格，未来的碳交易将进一步加大燃烧和发电的成本。煤炭用于发电不仅排放了更多的 CO_2，而且在脱硫、脱硝和粉尘治理方面，由于燃烧废气体积巨大，因此污染处理成本更高。

年产 500 万 t 的焦化厂

随着生物能源成本的不断降低和煤炭开采成本的不断提高，生物燃料和生物发电成本将低于煤炭发电成本，从而在燃料和发电领域逐步淘汰煤炭能源。与此相对应的是，煤炭作为工业原料，将通过焦化干馏工艺，在人类能源变更的过渡阶段发挥重要的作用。

随着配煤技术、捣固技术、炉外成型技术的发展，焦化工艺不仅实现了不用主焦煤等短缺煤种生产冶金焦，而且可针对不同的焦化产品需求，将除褐煤以外的所有发电用煤用于焦化干馏。与燃煤发电相比，焦化干馏不仅优化了资源，增加了经济效益和社会效益，更重要的是避免了粉煤灰、$PM_{2.5}$ 等污染，由于焦炉煤气的密度大、体积小，大幅降低了脱硫难度，从而提高了脱硫精度。

毫无疑问，随着以生物能源为代表的新能源的发展，煤炭作为过渡或补充能源依然发挥重要的作用。而作为工业原料，煤炭将长期存在，在这一过程中，焦化工业的地位逐步突出，将成为煤炭应用的最重要途径之一。

二、煤的研究不断深入，焦化干馏已扩展到除褐煤外的所有煤种

世界焦化工业上百年，特别是中国近 30 年的飞速发展，积累了大量的科学研究成果，人们对煤的理解和认识已经产生了质的飞跃，通过从分子、碳链、原生物质、岩相、有机和无机元素等各方面研究，已经能够实现对任何一个变质程度的煤中的任何一个参数对炼焦结果的影响，以及不同变质程度的不同煤组合后对炼焦结果影响的定量分析。

煤炭已经可以数字化，煤种的分类失去了意义，任何产品质量的需求都可以通过诸多参数的组合准确计算出来，包括不同工艺下，不同原料生产的焦炭、焦油、粗苯、煤气等数量和质量，以及硫、氮等污染物和 CO_2 的产生与分布情况。焦化行业即将进入通过数字化模型精准优化和生产各种产品的数字化产业新阶段。

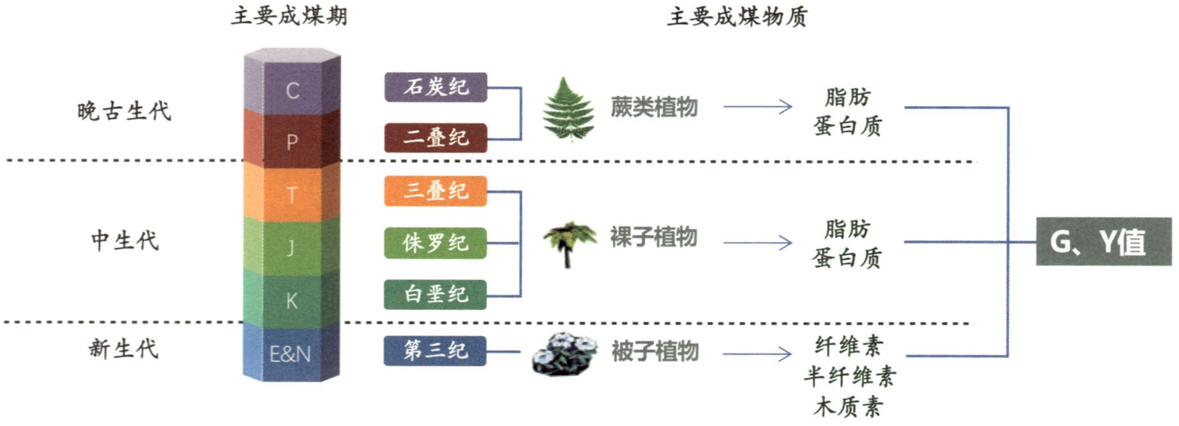

煤质特点

Y值：

- 新生代被子植物，纤维素，胶质层较少；
- 晚古生代蕨类植物，脂肪蛋白质，胶质层较厚。

硫分：

- 新生代被子植物，有机硫含量低，易洗选；
- 晚古生代蕨类植物，脂肪蛋白质含硫元素，有机硫含量高。

冷热强度：

- 在挥发分与粘结指数相同的情况下，石炭—二叠纪形成的炼焦煤孔隙结构更致密，炼成的焦炭冷热强度均好；新生代的炼焦煤结构疏松，焦炭冷热强度较差。

成煤的原生物质

参照国外炼焦煤贸易和炼焦配煤中常用的指标，结合国内实际的生产情况，将全要素智能配煤系统所涉及的参数增加到30多个，除充分应用了我国业内的传统配煤理论外，还引入了成煤期与沉积环境、煤岩学、煤灰化学等国外常用的配煤理论与参数。

工业分析 7项	煤岩分析 4项	煤灰成分 8项	成煤年代 2项	工艺参数 7项	其他 4项
灰分（A_d）	反射率（$R_{o,max}$）	SiO_2、Al_2O_3、	成煤期	煤炭价格	软化温度
硫分（$S_{t,d}$）	镜质组（V）	Fe_2O_3、CaO、	变质动力	结焦时间	固化温度
磷分（P_d）	壳质组（E）	MgO、K_2O、		堆积密度	塑性范围
挥发分（V_{daf}）	丝质组（I）	Na_2O、TiO_2		炉型	可磨指数
胶质层厚度（Y）				熄焦方式	
最终收缩度（X）				入炉煤水分	
粘结指数（G）				细度	

煤的全要素参数研究

研究方法——以最低价格为原则

① 对不同原料价格下同一参数值的价格进行了量化，并通过诸多参数价格，综合出不同原料的性价比。

② 建立了以每一煤种的32个参数与其他诸多煤种各自相应参数进行大数据优化匹配的数学模型。

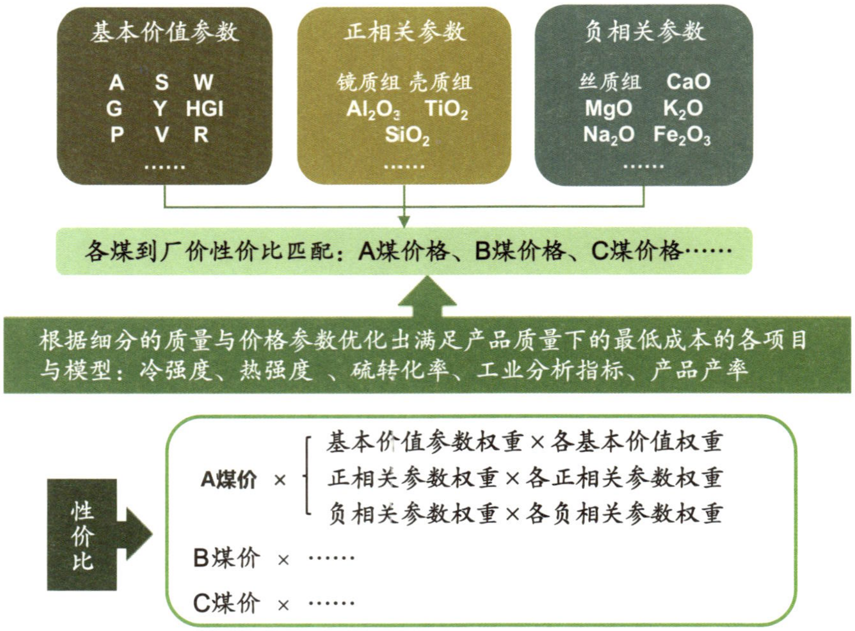

数字煤炭的应用

煤岩组成和活性成分的反射率是煤岩配煤方法的基础数据

① 活性组分是决定炼焦煤粘结性和熔融性的主要指标；

② 好的炼焦配煤方案，是煤阶活性组分和一定惰性组分之间的恰当组合。

强度指数SI

- 其理论基础为：同一煤阶的各活性组分的性能是大致相同的，不同煤阶煤可达到的强度和要求的活惰比是不同的。
- $\mathrm{SI}=\dfrac{a_3x_3+a_4x_4+a_5x_5+\cdots+a_{21}x_{21}}{\sum x_i}$

（其中，a为活性组分具有的强度指数，x为活性组分含量）

组成平衡指数CBI

- 好的配煤方案，不仅需要不同煤阶煤的配合，而且需要各煤阶煤的活惰比匹配恰当。
- $\mathrm{CBI}=\dfrac{100-\sum x_i}{\dfrac{x_3}{b_3}+\dfrac{x_4}{b_4}+\dfrac{x_5}{b_5}+\cdots+\dfrac{x_{21}}{b_{21}}}$

（其中，x为活性组分含量，b为活性组分与惰性组分配合的最佳比值）

煤的岩相组分在炼焦过程中的应用

在冷强度质量与性能相同的情况下，
焦炭的热强度存在巨大的差异，
决定以上结果的因素是煤灰成分

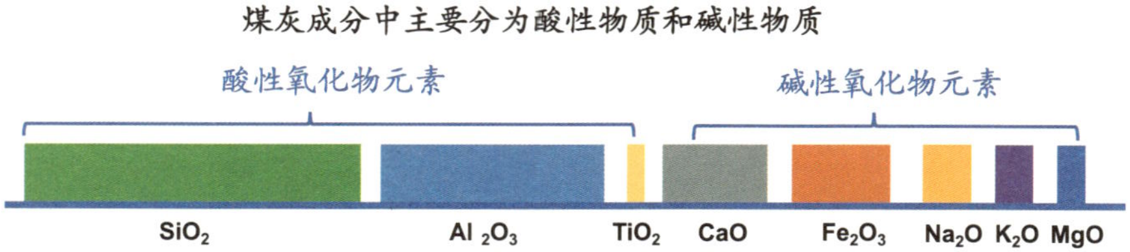

在高温状态下，不同的煤灰成分在熔融软化和化学反应方面差异巨大

- 酸性物质在高温状态下性能稳定，煤灰熔融时起到“骨架”作用；碱性金属中Na_2O、K_2O在煤灰熔融时率先熔化，CaO、MgO、Fe_2O_3等则在煤灰熔融时起助熔作用，明显降低灰熔融温度，而熔融温度的降低会影响焦炭热态强度。
- 从化学反应方面来讲，Fe、Ca、Mg、K、Na等碱性金属在高温反应过程中起催化作用，加快了焦炭与CO_2的反应，对焦炭的气孔壁起到破坏作用，进一步降低了热强度。
- 因此，当灰成分中以Si、Al、Ti等酸性物质为主时，有利于提高并生产高热强度的焦炭；而以碱性物质为主时，则不利于焦炭的热强度。

煤灰成分的应用

炼焦配煤的每一个煤种由中国传统的 A、S、V、G、Y 五大参数，骤然增加至 30 多个参数，除了对炼焦配煤理论产生重大突破，也将使得靠人脑配煤与优化无法运行。在厘清数据逻辑并引入矩阵等方法后，炼焦配煤进入了大数据分析的新时代。

在这种背景下，以往困惑行业发展的问题将迎刃而解，炼焦行业配煤技术实现了：

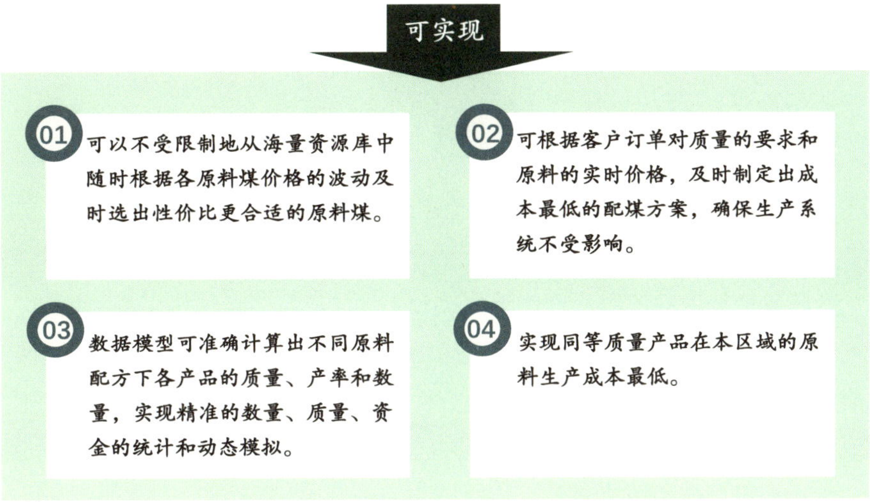

根据任意产品要求智能匹配出最优方案

三、焦化干馏产品的多样化

中国焦化行业在工艺、规模、装备和控制技术方面取得了突破性的进展，已经全面领先于国际同行。与此同时，针对不同产品、原料和综合利用需求，开发了各种规模的传统焦炉和以产气、供热、发电为目标的热回收焦炉、移动箱式焦炉、新型兰炭炉等。焦化行业已经不仅是满足钢铁行业需求的辅助工艺，而是以根据市场需求可实现气相、液相、固相为标志的多样化产品的工业装置。

1. 气相组分

根据工艺的不同，可生产焦炉煤气、合成天然气、甲醇、二甲醚等。

2. 液相组分

根据产品及工艺长短，可生产苯系列产品、萘系列产品、氨系列产品、煤焦油系列产品。

3. 固相组分

可生产各种质量、规格、用途的冶金焦、铸造焦、化工焦、兰炭焦等。

四、焦化干馏产业链发展的新趋势

（一）冷压成型炼焦

冷压成型技术的使用，可使动力煤和无烟煤配合少量炼焦煤或黏结剂，或者气煤和部分弱黏结煤相配合，即可满足焦化工艺的要求，同时能将煤中更有价值的气相、液相组分回收，固相组分作为冶金焦或化工原料可以提高其使用价值，减少 CO_2 和污染物的排放。冷压成型技术还有利于生产特别高质量的冶金焦和高附加值的铸造焦。

目前用于焦化的冷压成型技术有很多，其中成型码垛机对现有焦化工艺具有较好的适应性，较高的堆密度既可实现动力煤炼焦，又能满足生产特别高质量的冶金焦和铸造焦。

（二）双气头多连产技术

随着钢铁行业的衰落和生物能源产业的崛起，焦化行业必将面临转型，在以生产高挥发分的弱黏结煤和气煤为主的地区，将会有部分焦化厂选择生产焦炉煤气和化工焦，通过双气头多连产技术生产合成气。

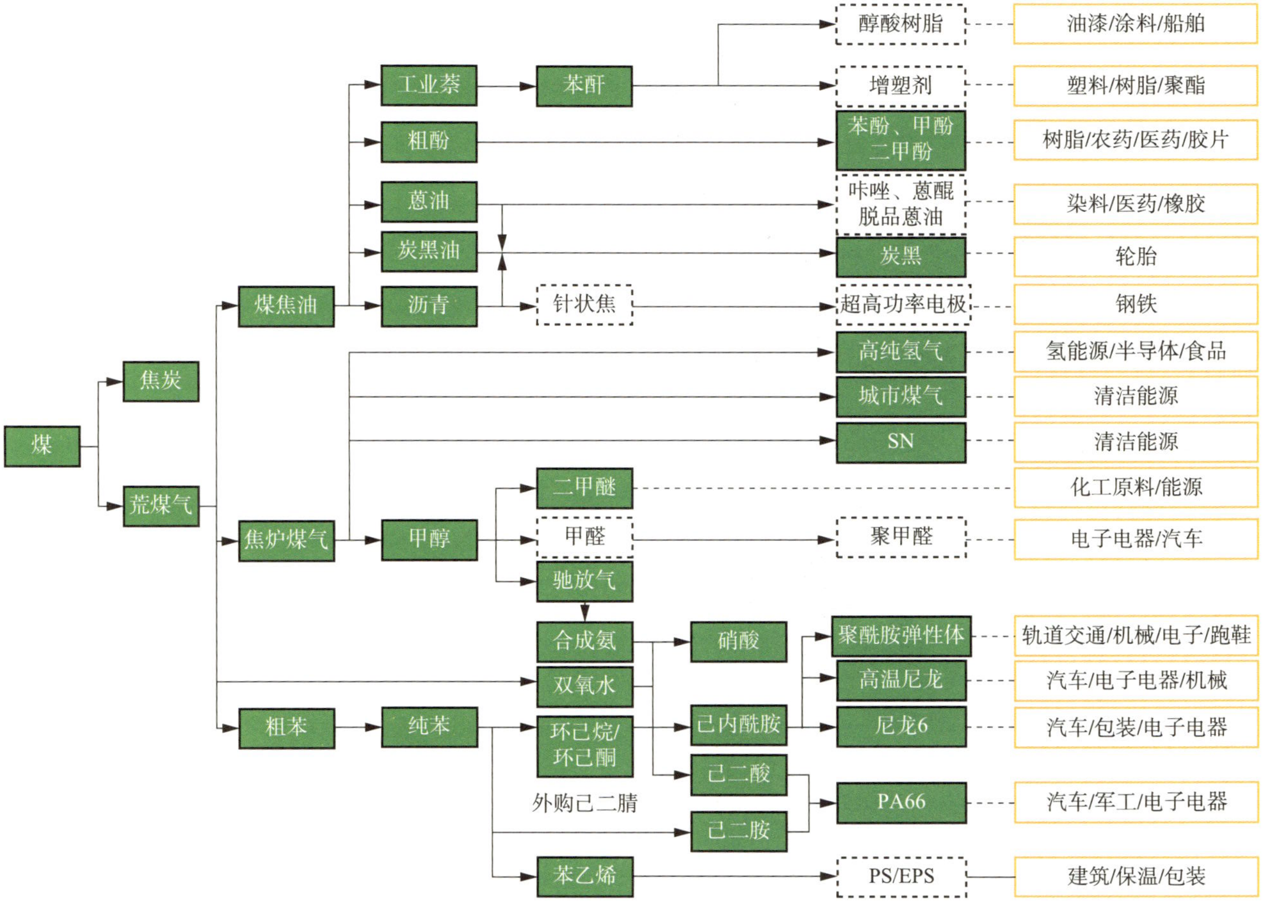

焦化产品产业链

资料来源：旭阳集团官网。

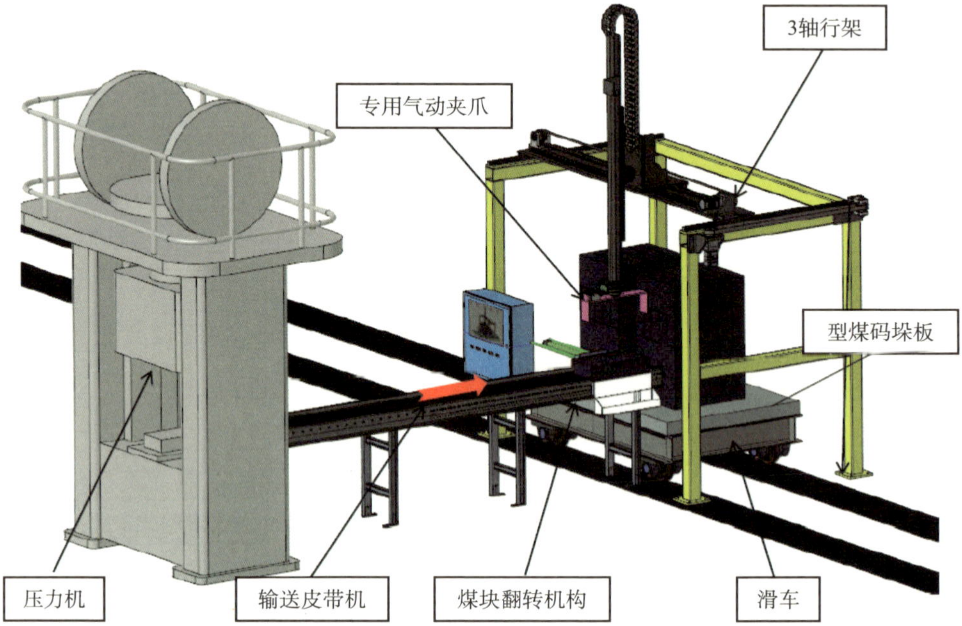

成型码垛机工作示意图

双气头多连产技术生产合成气理论上可行且具有突出的优势，目前已经在多地完成了中试和生产性试验。其基本原理是将焦炭气化后的富碳气体和焦炉煤气的富氢气体耦合重整形成合成气。其优势是在同一个工艺下，用最简单的方法满足了制氢、制碳、催化剂等合成气的原料和条件，不仅实现了规模化合成气的生产，而且在制备过程中无须进行水煤气变换反应，利用高温焦炭充当甲烷转化的催化剂，使资源得到了高效利用，确保了产品的竞争力。该工艺既能避免煤或焦气化过程的能量消耗，又利用煤层气及其中的氢，省去制氢、加氢工艺，极大地减少能耗，降低 CO_2 排放量。

双气头多连产设备

五、生物质燃料油焦化厂的设想

在一些地处戈壁荒漠的焦化厂，利用周边荒漠生产的生物燃料以及自有的丰富余热、庞大的化产装置及其化产产品，互补生产甲醇、乙醇、二甲醚、柴油等燃料，进而逐步扩大化产装置，形成以煤和生物质为原料耦合生产燃料油为主的化工企业。

即使在沙漠改造尚未完成，气候与降雨量仍在改善过程中的今天，利用焦化装置耦合生产燃料油已经可以获得很好的经济回报。现以种植玉米在焦化厂耦合生产燃料油为例简单分析。

按目前生物乙醇的生产工艺，生产 1t 乙醇约需要玉米 3t、蒸汽 5t、电 500kW · h 和少量醋酸。另外，每生产 1t 乙醇还有副产品酒糟蛋白饲料 1t（DDGS）以及少量油脂等。

对比东北某地区2021年原料玉米和产品乙醇及DDGS的市场价格，核算如下。

成本：玉米每吨2410元，3t计7230元，蒸汽、电及其他辅助原材料计1000元/t，折旧及人工计460元/t，合计8690元/t。

收入：无水乙醇每吨8300元，副产品蛋白饲料每吨2300元，共计10600元（油脂忽略不计）。

每生产1t无水乙醇的毛利润：10600–8690=1910元。

该方法理论上可行，需要经历一个工艺匹配、技术耦合、生产试验的过程，最终随着生物质原料的规模化供应，从根本上解决未来石油资源不足的问题。

参考文献

［1］ 刘金月．煤化工技术现状及发展趋势［J］．氮肥技术，2018，39（6）：8–11.

［2］ 刘建生．面向新未来：后化石能源时代［M］．北京：经济日报出版社，2005.

［3］ 杨冠池．生物能源——永不衰竭的能源［M］．北京：中国社会出版社，2009.

［4］［美］伯顿·里克特．拨开迷雾：诺贝尔奖获得者告诉你能源未来与气候真相［M］．北京：石油工业出版社，2011.

［5］［美］约翰·塔巴克．生物燃料：土地和粮食的忧患［M］．北京：商务印书馆，2011.

［6］ 周建斌．生物能源工程与技术［M］．北京：中国林业出版社，2011.

［7］ 日本能源学会．生物质和生物能源手册［M］．史仲平，译．北京：化学工业出版社，2007.

［8］ 杨金艳，范晶，刘思秀．大气CO_2升高和气候变化对森林的影响——国内近五年研究概况［J］．森林工程，2000，16（1）：11–12.

［9］ 陈中笑，程军．ENSO，火山活动与大气CO_2的年际变化［J］．气候变化研究进展，2011，7（3）：172–175.

［10］陈丽文，陈泽智．如何有效地控制燃煤污染［J］．能源研究与利用，

2003（5）：7–8.
［11］宋广喜，雷怀玉，王柏苍，等．国内外天然气水合物发展现状与思考［J］．国际石油经济，2013，21（11）：69–76+104.
［12］孔令峰．深层煤炭地下气化技术与中国天然气自给能力分析［J］．国际石油经济，2018，26（6）：85–94.
［13］王大锐．我国天然气发展成就和前景展望——访中国科学院院士邹才能［J］．石油知识，2018（4）：6–7.
［14］周明灿．煤化工发展历程及现代煤化工展望［J］．煤化工，2018，46（3）：1–6，16.
［15］白泉．国外单位 GDP 能耗演变历史及启示［J］．中国能源，2006（12）：10–14.

第六章

蓄势待发的生物能源产业

The Emerging Bioenergy Industry

面对碳达峰和碳中和的巨大压力和现实的紧迫性，专家们提出了无数个解决方案，而这些方案在实施过程中均需要付出巨大的代价。与此同时，人类能源正面临两方面趋势：一方面，化石能源的开采难度和开采成本在不断提高；另一方面，随着全球变暖和大气中 CO_2 浓度的提高，生物能源的成本在快速降低。这两方面趋势正在提示我们一个顺势而为的解决方案——生物能源。目前生物能源在各方面的发展均已初见端倪，生物能源将不仅是实现碳中和的根本出路，也是即将到来的一个巨大的商业机会。

第一节

碳环境驱动下的能源农业

一、农业与生物能源的概念

农业是人类以获取农产品为目的的生产活动。传统农业以种植业为主，即利用农作物进行光合作用，将水、CO_2等无机物合成葡萄糖、淀粉、脂肪和蛋白质等有机物，为人类提供赖以生存的粮食。随着科学水平的提高，人类培育了高产、高效、优质的农作物品种，使农业生产中植物固定太阳能的效率大幅提高。

能源作物的种植

在石油等能源日益匮乏的今天，人们正在用全新的眼光重新审视种植业：植物能够通过光合作用将太阳能转化为化学能存储在体内，并转化为取之不尽、用之不竭的固态、液态和气态燃料。因此，农业将产生以开发生物质能为目的的非粮型的种植业——生物能源农业。

生物质能最大的特点为：一是数量巨大；二是属于可再生（可更新）性质；三是需先进行碳汇，然后才成为碳源，属于 CO_2 零排放。在新的农业概念下，农业不仅是食物生产的源头，更是能源与原料生产的源头。

能源植物是指一年生和多年生，且直接用于提供能源的植物，栽培目的是生产固体、液体、气体或其他形式的能源。尽管传统农作物生产形成的有机残余物也有很大的生产能源的潜力，但是，科学家定义生物能源作物更倾向于专门生产生物能源的植物品种，强调生物质的高产能力、高能量含量和适应于边际土地等特征。

二、生物质的基本成分与结构

生物质是多种高分子有机化合物组成的复合体，主要包括纤维素、半纤维素、木质素以及少量的蛋白质、脂质淀粉等，其中纤维素、半纤维素和木质素占生物质的 85%～95%。

（1）纤维素。纤维素是地球上最古老、最丰富的天然高分子，是取之不尽、用之不竭的人类宝贵的天然可再生资源。纤维素是自然界中分布最广、含量最多的一种多糖，含碳量占植物界碳含量的 50% 以上。

（2）半纤维素。半纤维素是指在植物细胞壁中与纤维素共生，可溶于碱溶液，遇酸后较纤维素更易于水解的那部分植物多糖。半纤维素是来源于植物的聚糖类，它们分别含有一种至几种糖基，如 D- 木糖基、D- 甘露糖基与 D- 葡萄糖基或半乳糖基等构成的基础链，而其他糖基作为支链连接于此基础链上。一种植物往往含有几种由两种或三种糖基构成的半纤维素，其化学结构各不相同。植物的茎、枝、根和皮的半纤维素含量和组成也不相同。因此，半纤维素是一类物质的名称。各种植物都含有其特性半纤维素，而且含量各异，如针叶材含 15%～20%，阔叶材和禾本科草类含 15%～35%。

半纤维素分布因植物种属、成熟程度、早晚材、细胞类型及其形态学部位的不同而有很大差异。例如，针叶材的主要半纤维素是聚半乳糖、葡萄糖、甘露糖，而阔叶材和禾本科草类的却是聚木糖类；针、阔叶材的射线细胞比管胞细胞和纤维细胞含较多的聚木糖类；聚木糖类在针叶材细胞次生壁的中层含量最低，在次生壁外和内层却含量较高，而聚半乳糖、葡萄糖、甘露糖类的分布则恰恰相反。

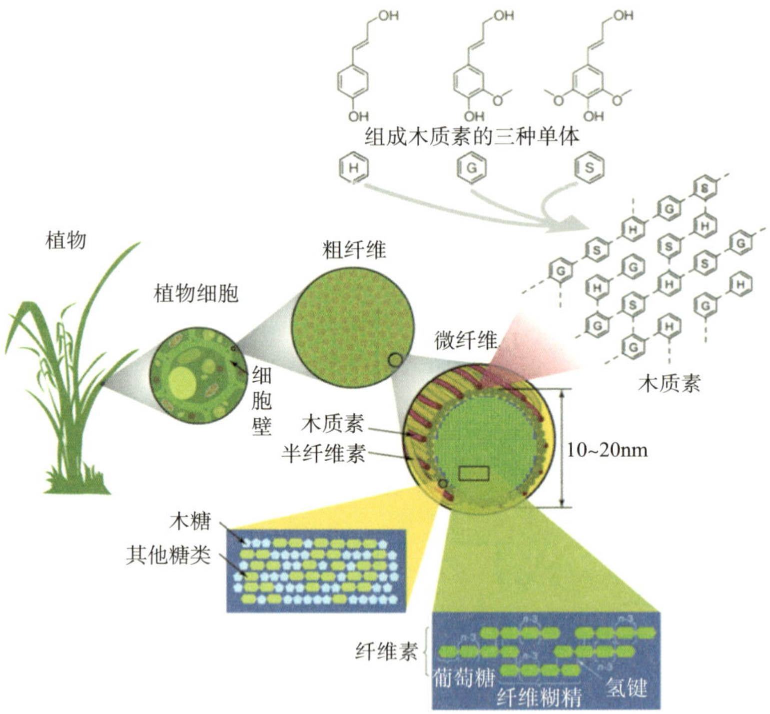

生物质的基本成分与结构

（3）木质素。木质素是一种广泛存在于植物体中的无定形的、分子结构中含有氧代苯丙醇或其衍生物结构单元的芳香性高聚物。木质素是构成植物细胞壁的成分之一，具有使细胞相连的作用，它是三种苯丙烷单元通过醚键和碳碳键相互连接形成的具有三维网状结构的生物高分子组织，主要作用是通过形成交织网来硬化细胞壁。木质素主要位于纤维素纤维之间，起抗压作用。在木本植物中，木质素占 25% 左右，是植物界中储量仅次于纤维素的第二大生

植物中丰富的木质纤维素是潜力巨大的生物质可再生资源

物质资源。

（4）蛋白质、脂质与淀粉。蛋白质、脂质与淀粉虽然在生物质中的总体含量不高，但在部分生物结构体如种子、壳体、花粉中含量较高，在一些生物品种中含量也较高。由于该部分生物质更适合用于生产乙醇、生物柴油、燃料油或制氢等，所以，提高该部分生物质的含量和产量也是生物工程包括转基因技术更为关注的方向。

三、决定生物能源未来的关键——CO_2、阳光和降水

CO_2、阳光和降水是地球有机生命诞生、演化、发展、繁荣的关键参数。它们不仅导演了地球历史上富饶的成煤（油）期和贫瘠的冰期，而且决定着人类能够在未来的生态环境改造及生物能源发展方面的力度与能够取得的成就。

（一）CO_2

地球 CO_2 总量基本保持不变，除地球早期 CO_2 过剩情况下形成的化学沉积岩，在短期内近乎常量部分外，CO_2 主要在大气圈、生物圈、岩石（化石能源）圈和海洋中循环，在现阶段，由于大量的碳以化石能源的方式存储于地下，地球大气圈和生物圈中的 CO_2 在地球历史上处于较低时期，而人类的工业化正在将这部分碳开采、利用并重新注入大气圈中，从而使大气中的 CO_2 浓度快速回升。

（二）阳光

尽管自地球有生命以来，产生了多次气候大循环，但太阳供给地球的热量基本是稳定的，太阳黑子等表面活动并没有对太阳给地球的供热产生持续的影响，地球对太阳能的反射、吸收、扩散能力才是关键，而主要影响这些能力的因素来自地球本身，包括温室效应、冰盖面积、火山爆发等极端事故等。在我们可预见的未来，温室效应的增强和冰盖面积的减少已成趋势，地球对太阳能的吸收和储备能力的增强也是不可逆转的。

（三）降水

地球总的含水量基本不变，降水的多少取决于水循环（如蒸发、搬运、冷凝）的强度。地球变暖促进了蒸发，热空气增加了持水性，温室效应将使热湿气流向沙漠和两极地区推进，在我们可预见的未来，地球降水量增加的趋势同样是不可逆转的。

四、贫碳环境下的农业与可耕种土地

在人类进化发展的数百万年间，能人、海德堡人、北京人、尼安德特人等多个人种遭到灭绝，一方面是由于晚期智人更强大，另一方面是由于资源匮乏、生态恶劣、植物保有量不能满足更多人种生存和发展需求。在现代人类文明发展的 5000 多年间，游牧民族和农耕民族的冲突、人口的增加和减少同样与自然资源、可耕种土地紧密相关。

人类进化示意图

决定自然资源保有量和可耕种土地多少的一个关键因素就是大气中 CO_2 资源的多少，从工业革命前的数千年间，地球大气中 CO_2 浓度一直在 280ppm 上下波动，这一水平在地球生物发展过程中处于低碳的水平，从地质历史的角度看，在这一水平下，地球处于相对贫瘠和生物退化的状态：大气中 CO_2 浓度减少，植物光合作用效率就会降低，进一步导致土地沙漠化和气候变冷。

五、富碳环境下的能源农业

从工业革命开始的 100 年间，人类通过燃烧化石能源，使得大气中 CO_2 浓度快速增加到了 420ppm，特别是进入 21 世纪后，大气中 CO_2 浓度近乎直线上升，预计 2030 年前后大气中 CO_2 浓度将比工业革命前增加 1 倍，人类将被迫进入地球的富碳环境门栏之中，尽管这将带来诸多的负面影响，但仅就能源农业而言是巨大的利好。

生物实验表明，CO_2 增加 1 倍时植物单体植株生长速度增加 60%~80%，植物的横向拓展更加迅速，这意味着植被繁荣、沙漠退化、可耕地面积增加，农作物成本大幅降低。

事实上这一现象正在快速发生。

（一）全球绿地面积快速扩张，森林碳汇和储碳规模逐步提高

美国航空航天局（NASA）卫星数据表明，2000—2017 年全球绿化面积增加了 5%，中国和印度在陆地植被面积只占全球总量 9% 的情况下，对全球绿化增量的贡献达到约 1/3。中国官方数据统计显示，中国森林覆盖率由新中国成立初期的 8.6% 提高到 2021 年的 23.0%，森林面积达到约 2.20 亿 hm^2（见表 6-1）。

表 6-1　中国森林面积变化　　单位：万 hm^2

年份	1998	2008	2021
森林面积	15894	19545	22045
其中：人工林	4709	5365	8003
森林覆盖率 /%	16.6	20.4	23.0

巴拿马史密森耐热带研究所的调查结果显示，在过去的 20 年间，得益于 CO_2 浓度的增加，热带雨林的生态系统发生了明显变化，其中亚马逊雨林的大型树木的生长速度明显加快，热带雨林吸碳及储碳功能不断得到增强。

而在西伯利亚地区，科学家对部分树种进行了跟踪研究并发现，大型乔木的生长速度也在不同程度地加快，生物群落向荒漠和高海拔进军，在俄罗斯北部荒原地区，草地及灌木分布面积在不断扩大。

（二）高纬度地区湿度增加，年降雨量明显增加

中国西北地区、俄罗斯西伯利亚的降雨量屡创纪录，非洲等地的沙漠地区也频频出现创纪录的降雨量。有记录的数据表明，中国哈密、俄罗斯西伯利亚地区降水量近年来均有明显增加（见表 6-2）。

表 6-2　中国哈密及俄罗斯西伯利亚降水量　　单位：ml

年份	中国哈密	俄罗斯西伯利亚
2000	52	391
2005	61	425
2010	66	286
2015	80	556

按照温室效应的原理，全球变暖导致全球范围内气候带向两极偏移，赤道温度保持不变，南北两极气温上升幅度较大，上升的暖湿气流不断向两级方向拓展，导致温带降水带向高纬度地区偏移。

（三）沙漠面积快速退化，生物多样性再创生机

荒漠化是影响人类生存和发展的全球性重大生态问题。中国是世界上荒漠化面积最大、受影响人口最多、风沙危害最重的国家之一。根据第六次全国荒漠化和沙化监测结果，截至 2019 年，全国荒漠化土地面积为 25737 万 hm^2，沙化土地面积为 16878 万 hm^2，荒漠化和沙化土地面积已经连续 4 个监测期保持“双缩减”。

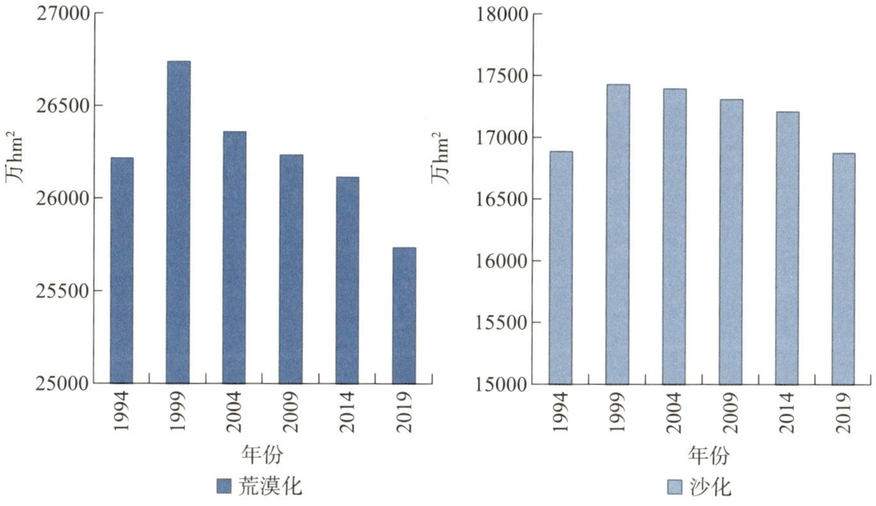

中国六次荒漠化和沙化监测的土地面积

资料来源：万得（Wind）。

内蒙古是中国沙化土地最为集中、危害最为严重的省份之一。相关报道显示，从 2013 年到 2022 年的 10 年间，内蒙古累计完成营造林 1.27 亿亩、种草 2.89 亿亩、防沙治沙 1.25 亿亩，生态环境实现了“整体遏制、局部好转”的重大转变，森林覆盖率、草原植被覆盖度持续提高，沙化土地面积持续减少。

新疆荒漠化防治还与发展沙产业结合，按照“谁投资、谁受益，谁经营、谁尽责”理念，鼓励社会力量开发经营，建立集种质资源汇集、新品种试验、优良品种采穗、良种苗木培育为一体的科研与繁育基地；2022 年全区沙漠特色经济植物种植面积达 1230km^2，年产量达 38.53 万 t，沙产业年产值为 43.7 亿元，沙生作物加工业的发展带动了种植、加工、贮藏、运输、销售等相关产业的发展，形成了“绿富同兴”的发展局面。

（四）粮食产量再创纪录，全球潜在可耕种面积不断增加

联合国粮食及农业组织（FAO）的数据显示，进入 21 世纪以来，全球农作物产量持续增长，其中谷物由 2000 年的 20.59 亿 t 增长到 2020 年的 30.07 亿 t，增长 46%；2021 年世界谷物产量达到创纪录的 30.71 亿 t，比 2020 年增长 2.1%。中国粮食产量连续多年增长，2022 年虽经历诸多自然灾害，全国粮食总产量依然达 6.87 亿 t，再创纪录。

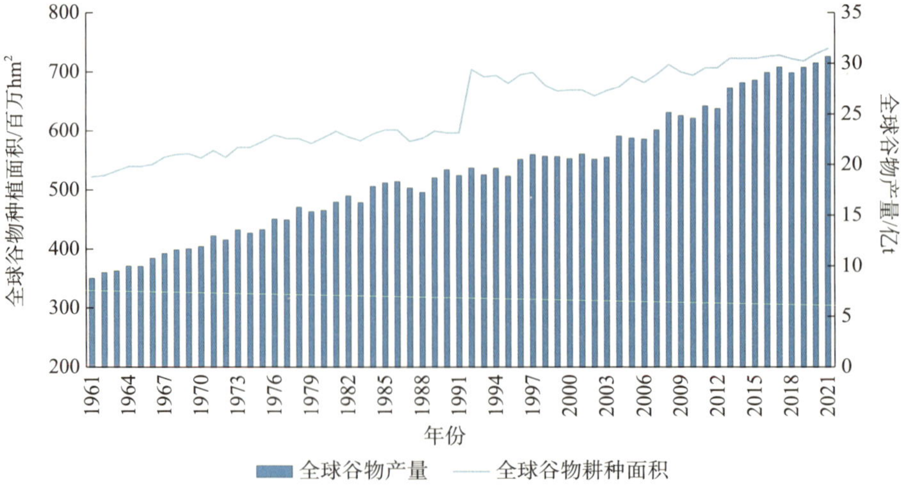

1961—2021 年全球谷物产量及种植面积

资料来源：万得（Wind）。

2019 年全球可开发利用的潜在耕地面积为 146137.9 万 hm^2，为 2019 年全球实际耕种面积的 105.6%。在坚守生态环境保护目标的前提下，全球仍有大量的可开发利用潜在耕地资源，可以为未来农产品生产供应的增长提供巨大空间。

（五）生物燃料产量进一步增长，生产成本不断降低

据统计数据显示，全球生物柴油和燃料乙醇产量增长的趋势已经十分明显，增幅有进一步扩大的趋势。

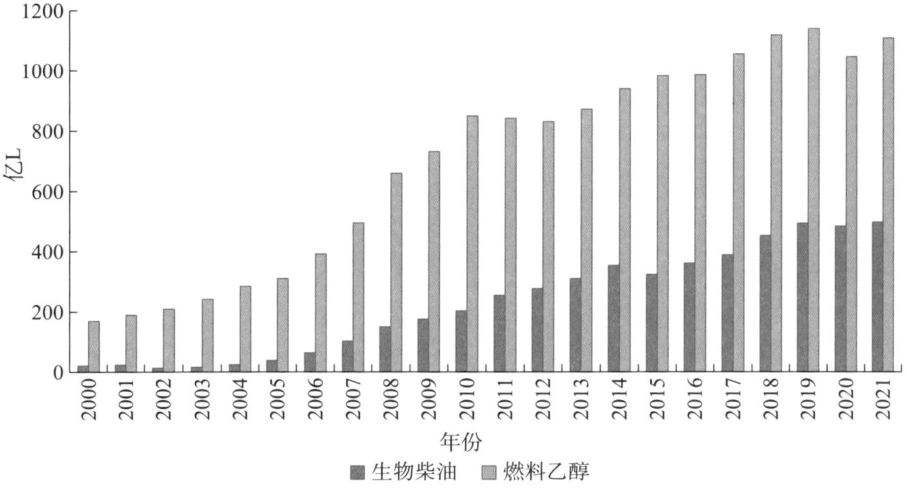

2000—2021 年全球生物柴油和燃料乙醇产量

资料来源：万得（Wind）。

得益于新技术的突破，生物燃料的生产成本不断下降。传统的生物质只有 18% 的纤维素能够转化成糖分。而基因改造后的植物 80% 的纤维素能够转化为糖分。专家表示，该技术在大规模生产过程中，每加仑生物燃料成本在 3~4 美元，大大低于石油燃料的成本。

六、能源农业的产品分类

（一）生产燃料乙醇的能源植物

燃料乙醇生产原料主要有玉米（美国）、甘蔗（巴西）、薯类、谷类等。不

同原料全生命周期的能量效益不同，由高到低依次是甜甘蔗、甜高粱、木薯、玉米、小麦。例如，巴西甘蔗能量比达到 1 ∶ 8 以上，玉米、小麦等粮食作物及木薯、甘薯均为 1 ∶ 1.4~1 ∶ 1.3。

淀粉和糖料作物及其乙醇生产力见表 6-3。

表 6-3　淀粉和糖料作物及其乙醇生产力

作物种类	单产 / (t/hm^2)	糖 / 淀粉含量 /%	糖 / 淀粉产量 / (t/hm^2)	乙醇产量 / (L/hm^2)
大麦	5.8	58.0	3.36	2150
木薯	9.0	35.0	3.15	2900
饲用甜菜	98.5	8.2	8.08	4923
玉米	6.9	65.0	4.49	2874
马铃薯	32.4	17.8	5.77	3693
菊苣	35.0	16.0	5.60	3248
甜菜	57.4	16.0	9.18	5600
甘蔗	80.0	10.0	8.00	5400
甘薯	12.0	25.0	3.00	2400
甜高粱	90.0	10.0	9.00	5400
小麦	7.2	62.0	4.46	2854

能源植物——甜高粱

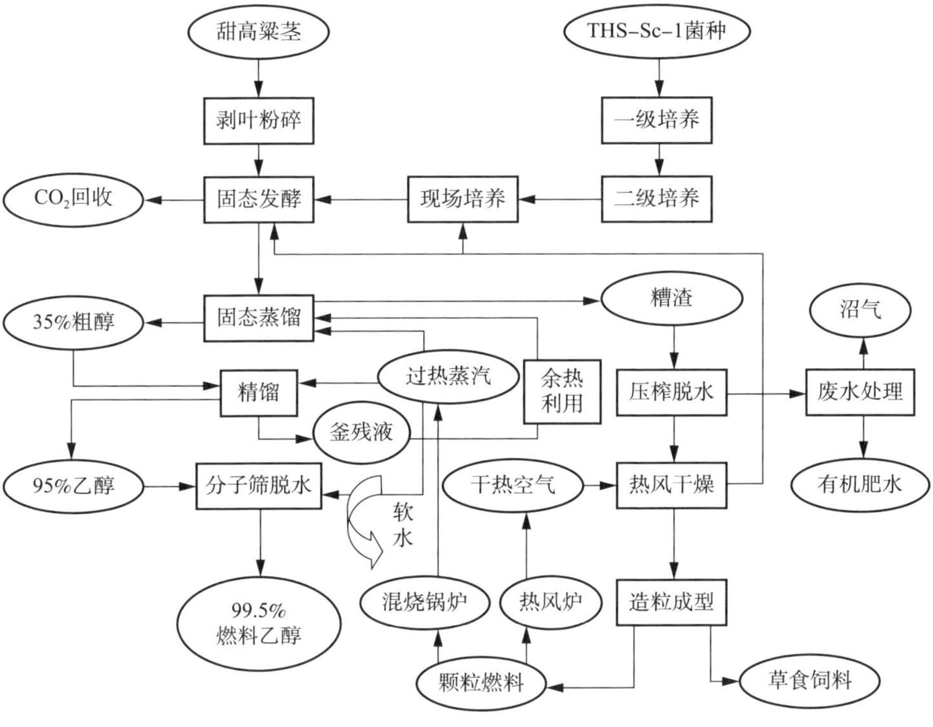

甜高粱生产燃料乙醇工艺流程

资料来源：邓彤. 新能源与第四次产业革命［M］. 北京：中国经济出版社，2019：151.

（二）生产燃料油的能源植物

油料植物是指主要用作榨取油脂的各种植物的根、茎、叶、果实、花或者胚芽组织等初级产品，如花生、大豆、葵花子、蓖麻子、芝麻子、胡麻子、茶子、桐子、橄榄仁、棕榈仁等。油菜、向日葵、蓖麻和大豆是最主要的一年生油脂作物，已经在商业化生产水平上实现了以生产生物柴油为目的的大田种植。全球生产生物柴油的主要原料是大豆、油菜籽、蓖麻籽，欧盟主要以油菜为原料年产生物柴油，美国以大豆为原料，巴西以蓖麻籽为原料。

主要油脂类作物及其生产力见表 6-4。

表 6–4　主要油脂类作物及其生产力

作物	籽粒产量 / (t/hm²)	含油量 /%	产油量 / (t/hm²)
海甘蓝	2.0～3.5	30～45	0.74
大油菜	1.0～2.5	38～48	0.38～1.20
荠菜	1.5～3.3	30～40	0.72
蓖麻子	1.2	50	0.60
椰子	4.2	36	1.50
棉花	1.2	15～25	0.29
亚麻荠	2.2	33～42	0.88
花生	2.0	45～53	1.00
大麻	0.5～2.0	28～35	0.14～0.70
希蒙得木	2.1	48～56	1.01～1.18
油棕榈	30	26	7.80
欧洲油菜	2.0～3.5	40～50	1.26
向日葵	2.5～3.2	35～52	0.88～1.67
麻风树	—	40	—

（三）木质纤维素能源植物

除目前广泛使用的淀粉质和糖质原料外，资源丰富的木质纤维素类原料一直是世界各国研究开发的主要方向，并且已取得了一些进展。木质纤维素是地球上最丰富的可再生资源，据测算年总产量高达 150Gt，蕴储着巨大的生物质能。

木质纤维素能源植物的主要成分为木质纤维素，可直接燃烧产热或发电，也可转化为乙醇、合成气体和氢等间接利用，其主要作物产量及产能特征见表 6–5。地球上每年光合作用合成的植物纤维资源总量约为 1000 亿 t，是自然界中最丰富的生物质资源。

在木本作物、一年生草本和多年生草本作物中，多年生草本木质纤维素植物被认为最符合生物能源生产。科学家对约 20 种植物进行研究后认为，芒草—奇岗、柳枝稷、虉草和芦竹为最有潜力的能源作物。

表 6–5　主要木质纤维素作物的产量及其产能特征

作物	干物质产量 / (t/hm²)	能量产量 / (GJ/t)	能量产出 / (GJ/hm²)	能量产投比 / %	能量净收入 / (GJ/hm²)
纤维高粱	20~30	16.7~16.9	334~507	13~39	309~494
甜高粱	15~25	16.7~16.9	250~422	10~32	225~409
红麻	10~20	15.5~16.3	155~326	6~25	130~313
芒属植物	15~30	17.6~17.7	260~530	12~66	238~522
芦竹	15~35	16.5~17.4	240~600	11~75	118~592
荆棘蓟	10~15	15.5~16.8	155~252	7~31	133~244
柳枝稷	10~25	17.4	174~435	8~54	152~427

能源植物——芒属植物

（四）水生藻类生物能源

水生藻类是由阳光驱动的细胞工厂，通过藻细胞高效的光合作用，吸收 CO_2，将光能转化为脂肪或淀粉等碳水化合物的化学能，并释放出 O_2，可用于生产乙醇、生物柴油、燃料油或制氢等。

某些微藻可以大量积累油脂（超过其无灰分细胞干重的 50%），从而使其具有转化为高能量密度可再生燃料的潜力。其他藻类原料和中间产物也可用于再生燃料，如蓝细菌及大型藻中的淀粉和糖。除可再生燃料外，利用藻类前体物还可生产多种不同的生物燃料及产品。

微藻中富含的酯类和甘油是制备液体燃料的良好原料，微藻热解制备的生物质燃油热值高，是木材或农作物秸秆的 1.4~2 倍，其干细胞中含油量达 70% 以上，是合成生物柴油的最佳原料，是理想的可再生能源。不同藻类的含油量及产油速率见表 6–6。

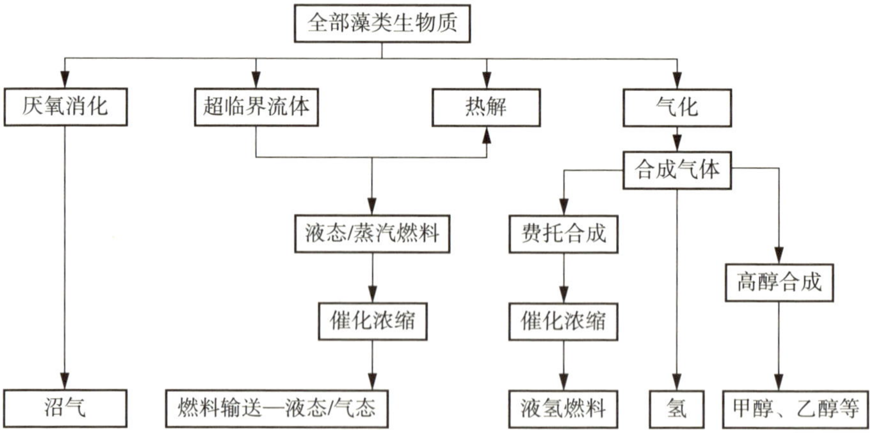

将全部藻细胞生物质转化为生物燃料的潜在途径

资料来源：邓彤．新能源与第四次产业革命［M］．北京：中国经济出版社，2019：314.

表 6–6　不同藻类的含油量及产油速率

藻株	培养条件	含油量（% 细胞干重）	生长速率 /［g/（L·d）］	产油速率 /［mg/（L·d）］
原始小球藻	自养	11.0~23.0	0.002~0.02	0.2~5.4

续表

藻株	培养条件	含油量（% 细胞干重）	生长速率 / [g/（L·d）]	产油速率 / [mg/（L·d）]
原始小球藻	异养	50.3～57.8	2.2～7.4	129.6～3701.1
原始小球藻	光合—发酵	58.4	23.9	11800
普通小球藻	自养	33.0～38.0	0.01	4
普通小球藻	混养	21.0～34.0	0.09～0.25	22.0～54.0
杜氏盐藻	自养	60.6～67.8	0.1	60.6～69.8
等鞭金藻	自养	27.4	0.14	37.8
眼点拟微绿球藻	自养	22.7～29.7	0.37～0.48	84～142
路氏巴夫藻	自养	35.5	0.14	50.2
栅藻	自养	21.1	0.26	53.9

地球上的生物每年通过光合作用可固定 8×10^{10}t 碳，生产 1.46×10^{11}t 生物质，其中 40% 应归功于藻类的光合作用。每年仅海洋中的水生植物（主要是海藻）通过光合作用产生的生物质总量就有约 5.50×10^{10}t。

藻类生物燃料生产车间

第二节

再生速度大于开采速度

——瑞典的林业生物能源

瑞典生物能源产业已成为全球典范，在过去的近半个世纪内，瑞典生物能源产量大幅攀升，从 20 世纪 70 年代的 400 亿 kW·h 增至 2017 年的 1430 亿 kW·h。2009 年，生物能源使用量超过石油，成为瑞典位居首位的能源，其供能总量甚至超过水电和核电的总和。瑞典生物能源成功的一个重要原因是该国拥有比其他欧盟成员国更为丰富的森林资源，以及长期以来对森林资源的保护与合理利用。尽管瑞典每年用于能源的生物量快速增长，但全国的森林蓄积量仍保持增长。

一、坚定的政策支持推动瑞典生物能源产业快速发展

20 世纪 70 年代，由于石油禁运，瑞典政府鼓励发展替代能源。瑞典生物能源鼓励政策主要包括投资补贴、减免税费、配额制度等。

从 1975 年开始，瑞典每年从政府预算中支出 3600 万欧元，用于支持生物质燃烧和转换技术，主要是技术研发和商业化前期技术的示范项目补贴。1997—2002 年，对生物质能热电联产项目提供 25% 的投资补贴，5 年总计补贴了 4867 万欧元。2004—2006 年，瑞典政府对户用生物质能采暖系统（生物质颗粒燃料用户）每户提供 1350 欧元的补贴。

瑞典主要依据税收政策促进生物能的开发利用，即对生物质能开发项目免征所有种类能源税。1991 年，瑞典政府颁布了 CO_2 排放税，成为世界首批开征 CO_2 税的国家。这使得石油等化石燃料价格上涨，一些供热中心、发电厂开始从采用化石燃料转变到采用生物质颗粒燃料。

1997 年，瑞典开始实行固定电价制度，对生物质发电采取市场价格，并增加 0.9 欧分 /（k · Wh）的补贴。2003 年又实行了绿电证书政策，要求企业消费者必须消费一定比例的经认证的“绿色电力”，否则就要购买绿色电力指标。而获得“绿色电力”认证的电力生产则可以免除碳税，同时绿电指标还可进行交易。生物质发电是典型的绿色电力，并且大量采用成型燃料作为原料。这两项措施促进生物质发电产业快速发展。

2000 年之后，瑞典又实行了生物质运输燃料免税政策，促进了生物质运输燃料如生物柴油、生物天然气等快速发展。

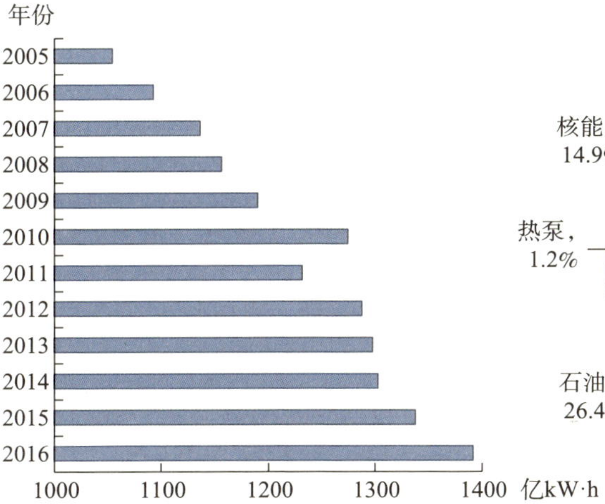

2005—2016 年瑞典生物能源产量发展迅速

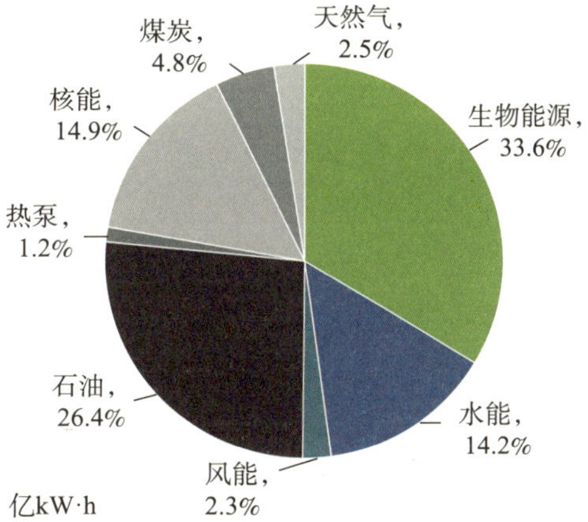

2016 年瑞典生物能源在一次能源总产量的占比已经超过 1/3

二、森林资源在利用中才能得到保护和增长

瑞典的生物能源供应量很大，其绝大部分生产原材料来自林业相关领域的农林剩余物，如造纸黑液、木屑等，辅以少部分能源植物，剩余部分来源于养殖场和屠宰场剩余物、厨余垃圾等城市生活垃圾。

瑞典是全球林业最为先进的国家之一，林业生物能源产业发展也位居全球前列。经过近百年的努力，瑞典已逐步走上可持续发展的轨道，森林蓄积量、年生长量和年采伐量稳步增长，成为欧洲木材蓄积量最丰富的国家。

1903 年瑞典颁布实施并经过 7 次修订的《森林法》对林业可持续发展起到了不可估量的作用，其基本精神就是限量采伐、及时更新、永续利用。法律要求采伐后的林地必须及时造林更新，同时应妥善管护新林地；要求林场主保护生物多样性；规定对于人工商品林，年采伐量占年生长量 50%~80% 的永续利用总体框架，由林场主根据市场需求自主掌握。

瑞典专家认为，对林业资源的合理利用和开发是保护林业资源的一个主要途径。瑞典森林利用主要遵循以下 3 个原则：

一是生长量大于采伐量的原则。瑞典每年的采伐量近 1 亿 m^3，而其林业生物质的净增长量是采伐量的 1.2 倍，因而不存在过度利用和不可持续的问题。

科学地采伐促进林业生物能源产业可持续发展

二是木材分级分类利用原则。一根完整的原木只能加工出 49.7% 的可利用板材，同时产生 35.9% 的刨花和边角余料、8.9% 的锯末和 5.5% 的树皮。刨花、边角余料、锯末、树皮等剩余物都是热 / 电 / 颗粒燃料多联产（CHPP）工厂的原料。

三是木材加工靠近资源地的原则。Setra 锯木厂、Martinsons 锯木厂等大型的锯木厂位于林业资源丰富地区，谢莱夫特奥热电颗粒燃料多联产工厂也位于林业资源丰富地区。木材收集半径一般不超过 100km。短途运输能够有效降低运输成本，符合生物质资源密度低、分布分散的自然属性。

三、生物质颗粒燃料产业大放异彩

颗粒燃料是利用机械力将生物质压缩或挤压形成的容积密度较大、热效率较高、便于运输和储藏的一种固体成型燃料，其容积密度可以提高到原来的 10 倍以上，形状和尺寸统一，使用方便，易于燃烧和运输。

瑞典颗粒燃料产业与林业产业的发展具有密切的关系，颗粒燃料的原料主要是农作物秸秆以及锯末、木条和刨花等林业剩余物。随着颗粒燃料企业的增加以及国际生物质颗粒燃料产品贸易的扩大，颗粒燃料原料的竞争更加激烈。由于瑞典每年农作物秸秆资源有限且分散，难以集中加工，因此一些科研部门、生产商正在试验研发其他新型的原料，如用能源作物等来替代现有原料。

瑞典建立了完备的颗粒燃料研发体系和标准体系，是欧盟生物质颗粒燃料技术、相关设备和标准的主导国家。先进的颗粒燃料生产技术和设备保证了产品质量，降低了成本；先进的生物质燃烧装备和技术，提高了效率，减少了污染物排放；而从原料收集到产品生产、配送、燃烧等环节，再到相关设备，相关操作规程的标准化为产业快速稳定发展提供了重要保障。

瑞典位于寒带地区，每年供暖季长达 7~8 个月，生物质供热占其全部供热市场的 70% 以上。瑞典生物质发电多采用热电联产的模式，热效率通常在 80% 以上；近年来更趋向于热电和颗粒燃料等多项联产，综合热效率达到惊人的 95% 以上。

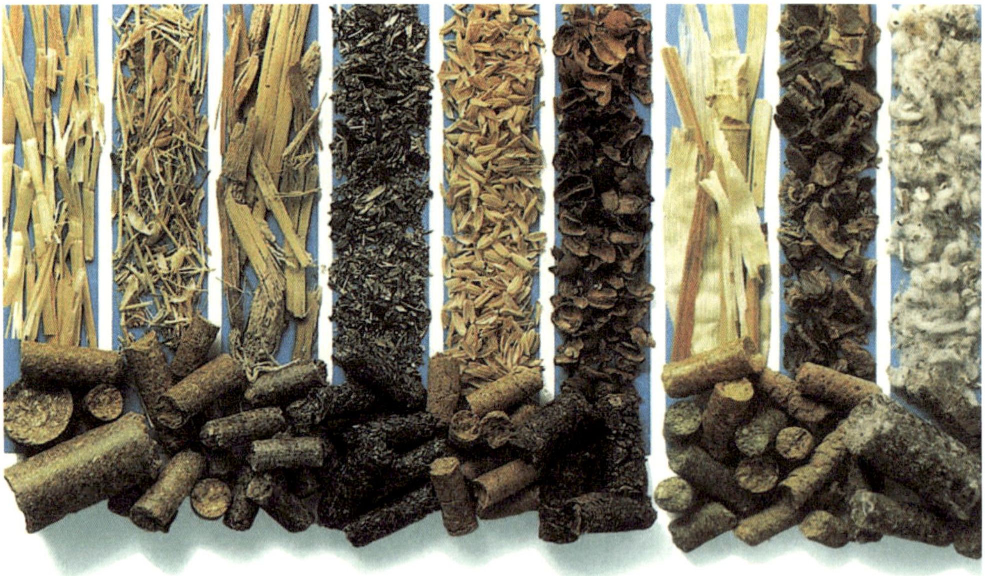

生物质燃料颗粒成型

瑞典的生物质颗粒燃料消费量居世界首位，颗粒燃料广泛应用于发电、工业供热、蒸汽以及商业、办公和居民采暖领域。很多瑞典家庭采用颗粒燃料专用壁炉取暖，因此颗粒燃料是瑞典居家的日常消费必需品，居民可以很便利地从超市中购买。新型壁炉配备高度自动控制系统，每天加料 1~2 次，就可以满足全天取暖需求。

第三节

生物燃料大于化石燃料

——巴西生物液体燃料的发展

巴西生物燃料产业分为 3 个发展时期。第一个发展时期是 20 世纪 80 年代。

随着酒精计划的实施，巴西开始使用乙醇和生物柴油来替代汽油和柴油。第二个发展时期是灵活燃料汽车的研制成功和推广使用时期，支持了生物燃料的生产，扩大了市场的需求。而国家生物燃料政策的实施，标志着巴西生物燃料产业迈入了第三个发展时期。第三个发展时期将是开发新型生物燃料，提高生物燃料在能源结构中所占比重的新时期。

一、巴西生物乙醇燃料的推广

只要挤出甘蔗汁，混合酒精一起发酵，再将其蒸馏到理想的浓度，就能生产出巴西最具经济价值的燃料——乙醇。由于甘蔗乙醇具有清洁、容易生产和低碳等特点，使其成为车用可再生燃料的很好选择。

1975 年，巴西实施了全国乙醇计划。政府为甘蔗种植提供补贴，并在 1500 人以上的城镇强制加油站安装乙醇加油泵。到 20 世纪 80 年代初，巴西销售的车辆几乎都使用乙醇燃料，然而，真正让巴西甘蔗乙醇生产快速发展起

生物乙醇工厂

来的是 2003 年灵活燃料汽车的推出，这种汽车的发动机不仅可以使用汽油，还可以使用乙醇，甚至汽油和乙醇的混合体。目前巴西销售的新车，超过 90% 是灵活燃料汽车，这种汽车现在占巴西所有轻型车辆的 50%，而这些成就是在不到 10 年的时间里取得的。

巴西生产的乙醇燃料有两种：无水乙醇和含水乙醇。添加 10% 无水乙醇的汽油用于发动机未经改造的汽车，而添加 25% 无水乙醇的汽油则用于经过改造的汽车。含水乙醇则直接用于 100% 乙醇动力汽车的新型混合燃料汽车。

自 1977 年以来，巴西政府强制性要求在汽油中添加一定比例的无水乙醇，混合成汽油 C 方能出售。根据立法要求，汽油 C 的无水乙醇混合比例在 18%~27.5%，此后巴西政府根据各方面情况对无水乙醇比例进行了多次调整，单次调整幅度在 2~5 个百分点。2023 年，巴西政府向国会递交提案称，希望将汽油中乙醇的比例由最高 27.5% 提高到 30%。

近 20 年来，巴西乙醇产量持续呈上升态势，2019 年的产量达到历史峰值，共生产乙醇 355 亿 L。巴西是仅次于美国的乙醇主产国和净出口国，同时由于巴西是乙醇和汽油混合燃料汽车使用最广泛的国家，巴西也因此成为仅次于美国和德国的乙醇消费大国。据巴西甘蔗工业联盟估算，1975—2015 年 40 年间，巴西生产的乙醇替代了大约 25 亿桶的汽油。巴西生产的乙醇主要用于国内消费，用于出口的乙醇占总产量的 5% 左右。

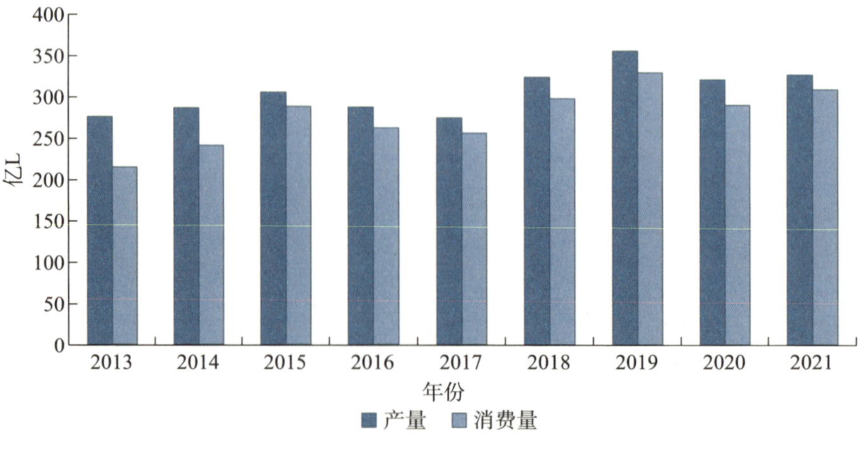

2013—2021 年巴西生物乙醇的产量和消费量

二、政府对生物柴油产业的支持

巴西是研发和最早掌握利用植物油（主要是大豆油、蓖麻油）转化为生物柴油的技术，并用生物柴油替代石化柴油的国家之一。1980 年转化技术研究成功，随后巴西政府推出“生物柴油计划”，而且进行了小型生产并获得成功，但因生产成本过高，市场需求不旺，没有大规模生产。2004 年，巴西政府重新启动“国家生物柴油生产计划”，该计划允许利用多种技术生产生物柴油，而且提供多项免税优惠，以促进国内生物柴油生产，减少对石油进口的依赖，并通过将利益传递给家庭农民，特别是巴西北部和东北部的家庭农民，来缓解区域经济差距。

2005 年 1 月巴西颁布的第 11097 号联邦法将生物柴油纳入巴西能源矩阵，并授权国家石油局（ANP）监管和监督与生物柴油生产、强制混合（Bx）、质量控制、产品分销和营销相关的所有活动；并要求从 2008 年开始，所有供应的柴油必须有 2% 的生物柴油混合（B2）。

为了缓和国内市场生物柴油供过于求的矛盾，巴西国家能源政策委员会逐步提高生物柴油在混合柴油中的比重，从最初的 2% 提高到了 2021 年 3 月的 13%（B13），2021 年 5 月开始下调，2021 年 11 月起设定到 10%（B10）。维持 1 年多后，2023 年 4 月再次提高到 12%（B12）。

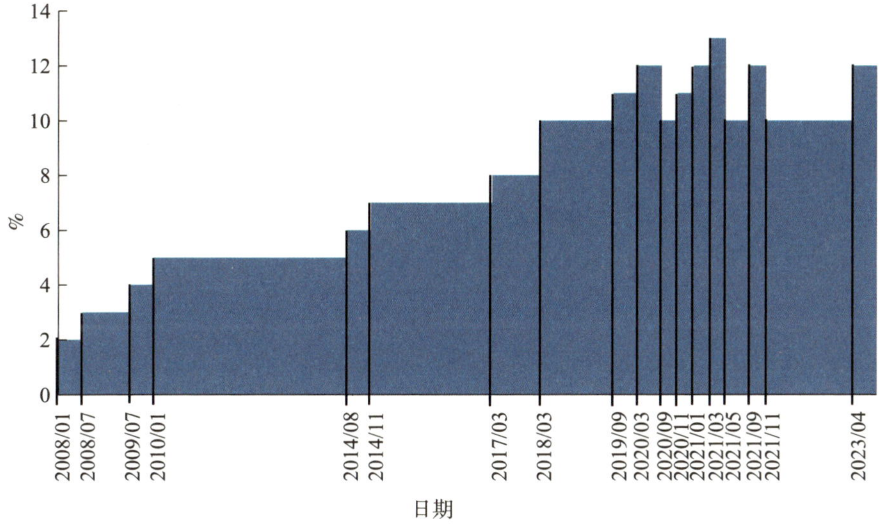

2008 年至今巴西柴油中的生物柴油比重

巴西是世界第三大生物柴油生产国，仅次于印度尼西亚和美国。近几年巴西生产柴油产量总体保持上升态势，2021 年生物柴油总产量为 67.3 亿 L，比 2020 年上升 5%。但由于工业产能的快速增长，其产能利用率一直不高，2021 年只有 61%，一些企业陆续退出市场，企业数量一度从 2013 年的 64 家下降到 2021 年的 50 家。巴西生物柴油多自产自销，产销基本持平；由于政府限制及缺乏成本竞争力，极少出口。

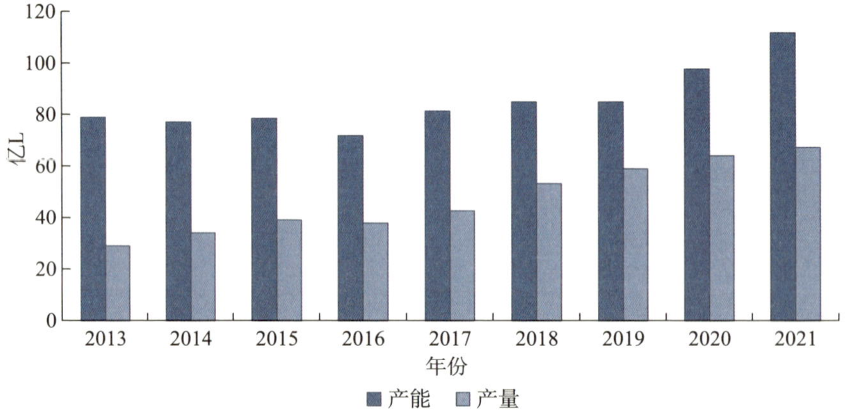

2013—2021 年巴西生物柴油的产能和产量

三、生产生物燃料的原料与成本

巴西生物燃料的原料主要有两类：第一类是从甘蔗、玉米或甘蔗渣中提炼乙醇，作为汽车燃料使用；第二类是油性植物或含油脂成分的植物，经过工业化程序，植物油脂被提炼出来作为能源使用，例如从大豆、蓖麻、油棕榈、向日葵中提炼油脂，生产出生物柴油。

甘蔗是巴西可再生能源的主要来源之一。值得一提的是，由甘蔗生产的可再生能源占巴西能源消费总量的 17.4%，这一比例让巴西在清洁与可再生能源的使用上高于全球平均值（13.7%），同时超过了亚太经合组织中发达国家的使用水平（9.7%）。巴西甘蔗乙醇的生产成本不仅低于汽油成本，也低于美国玉米乙醇的生产成本，是世界上生物燃料乙醇成本最低的国家。甘蔗乙醇生产成本主要包括原料甘蔗、劳动力、能源消耗、财务成本和固定资产折旧等，原料成本在乙醇生产总成本中占比近60%，因此甘蔗乙醇成本低的主要原因是巴西甘蔗生产的优势（1990—2020年巴西甘蔗生产情况见表6-7）。从全球角度来看，巴西是全球甘蔗产量最多的国家，同时是第二大乙醇生产国（第一为美国，其制醇的主要原料为玉米），也是最大的以甘蔗为原料的乙醇生产国。

与其他国家不同，巴西甘蔗业的独特之处有两点：第一，巴西甘蔗业是一种集约型的产业模式，土地集中度高，70%的甘蔗种植土地属于糖和酒精生产企业，即大部分企业同时拥有农业和工业两个部分，机械化生产和收割的比例非常高。第二，甘蔗产品多样化，既用于生产食糖，又用于生产乙醇。

表6-7　1990—2020年巴西甘蔗生产情况

年份	产量/万t	种植面积/万hm^2	收割面积/万hm^2
1990	22243	432	427
1995	24893	464	456
2000	25682	488	480
2005	38513	582	581
2010	62041	916	908
2015	66682	1018	1011
2020	65743	975	945

巴西不同地区间的乙醇生产成本并不相同，拥有大规模乙醇厂集群的整个南方（包括东南部和南部）成本相对更低。由于甘蔗上市时间不同，在一年中的不同时期，乙醇生产成本也有所差异。巴西气候条件好，甘蔗品种不断改良，加上大规模种植和机械化生产，甘蔗收成仍在提高，成本下降空间较大。

此外，巴西在增加生物柴油的原料种类方面也取得了较大进展。最初，巴西生物柴油原料主要使用蓖麻籽，在东北部的皮奥伊州建立了国内最大的生物柴油厂，年产量有700万L。但是，东北部气候干燥，限制了蓖麻的增产，后来巴西用大豆油作为生物柴油的主要原料。目前，巴西生物柴油的原料有60%~70%来自大豆油，其余来自动物脂肪或棉籽油、棕榈油等植物油。

四、巴西生物能源的展望

巴西生物燃料产业已迈入第三个发展时期，其发展趋势主要体现在以下几个方面：

一是继续扩大生物燃料的产量。巴西生物燃料产业的发展，每一次变革都离不开政策的推动。巴西矿能部预测，实施国家生物燃料政策后，巴西每年的乙醇消费量将从现在的 300 亿 L 左右提高到 2030 年的 500 亿 L；而生物柴油在混合柴油中的掺混率不断提高，计划在 2030 年达到 20%，也将继续扩大生物柴油的产量。

巴西能否达到上述目标？从巴西拥有的生物能源的原料资源和生产成本来看，难度应该不是很大。如果考虑未来大气 CO_2 逐步快速增加所引发的光合作用效率及生物质成长速度提高的因素，则巴西的发展目标是有足够的条件达到的。巴西约有 1.2 亿 hm^2 适合种植农作物的土地资源仍未开发，其中大部分适合种植甘蔗，这为巴西甘蔗乙醇工业规模的扩大提供了充足的土地资源及原料供给保障。

甜高粱作为另一种主要能源作物，在巴西也很受重视。虽然甜高粱的产量没有甘蔗高，但由于其具有抗旱、耐涝、耐盐碱、耐高温和耐瘠薄等特点，在较干旱的地区有较大优势。近年来，巴西积极开展甜高粱新品种的选育工作并取得了显著的成效，先后育成了许多优良品种。

就生物柴油而言，其原料多样，并广泛分布在巴西的各个地区。大豆原本就是巴西的主要农作物之一，其产量和出口量均居世界前列。另外，几大生物柴油原料在巴西也有较大产量。可以说，巴西具备了成为生物柴油生产大国的条件。

二是增加生物燃料产业的投资。实施国家生物燃料政策面临的一个重大挑战就是增加生产性投资。巴西环境部提供的文件显示，2020—2030 年，巴西生物能源领域的投资大约需要 1610 亿雷亚尔（约 500 多亿美元）。巴西甘蔗工业联盟认为，为实现 2030 年乙醇产量达到 500 亿 L 这一目标，巴西需要再建 75 家乙醇企业，平均每家企业每个季节压榨甘蔗 350 万 t。整个投资大约需要 400 亿美元。总而言之，国家生物燃料政策给市场规划了生物燃料发展的前景，有利于投资者评估投资风险，增强投资的信心。

三是鼓励研发二代乙醇燃料。目前世界上生产乙醇的主要原料是甘蔗和玉米，利用植物的纤维素生产出来的乙醇称为“二代乙醇”。二代乙醇生产过程需要更高的科技投入和更多的投资，成本比一代乙醇高出30%左右。巴西自2011年起就着手研发二代乙醇。2014年，在银行的融资支持下，第一批3家二代乙醇生产企业陆续开工。巴西瓦加斯基金会认为，二代乙醇在巴西开发具有良好的前景。到2030年，年产量有望达到25亿L。

四是开发新型生物燃料。2017年，巴西维索萨联邦大学的科研人员经过长期的研究，发现巴西当地一种棕榈树的果实具有生物燃料开发的商业前景。这种棕榈树名叫玛卡乌巴，是广泛分布在巴西绝大部分地区的原产树种，其果壳内层和果仁含有丰富的油脂，产量优于大豆，可以作为生物柴油的原料，而且玛卡乌巴无须占用巴西耕地。

在乙醇方面，巴西鼓励开发玉米乙醇。近年来，巴西玉米产量大幅增加，为开发乙醇提供了新的原料来源。巴西生产玉米乙醇还有两个优势：第一，玉米乙醇具有投入产出快的特点；第二，可以利用企业闲置产能。甘蔗生产有很强的季节性，而且不易库存。现在，这些企业可以在甘蔗生长期用玉米加工乙醇。随着国家生物燃料政策的实施，将会有更多的企业利用玉米生产乙醇，加盟生物燃料产业。

此外，巴西还在积极扶持生物燃气、生物煤气和乙醇柴油的研发，以尽快使这些新型生物燃料能够进入商业化生产。国际能源署预测，到2050年，巴西乙醇产量将增长200%，进一步夯实巴西“生物燃料大国”的国际地位，在实现全球温室气体减排目标上作出新的贡献。

第四节

可再生的“天然气”

——持续快速发展的德国沼气工业

德国是世界上发展生物燃气（主要指沼气）最快的国家，德国生物质燃气

生物沼气厂

产业的发展处于国际领先水平：第一，沼气实现热电联产、并入电网或经过净化提纯后，并入天然气管网，规模化和商业化是沼气产业持续发展的原动力；第二，沼气工程利用率可达到 80%，且沼气工程能够全年持续运行，发挥了最大的效益；第三，沼气原料非常丰富，多种能源植物及畜禽粪便等作为原料用于沼气，既产生了环境效益，又产生了经济效益，可谓一举多得。

一、德国沼气产业快速发展

德国的沼气工业发展迅速，1992 年时只有不足 20 个沼气工程，到 2022 年底时已建成 9800 多个沼气工厂，遍布整个德国的私人农庄、畜禽养殖场、垃圾处理厂，98% 的德国沼气工程是热电联产（CHP）工程，装机容量接近

6000MW。据统计，这些沼气厂每年输出电力超过 5600MW，为 900 多万户家庭提供足够的电力，覆盖了德国电力消费的约 5.4%。

2005 年德国修订后的《能源经济法》明确将沼气定义为燃气，为沼气并网奠定了法律基础。《燃气接入条例》规定了生物燃气的目标：到 2020 年，生物燃气替代目前天然气消费的 6%，到 2030 年达到 10%，2030 年要使生物燃气工厂达到 2300 家，同时界定了生物燃气厂商和电网企业基本的义务。

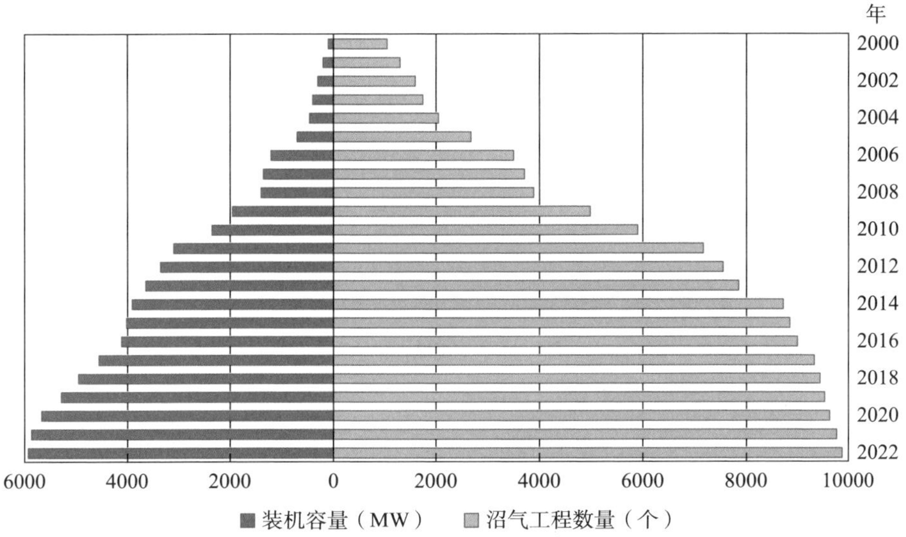

德国沼气工程数量和总装机容量的增长情况

资料来源：德国沼气协会。

二、沼气提纯替代天然气技术先进

净化和提纯主要是将沼气中的氮气、水蒸气和硫化氢含量，特别是大量的 CO_2 分离出来，净化和提纯后的生物甲烷可以替代天然气作为车用燃料和民用燃气。生物甲烷作为一种绿色的独立气体替代天然气广泛使用，不仅可以减少对进口天然气的依赖，降低能源安全风险，还可以减少碳排放，促进能源的可持续发展。

随着沼气净化提纯技术的进步，德国部分大型沼气工程已将提纯后的沼气

（甲烷含量一般高于 96%，沼气中的其他杂质气体成分被清除）并入天然气网络进行集中供气，这一方式大大解决了部分地区对热能的高需求，从而达到更高的沼气总利用率。

将提纯后的沼气用压缩罐送至加气站作为汽车燃料出售在德国也很普遍。为了支持沼气车辆的使用，德国在一些地区建设了沼气加注站，为用户提供方便的加注设施。这一举措不仅减少了交通部门的碳排放，还推动了可持续交通的发展。现在这一趋势已经扩大到农业部门，有知名的农业机械供应商已经推出了完全由生物甲烷驱动的拖拉机和轮式装载机。

以沼气为能源的公交车

根据德国能源署（Dena）的资料，2010 年已建成和在建的沼气提纯入管网工程有 28 处，每小时加工量从 $200m^3$ 到 $5000m^3$ 不等。德国沼气提纯的发展目标为到 2030 年，有 10% 的天然气消耗将由沼气替代，这要求每年再建 100～120 座产气量为 $700m^3/h$ 的沼气工程。

沼气净化和提纯通常使用膜或变压吸附（PSA）设备，分离出来的 CO_2 被释放到空气中。由于原材料价格上涨，CO_2 材料的使用现在已经变得很有意义。以前的解决方案是在现有沼气净化设施的下游增加一个 CO_2 液化厂作为独立的解决方案——这两个过程和系统相互独立，这是运行和管理中常见的问题。

德国 ETW 能源技术有限公司开发的 ETW Smart Cool 系统利用了两个过程的协同作用，首次完全集成到生物甲烷 PSA 中，只有一个控制和可视化系统，整个系统的服务仅由一个合作伙伴承担，而且由于集成了 CO_2 液化技术，也为生物甲烷工程的经营者提供了一个额外的业务领域，还可以减少从其他来源释放到空气中的 CO_2，进一步增加了生产和使用沼气的气候保护优势。

三、德国沼气工程的特色

确保发酵原料的供给是沼气稳步健康持续发展的基础，如果原料供给不稳定，发展沼气产业，使沼气工程正常运行就是一句空话。德国沼气工程的工艺技术的主要特点就是适应各种高浓度秸秆原料的发酵产气。沼气工程的工艺技术首先考虑的是发酵原料适应性问题。目前，德国沼气工程的发酵原料结构比例为 47% 能源作物（主要是种植玉米、甜菜、青草直接作为沼气发酵原料使用）、41% 禽畜粪便、10% 有机废弃物、2% 工农业生产加工废弃物。大量采用秸秆作为沼气发酵原料是德国沼气产业迅猛发展的主要原因。

德国科学家研究发现，不同的能源作物发酵制沼气的产出率相差较大，其中产沼气潜力最大的是沼气能源玉米专用种（见表 6–8）。在德国，玉米种植总面积的 85% 是青贮玉米，青贮玉米的年产量在 9000 万 t 左右。德国年产秸秆约 4800 万 t，其中主要为青贮玉米。

表 6–8　沼气专用能源作物的生物量单产和沼气产量

种类	生物量单产 / (t/hm^2)	沼气产出率 / (L/kg)	沼气产出量 / [$m^3/(hm^2 \cdot a)$]
玉米（整株青贮）	15.12	390	5897
大麦（秸秆青贮）	3.81	189	720
甜菜（青贮）	14.36	430	6173
三叶草	2.71	335	906
向日葵（整株青贮）	11.02	300	3300

四、专用能源作物产沼气的潜力

德国通过沼气工程的快速发展，进一步带动了能源作物育种、种植等产业的发展。能源作物的用途决定其育种目标相对其他食用、饲用作物较简单，这些目标概括起来就是干物质产量的最大化，提高每千克有机干物质的沼气产量，改善剩余作物的可消化性，产量稳定，熟期有保障。

近 10 年来，在德国建设的沼气工程多以获取生物能源为主要目的，因此追求最大原料产气率是这些工程最为重要的技术指标。从原料产气率角度分析，一些农作物，如玉米、甜高粱、甜菜、马铃薯及大麦的干物质产气率可高达 600~1000m^3/t，远远高于畜禽粪便的产气率，而畜禽粪便与这些原料掺在一起进行混合发酵，可以弥补这些原料氮源不足的问题，从而更有利于沼气的生产。

此外，这些作物的单位产量也很高，如种植 1hm^2 甜菜可以收获 100t 甜菜和 26t 甜菜叶，而 1t 新鲜甜菜可生产 100m^3 沼气。同时采用这些发酵原料有充足的资源保证。德国每年的秸秆产量大约为 5000Mt，目前的畜牧业养殖规模也有较大发展，每天产生的粪便所含干物质约可达 6 万 t。因此，采用农作物和畜禽粪便两种原料进行发酵（全混合发酵工艺）的沼气工程在德国占主导地位。

在德国现有的沼气工程中，采用玉米青贮为原料的占 80%，投资回收年限为 5~7 年。建立沼气工程，不仅增加了可再生能源生产，而且在调整农村种植结构、增加农民收入、促进就业与农村发展方面产生了深远的影响。

德国沼气发电上网和能源作物的开发利用使其市场经济效益发生明显变化，加上先进的技术和设备生产，德国在世界和欧洲都是位居首位。不光是沼气工程设备生产商的数量在欧洲居领先地位，而且成了设备和技术的最大出口国。

大型工厂的沼气筒仓

第五节

混合发电

——美国生物质发电的研究与推广

生物质发电主要是利用农业、林业和工业废弃物为原料，也可以以城市垃圾为原料，采取直接燃烧或气化的发电方式，如垃圾焚烧发电、秸秆发电、沼气发电、生物质气化发电及其他类型生物质发电。20 世纪七八十年代，美国开始大力发展生物质发电，生物质发电技术处于世界领先水平。

一、生物质发电的规模与应用

从 2021 年全球生物质能发电装机量分布格局来看，中国、巴西、美国、印度、德国、英国均处于全球生物质能发电领先水平，其中美国的生物质能发电装机量以 13.57GW 位居世界第三，占全球的 10%。虽然美国的生物质发电累计装机容量低于欧洲，但生物质发电已成为美国配电系统的重要组成部分。

2021 年，美国已经建立了约 500 座的生物质发电站，且这一数量仍在不断增长，国内生物质发电总量也随之提升。来自美国各大农场的农业废弃物、木材厂或纸厂的森林废弃物是美国生物质发电的主要原料来源。燃料乙醇也是生物质发电燃料的来源之一。为了进一步降低国内原油对外依赖度，美国加快对燃料乙醇的产业布局。美国的玉米种植业规模化程度高、技术先进，这也为国内燃料乙醇生产提供了充足原料。在此背景下，美国生物质发电市场呈现出持续向好发展态势。

生物质直燃发电厂

自 2007 年开始，美国先后成立了 4 个生物能源研究中心（BRC），这些研究中心由国家实验室或大学领导，旨在打破建立强大的国内生物能源产业的障碍。在过去 15 年中，BRC 在生物技术方面作出了突破性的科学贡献和进步，从探索可持续的农业实践到设计微生物工艺以生产一系列产品，例如燃料、专用生物能源作物的材料等。2023 年，美国能源部宣布继续向 4 个生物能源研究中心投资 5.9 亿美元，继续投资有望直接从非粮食植物生物质，如柳枝稷、杨树、能源甘蔗和能源高粱等中产生一系列重要的生物产品和生物能源，助力美国实现 2050 年净零排放经济的目标。

二、生物质与煤混合燃烧的应用推广

燃煤生物质耦合发电是一种成熟的可再生能源发电技术，通过现役煤电机组的高效发电系统和环保集中治理平台，尽力消纳田间露天直燃秸秆，规模化协同处理污泥，提高燃料灵活性，降低存量煤电耗煤量，提升可再生能源发电量，具有投资少、见效快、排放低、可再生电能质量稳定的特点。燃煤生物质耦合发电技术有电力侧耦合、蒸汽侧耦合和燃烧侧耦合等多种耦合形式，其中燃烧侧耦合的生物质发电效率高，因而应用广泛（见表 6–9）。

表 6–9　燃煤生物质耦合发电——各种耦合位置对比

耦合位置	耦合方式	耦合紧密程度	生物质电量检测及监管难度	生物质发电效率	对燃煤机组的影响
燃烧侧	生物质磨粉后直接送入电站锅炉混烧（直接耦合）	紧密	困难	高	大
	生物质气化后与燃煤在电站锅炉混烧（气化耦合）	紧密	简单	高	小
蒸汽侧	生物质直燃产生蒸汽送入燃煤电站汽轮机组	紧密	简单	低	小
电力侧	生物质直燃发电与燃煤电力同时并网	松散	简单	低	小

30 多年来，燃煤耦合生物质发电在欧盟等国家广泛应用，而且多国出台了相应政策法规，煤与生物质在大型燃煤电厂进行混烧的技术也取得了许多宝贵经验。例如，英国正在实施将燃煤电站改造成生物质电站的工程，几乎100% 的燃煤电厂均采用燃煤耦合生物质发电，包括其装机容量为 400 万 kW 的最大燃煤电厂。丹麦的燃煤电厂已经逐步被改造为生物质电厂，而且以生物质热电联产为主。美国电力研究所和纽约电力煤气公司、北印第安纳州公共服务公司等动力供应商一起对数台锅炉的煤和木材混合燃烧进行了广泛的测试和研究。

美国电力研究协会（EPRI）的研究证明，旋风炉的改造费用最低，大约为 50 美元 /kW，其利用木材混合燃烧的比例为 1%~10%（按发热量）；煤粉炉利用木材混合燃烧的比例较低，一般为 1%~3%，需要约 3000 美元 /kW 的改造费用。若想在煤粉炉中采用更高程度的混合燃烧，需要更高的费用用于生物质燃料的预处理，如生物质燃料的干燥，或者建造单独的给料系统将生物质燃料送至锅炉中。

生物质与煤的混合燃烧技术在充分利用现有技术与设备的基础上，在现阶段是一种低成本、低风险可再生能源利用方案，可替代一部分常规能源，是现阶段其他生物质发电技术难以比拟的。

三、美国生物质发电技术和主要发电厂

美国目前主要有以下 3 种生物质发电技术：

（1）完全用生物质为燃料，生产蒸汽发电。燃料主要采用采伐业的枝丫等废弃物、不能成材的树木、造纸和木材加工废弃物，以及稻壳、蔗渣等。发展了一整套木材削片、整树粉碎等机械设备。燃烧设备以德国的链条炉排锅炉为主。

（2）混合燃烧。即对燃煤电厂进行改造，掺烧部分生物质燃料，目的是减少 SO_2 排放。

（3）特定原料供应系统（DFSS）。主要是速生能源林和某些草本植物，形成生物质燃料的供应系统。

美国佛蒙特伯灵顿的麦克尼尔 50MW 燃木发电厂

贮备发展的下一代生物质发电技术有：①先进的蒸汽循环系统；②生物质气化燃气轮机发电系统；③高温热解制取生物质原油，用于燃气轮机和柴油机系统；④生物质气化燃料电池发电系统。

美国典型生物质发电厂情况如下：

（1）加州 WS 能源公司木材发电厂。装机容量为 50MW。燃用枯死的老树和不能成材的树木，以及造纸厂的树皮等废料。进厂树木粉碎后进行筛选，坚实部分送去造纸。该公司发展了一整套树木粉碎筛选设备，每天燃用 2000t 木材，木材含水率为 35%～45%，干物质热值为 18819kJ/kg，购入价为 13.5～16.5 美元 /t。电厂总投资 1.05 亿美元，预计 10 年左右收回投资。

（2）路易斯安那州 AP 公司稻壳发电厂。装机容量为 10.5MW。稻壳一半由公司所属碾米厂免费提供，一半外购，购入价为 5～10 美元 /t，主要是运费。日消耗稻壳 350t，热值为 13376kJ/kg，采用流化床锅炉，稻壳无须粉碎。稻壳灰装袋后卖给钢铁厂或自来水公司。总投资 1400 万美元，5 年即可收回投资。

运行中的生物质锅炉系统

（3）美国宾夕法尼亚州 Viking 木材发电厂。发电厂装机容量为 18.2MW，锅炉主要燃用伐木场废木、鸡猪舍垫料等，日耗燃料量 600t。汽轮机采用背压式，而不是凝汽式。此系统除用于发出 16MW 左右的电力并入电网外，每小时还向食品厂供应 10t 蒸汽，从而提供了系统的热效率。

与燃煤发电相比，锅炉燃用生物质发电在生产规模上受到一定限制，因为生物质原料来源、收集范围常常是有限的，其密度又小，给原料运输造成一定困难。该厂建厂投资 2500 万美元，供电成本为 6 美分 /（kW · h），预计 6~9 年收回投资。

第六节

生物能源种植园

一、以色列沙漠种植园

以色列的荒漠化面积占其国土总面积的 75%，年降水量为 20~800mm，水资源严重缺乏，但以色列采用高技术、高投入战略，合理开发利用有限的水土资源，在被世人视为“地球癌症”的荒漠地区创造出了高产出、高效益的辉煌成就。以色列集中力量研究农业节水灌溉技术，经过多年研究和开发，已探索出世界上最先进的喷灌、滴灌、微喷灌、微滴灌技术，基本取代了传统的沟渠漫灌方法，特别是在干旱和沙漠地区取得了较大成功。

以色列造林地分布在年降水量 100~300mm 的区域。为提高林木的抗旱能力，以色列研究了一套抗旱造林技术。首先，进行树种改良，选用抗旱的乡土树种造林，目前的树种有地中海松、橡树、地中海柏、土耳其松、栎类等。其次，研究并推广了径流汇集抗旱造林技术，将降雨形成的地表径流通过层层截留汇集到造林地或渗入土壤，增加地下水含量，防止径流流失。最后，使用“套筒”保护技术，用硬塑筒对幼苗加以保护，形成小环境，既防止牲畜啃食，又为幼苗提供庇护。

以色列死海地区的种植园

以色列根据土壤退化的不同程度，确定不同的植树造林项目。造林前必须由科技人员进行规划设计，根据设计计算出所需的集水汇流面积，然后施工。他们不追求大面积和高密度的造林，也不一味讲求高大乔木和景观美化，而是完全以水分平衡和“适地适树”原则来确定植树的多少和树种的搭配。他们根据立地条件、林种和树种来评定考核植树造林项目的可持续利用与综合效益。

凡造林的地方禁牧，加上树冠遮阴，促进林地植被恢复，保持水土。

以色列的许多植树造林项目是沿着山涧峡谷和河流进行的，以防止山谷和堤岸受到冲蚀。还有些造林项目是为了稳定沙地，减少风蚀和扬尘。特别是近几年，还增加了休闲旅游场所，既美化了环境，又促进了旅游业发展。政府对内盖夫沙漠地区的植树造林给予高度重视，将其作为防治荒漠化的一项重要措施。近年来，该地区实施的稀疏草原化、径流造林和最佳用水景观绿化工程就是以水定树的成功典型。

自1987年开始，以色列实施一项在不能自然生长树木的沙漠中种植单株、丛状、片林计划。通过雨水集流技术将雨水或径流导入沙漠中的小块土地，依据水分状况在这些土地上栽植适量的树木。该计划已在内盖夫年降水量在300～100mm的地区建立了3个植树造林区，包括试验区、大片造林区和未开发沙漠区，目的是在不增加大量投入的前提下治理荒漠，提高土地生产力和生物多样性，建立新的生态系统。早在2015年，以色列已建成1.2万hm^2的沙漠绿化区，已达全国造林总面积的50%，并以每年200～300hm^2的速度增加。

二、日本生物原料工业园的建设成果

日本的森林覆盖率为66%，森林面积约2515万hm^2，其中天然林占比为53.2%，人工林占比为41.4%，其余是竹林；森林资源蓄积量约35亿m^3，其中人工林占比为54.3%，天然林占比为45.6%；森林平均单位蓄积量约140m^3/hm^2，其中人工林平均蓄积量高达约183m^3/hm^2。日本人工林蓄积量从过去的5.6万hm^2增至18.9万hm^2，净增3倍多，远远超过了天然林的增幅；在全国森林蓄积增长总量中，超过80%是人工林资源的增长，人工林在日本林业中具有举足轻重的地位。

森林在日本不仅是生物质资源林，还带有资产色彩。造纸业需要消耗大量木材，长期稳定的原料供应是保障造纸公司持续发展的重要前提，为确保可持续的原材料调配机制，日本的造纸公司付出了巨大的努力。由于原材料的可持续调配依赖于植物的生长，为保证在大量采伐的同时，保持森林和植被的不断增加，造纸公司采用了生物工业园的生产方式。

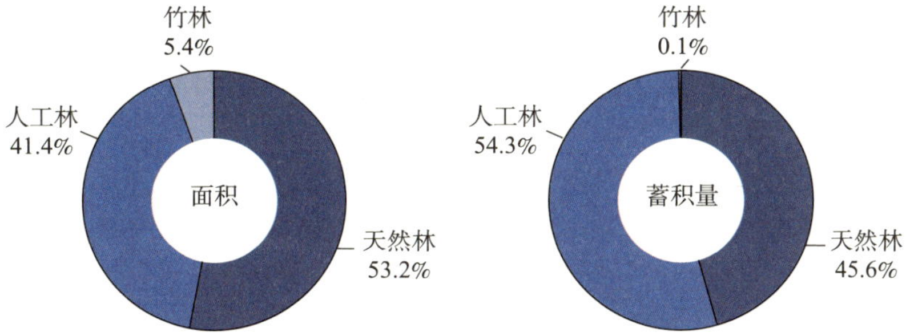

人工林在日本林业中具有举足轻重的地位

造纸公司使用的造纸原料大多数来自生物工业园的速生林，而不是热带雨林等“原生林”，速生林是可再生的森林资源，砍伐后进行再生培植。另外，造纸公司和其他一些利用森林资源的产业，会在不适合农业种植的土地上进行植树造林，并重复、有效地使用这些森林资源，从而更好地保护自然环境和资源。

造纸公司在日本国内管理、经营的森林，遍及从北海道的亚寒带森林到九州地区的暖温带森林的各个林种，包括人工林和天然次生林。人工林主要是落叶松、椴树、杉树、桧树等混合针叶林，天然次生林主要是由椎树、常青树、榉树、桦树等落叶阔叶树组成的阔叶林。

天然次生林的面积远大于人工林，但是平均蓄积量只相当于人工林的1/4～1/3。人工林采伐后的木材不仅作为木质类生物质资源使用，还可以作为建筑用材。天然次生林由于多为中、幼龄林，林分结构比较不稳定，树种组成复杂，阔叶树常占优势，其木材生产力与生态功能低下，主要是薪炭材和林副产品的重要基地，但在涵养水源、保持水土、调节气候和维持生态平衡等方面均起到重要作用，提升潜力很大。日本制纸是日本第二大的综合纸业公司，也是致力于“与木共生，开拓未来”的生物质综合开发利用企业。其在日本国内拥有约 400 处，总面积约 9 万 hm^2 的公司林地，全部取得 SGEC 森林认证；在巴西（5.2 万 hm^2）、智利（1.3 万 hm^2）、澳大利亚（1.5 万 hm^2）、南非（1.1 万 hm^2）管理着 9.1 万 hm^2 的种植林地；在中国也积极参与了宁夏绿化沙漠的“黄河中游流域防护林建设计划”项目。

日本生物工业园

三、石油植物园

自诺贝尔奖获得者、美国加州大学的化学家卡尔文于1986年在加州福尼亚种植了大面积的石油植物获得成功以来，全球迅速掀起了一股开发研究石油植物的浪潮。目前，科学家已发现了40多种石油植物，主要集中在夹竹桃科、大戟科、萝藦科、菊科、桃金娘科以及豆科。专家正在进行品种的选择和质量的优化，并准备尽快实行商业化生产。

科学家们还先后在世界各地栽培成功了各种石油植物，许多国家纷纷建立起一种全新的石油生产基地——“石油植物园”。

前文提到的麻风树，也称柴油树，每年从每棵成年树中可获得约25L燃料油，且这种油可直接用于柴油机。产于美国的美洲香槐生活在干旱和半干旱地区，每公顷可产燃料油约1600L。生长在中国海南岛的油楠树是一种能产柴油的树种，一棵直径0.4m、高12m的油楠树，可年产拟柴油物质10~25L，一棵大树可产50L。在巴西生长的香胶树是一种枝干粗大的常绿乔木，1年能分泌 40~60kg 胶液，纯净的胶液不经提炼可直接当柴油使用，每公顷香胶树可年产石油 3600L。巴西还有一种油棕榈树，也是一种石油树，栽培 3 年后开花结果，每公顷可年产油 1 万 kg。另外，泰国、澳大利亚也分别从南洋油桐、阔叶木棉中提取出了石油物质。这意味着，广泛种植能生产石油的树木，将使人类在未来获得稳定的新能源。

美国香槐

科学家发现某些野草也含有类似“石油”的成分。美国加利福尼亚州境内广泛生长着一种野草，当地人称其为“黄鼠草”或“鼠忧草”，$1hm^2$ 的黄鼠草可提炼 1t 石油，若经过杂交人工种植，每公顷产量可高达 6t。目前美国已开始大面积种植这种油料植物。日本科学家最近发现一种芳草类植物“象草”，属于芒属作物，是一种理想的石油植物。其生长迅速，一季就能长 3m 高，在亚热带到温带的广阔地区都能生长。$1hm^2$ 平均每年可收获 12t“生物石油”，比其他现有的任何能源植物都高产，而且种植成本还不到种植油菜成本的 1/3，可是变成石油所产生的能量却相当于用菜籽油提炼的生物柴油的 2 倍。

石油植物（左：油楠；右上：象草；右下：苦配巴）

另外，还有一些通过提炼能生产燃油的植物，目前在巴西高原的热带雨林中发现多种这类植物，用简单的工艺就能从其产生的乳液中得到高品质的液态燃料。在马来西亚的原始森林中，有一种叫银合欢树的豆科植物，不但是荒山造林、保持水土的好树种，而且它的汁液含油量很高，被誉为“燃烧的木头”，其燃烧能力可达到石油的2/3以上。巴西有一种名叫苦配巴的乔木，只要在树干上钻一个直径5cm的孔洞，就能流出金黄色的油状树液。每株成年树每年能产“油”10～15kg，成分非常接近柴油。

参考文献

[1] 杨世琦，杨正礼，刘国强．国外生物能源与能源作物发展回顾［J］．世界农业，2009（7）：4.

[2] 谢光辉．能源植物分类及其转化利用［J］．中国农业大学学报，2011，16（2）：1–7.

[3] 黄雄超，牛荣丽．利用海洋微藻制备生物柴油的研究进展［J］．海洋科学，2012，36（1）：108–116.

[4] 肖军．几种重要野生和半野生草本能源植物［J］．生物学教学，2011，36（7）：10–12.

[5] 于建荣，陈大明，江洪波．能源作物发展现状和商业化前景［J］．生物产业技术，2009（5）.

[6] 谢光辉，郭兴强，王鑫，等．能源作物资源现状与发展前景［J］．资源科学，2007，29（5）：74–80.

[7] 井惟如．生物质能发电技术［Z］．北京国电华北电力工程有限公司（2006–12）.

[8] 陈如凯，罗俊，许莉萍，等．能源甘蔗育种现状与展望［C］．中国作物学会甘肃专业委员会第十三次学术讨论会．2008.

[9] 韩春花，利明权．巴西发展生物能源的历程、政策措施及展望［J］．世界农业，2010（6）：39–42.

[10] 生物能源考察组．德国瑞典林业生物能源利用技术考察报告［J］．生物质化学工程，2006（S1）：15–22.

[11] 刘伟伟，曹成茂，杨智良，等．德国下萨克森州沼气工程考察报告［J］．安徽农业科学，2011（32）：39.

[12] 方韶伟.德国沼气工程的发展现状及对我国发展的启示[J].猪业科学，2011，28（6）：44–46.

[13] 李子富，余敏娜，范晓琳.德国沼气工程现状分析[J].可再生能源，2010（4）：141–144.

[14] 高春芳，余世实，吴庆余.微藻生物柴油的发展[J].生物学通报，2011，46（6）：1–5.

[15] 易自力.芒属能源植物资源的开发与利用[J].湖南农业大学学报，2012，38（5）：455–463.

[16] 方佳，濮文辉，张慧坚.国内外木薯产业发展近况[J].中国农学通报，2010，26（16）：353–361.

[17] 冯献，徐明冉，詹玲，等.木薯生物燃料产业化研究述评[J].中国农学通报，2010（26）：375–380.

[18] 程序，朱万斌，崔宗均.欧盟沼气产业的新资源——能源作物[J].可再生能源，2011，29（5）：133–136.

[19] Marcus Vagt.德国沼气、生物甲烷行业创新技术概览[C].2022年中国沼气学会学术年会暨中德沼气合作论坛.www.biogaschina.com.cn/zh/news/show/53.html.

[20] 何荣玉，宋玲玲，孟凡茂.德国典型沼气发电技术及其借鉴[J].可再生能源，2010，28（1）：150–152.

[21] 曾晓安.巴西燃料乙醇产业发展情况考察[J].中国财政，2012（4）：73–74.

[22] 马爱平.世界生物质燃气产业发展现状与趋势——访生物能源产业技术创新战略联盟[N].科技日报，2013–09–08.

[23] 姚宗路，崔军，赵立欣，等.瑞典生物质颗粒燃料产业发展现状与经验[J].可再生能源，2010，28（6）：145–150.

[24] 范希峰，左海涛，侯新村，等.芒和荻作为草本能源植物的潜力分析[J].中国农学通报，2010，26（14）：381–387.

[25] 詹啸.巴西燃料乙醇产业概述[N].期货日报，2012–04–11.

[26] 肖钢，纪钦洪.生物能源——阳光与大地的恩赐[M].武汉：武汉大学出版社，2013.
[27] 孙勇，姜永成，王应宽，等.美国生物能源资源分布及利用[J].世界农业，2013(10)：7.

第七章

即将来临的生物能源产业革命

Impending Revolution in Bioenergy Industry

人类的前两次产业革命基于丰富的化石能源，而随着化石能源的资源枯竭和碳排放造成的环境压力，化石能源已经难以支撑人类的可持续发展。伴随着 CO_2 的快速增加带来的植物光合作用效率的提高，以及在多方力量推动下生物能源成本的快速降低，一场以生物能源为基础的新的产业革命已经在孕育之中。

这场同样是能源变革推动下的新的产业革命将涉及能源、工业、农业、科技以及人类生活的方方面面，能否把握并顺应其自然规律，将决定人类是否拥有美好未来和地球生态是否可持续发展。

第一节

能源与产业革命

一、产业革命的定义与特征

“产业革命”由恩格斯在其于1845年出版的《英国工人阶级状况》中首次提出。100多年来，众多学者对产业革命的内涵、次数划分等作了许多深入研究，但表述不尽相同。一般来说产业革命有三个典型特征：一是以重大科学发明的应用为基础和前提，以爆发技术革命为重要标志，这些标志性技术极具渗透性、高关联性，对经济社会的发展影响巨大；二是根本性的变革，即质的飞跃，包括生产效率提高，生产方式和经济结构以及人类的生活、消费方式发生了重大变化等；三是变革具有规模化及可持续性。

关于产业革命分期的界定同样经历了论争不断的过程。从最大尺度的时间范围来看，有学者认为人类历史上大致有三次产业革命：第一次产业革命是农业革命，人类从采集和狩猎劳动方式到定居农业生活；第二次产业革命是工业革命，工业化兴起，工业生产体系建立；第三次产业革命是信息革命，包括信息化、智能化和绿色化等，至今仍在继续中。从18世纪开始的三次革命说，认为第一次产业革命发生在18世纪中叶到19世纪中叶，代表为蒸汽机的发明和改进，生产方式由机器取代手工，工厂成为生产组织的新型方式，即“蒸汽时代”。第二次产业革命发生在20世纪初期，以电气化、化学应用和内燃机三项技术的发明和使用为标志，电力的大规模使用、更高效的钢铁冶炼法和合金、流水线生产方式带来了产业结构、经济增长和社会结构的巨大变化，所谓“电气时代”。第三次产业革命则各有各的说法，有学者认为是信息革命；里夫金则认为是新型信息技术与全新的能源系统的结合，有的认为已经开始，有的认为即将来临。

二、能源转型是产业革命的原动力

技术革命往往会引起社会生产方式和生活方式的巨大改变，即引起物质生产技术的重大进步和诞生全新的产业。

剖析以往历次产业革命的成因，新的能源结构为产业革命提供基础和先导，产业革命则是能源转型的成果展现。第一次产业革命是以煤炭为动力的蒸汽系统与工业制造相结合，开启了人类的大机器时代；第二次产业革命的重要标志是以石油为动力的内燃机技术与电信技术相结合，使人类进入电气化时代；第三次产业革命我们认为将是以生物能源为主导的新能源体系与互联网等新技术有机结合。

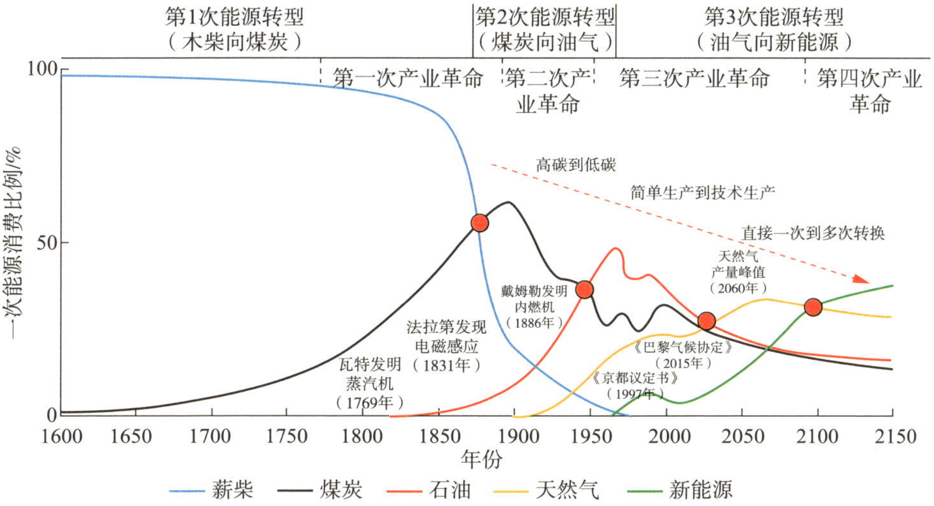

工业革命中的能源转型

资料来源：邹才能，杨智，何东博，等. 常规—非常规天然气理论、技术及前景［J］. 石油勘探与开发，2018，45（4）：575-587.

在以往的产业革命中，化石燃料与相应的蒸汽机、内燃机等动力设备有机结合，在提供动力的同时将 CO_2 等废弃物排放到大自然，快速改变了地球的碳环境，给人类的发展带来了许多的不确定性。

人类使用化石燃料创造了辉煌的碳工业文明，但也付出了沉重的代价，在即将到来的第三次产业革命中，围绕碳进行的能源革命将成主旋律。生物能源将作为能源供应主体，化石燃料逐渐变为补充能源，这种趋势是必然的。将人类从有限的化石能源中解放出来，其意义是不可估量的。

（一）煤炭等一次能源直接使用，人类进入第一次产业革命

在新航路开辟及海外贸易的推动下，16—17 世纪英国经济获得了快速发展，人口显著增加，传统手工业如冶炼业、煮盐业、啤酒业、砖瓦烧制、玻璃制造等迅速发展，使得英国原本就紧张的柴薪供应雪上加霜，最终导致森林资源消耗殆尽，引发了“柴薪能源危机”。“从 1500 年到 1630 年的 130 年间，英国木柴价格上涨了 7 倍”“1666 年伦敦大火之后，重建所需的木料竟然全部需要进口”，“柴薪能源危机”迫使英国人将目光转向廉价而丰富的煤炭资源。

英国 17 世纪完成第一次能源转型时，以蒸汽为代表的工业革命尚未发生。但是瓦特改造出来真正意义上的蒸汽机后，技术进步和能源转型相互促进，产生了巨大的影响。蒸汽机为机器提供了更加便利的动力来源，极大地推动了机器的普及和发展，实现了从手工业到机器工业的转变，推动了人类社会的进步。第一次产业革命本质上是对煤炭的直接利用，使自然界中的生物能转换成热能，再由热能转换成机械能，人类社会由此进入“蒸汽时代”。

瓦特和他发明的蒸汽机

以煤炭为燃料的蒸汽机的发明，对人类社会的影响巨大。首先，以人力、马力等作为动力源的传统交通行业发生翻天覆地的变化。以蒸汽机为动力的蒸汽机车、蒸汽火车、蒸汽汽船等交通工具不断被发明出来。其次，蒸汽机的出现极大地推动了生产方式的跨越式进步。蒸汽机被广泛应用于纺织、机械、化工、冶金、采矿等工业，跨越了人类社会以水力、畜力以及人力等作为主要动力的时代，开辟了人类社会以蒸汽机为动力的大机器新时代，大大提高了生产效率。在一次能源利用的基础上，人类社会进入了工业经济时代。

（二）石油、天然气的广泛应用，人类步入第二次产业革命

不同类型的能源在开采和使用中具有不同的生产功效。人类对自然资源不断进行深入探索与研究，使得各类能源使用率提高，提供燃料与动力的同时催生出不同形式的产业。改变传统的能源利用方式，对不同类型能源的研发和使用，可以促进不同产业经济发展。

汽油更高的热值和效能使得内燃机较蒸汽机更轻便、更高效，以汽油为燃料的机械比以煤炭为燃料的机械优势明显。这种优势在第一次世界大战当中得以明显体现。英国皇家海军放弃本国优质而充足的煤炭燃料转向燃油动力是最有说服力的典型案例。继煤炭资源的开发和使用后，人类对天然气和石油的开采力度不断加大，为汽车、飞机和其他化工类产业的发展提供了动力。

19 世纪末 20 世纪初，柴油、汽油等石油炼制技术的进步以及内燃机、汽车的发明与改进是推动石油得以广泛应用并成为主导能源的关键因素。这也解释了从 1859 年到 1910 年的 50 多年中，石油主要作为照明的煤油来使用，需求量和销售量都非常有限，但直到 1910 年以后石油的需求量才开始飙升的现象。1910 年，与美国的能源转型同步，石油在世界能源消费结构中的比例占到了 5%。到 1965 年，石油在世界能源消费结构中的比重上升为 39.4%，首次超过煤炭，跃居世界能源消费结构首位。1965 年成了现代国际能源体系的转折点，即国际能源体系完成了由煤炭向石油的转型。

就技术而言，在蒸汽机推动人类社会不断进步的进程中，法拉第发现了电磁感应现象，即电力。电力的产生、传输以及使用方式更加便捷、高效，电能在工业中取代了蒸汽机。二次能源电能的出现，使发电机和电动机广泛应用于工业及日常生活，推动了人类社会进入电气时代。首先，电动机把电能转化成机械能，电力替代蒸汽机，成为带动机器的新动力。制造业中电气机械设备，包括机床、冲床切割机等自动化生产线，在电动机的带动下，生产效率更高，生产精度更准。其次，电力技术照亮了世界和推动了电信事业的空前发展。人类社会出现了五光十色的霓虹灯，留声机给人类社会带来了音乐，电话机拉近了人们的距离，电影更是多种艺术的综合，是视觉和听觉上的艺术享受。由此可见，电能等二次能源的利用，革新了人类社会的生活方式，改变了社会的产业与经济格局。

第二次产业革命

三、生物能源产业革命的临界点

（一）前两次能源产业革命的遗产

能源是工业革命的原动力，柴薪能源使人类度过了第四纪冰期，文明和智慧得到了持续发展，但是数千年的封建社会，始终处在农耕文明和草原文明的争斗过程之中。煤炭的广泛使用以及蒸汽机的发明，极大地提高了人类所拥有的能力和能量，带来了第一次工业革命。而更高效和便利的石油与天然气的发现以及内燃机的发明，进一步提高了人类拥有、控制和使用化石能源的能力，带来了第二次工业革命。

两次能源变革产生的工业革命，从根本上改变了人类的生活和生存模式，为人类带来了繁荣、富裕、强大，实现了工业革命前人类能够想象的所有目标。当然，实现这些目标的前提是使用化石能源，但由于化石能源的不可再生性，使人类不得不开始担忧化石能源的可持续性。

当我们担忧化石能源资源的可持续性时，却忽略了两次工业革命附带产生的另一种资源——CO_2。

从第四纪冰期开始，地球大气中的 CO_2 浓度在冰期最低点为略高于180ppm，间冰期为 280ppm 左右，到工业革命前始终保持在 280ppm 左右，两次工业革命彻底终结了 CO_2 贫瘠的状态，平均每年释放 335 亿 t CO_2，短短270 年，CO_2 浓度上升了 48%，已经恢复到 3000 万年前古近纪生物快速发展时期的水平。

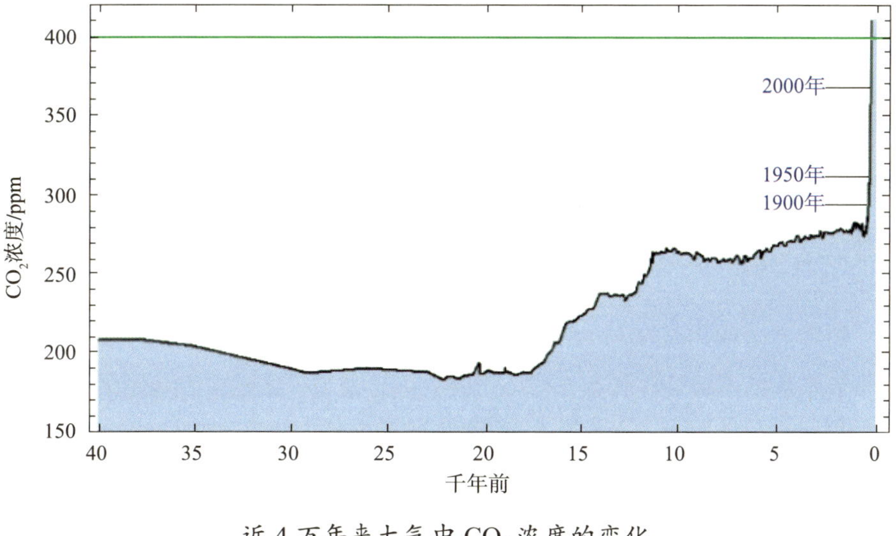

近 4 万年来大气中 CO_2 浓度的变化

资料来源：网易号“动物博览 & 动物志”。

（二）危机已经度过

当大气中 CO_2 浓度为280ppm时，不能满足人类人口不断增加的生存需求，在地球历史上，这是处在冰川后期生物灭绝和长期沙漠化阶段的水平。

在地球陆地产生生物以来的历次生物大灭绝事件，如石炭—二叠纪大灭绝、三叠纪大灭绝、侏罗纪大灭绝以及人类经历的新生代灭绝等，均发生在这一阶段。

人类所经历的灭绝事件的标志是第四纪大冰期和与之伴生的沙尘暴黄土沉积，这一阶段包括剑齿虎、猛犸象、三齿马等大量动植物遭到灭绝，被认为是地球五大灭绝事件之后正在进行的第六大生物灭绝期。

人类在经历 CO_2 处于 280ppm 水平的漫长过程中，通过学会火与工具的使用、居住环境的建设、纺织与御寒装置的改善，实现了在生存竞争中的不断发展。

而在这一 CO_2 浓度水平上，气候寒冷，光合作用效率低，随着人口与资源消耗的不断增加，人类对柴薪燃料的需求，必然导致森林砍伐量大于森林再生量，植被退化和沙漠扩展不可逆转，地球环境的恶化和对有限资源的争夺给人类带来数千年不断战争与掠夺。

而在经过两次产业革命后的 2022 年，大气 CO_2 浓度已经恢复到 420ppm 左右，初步达到地球历史上生态系统可以良性发展的水平，同时在不久的未来我们即将看到，植被与森林增长即碳汇的增长速度将大于 CO_2 排放增长的速度。

地球碳循环过程中的生态危机已经度过。

（三）碳排放——人与自然达成共识

植物光合作用强度与大气中 CO_2 浓度成正比，目前，大气中的 CO_2 对植物来说虽然还不是最佳状态，但今天大气中碳增量的主要来源是使用化石燃料产生的 CO_2，这也是人类对 CO_2 正调节的关键点。随着化石能源的开采和应用，大气中的 CO_2 将逐步增加并接近植物生长的最佳状态。

但是，如果将地下化石能源全部开采并使用完毕，地球将回到煤炭化石能源尚未形成的石炭纪早期，则可使大气中的 CO_2 达到今天的十几倍以上。如前所述，当大气中 CO_2 浓度达到 1000ppm 时，植物生长进入最佳状态；但当大气中 CO_2 浓度超过 1000ppm 时，人类生活将感到不适，进一步提高时人们将会变得反应迟钝甚至感到窒息。

好在人类已经意识到过度开采和使用化石能源所产生的碳排放带来的风险，现已采取了一系列控制化石能源使用以减少和控制碳排放的有效措施，并就控制碳排放的目标达成共识，主要工业化国家均已确定明确的目标和措施。

与此同时，大自然也在积极配合和主动调节地球的碳平衡：植被和森林面积加速增长，沙漠化在加速退化，生物质碳汇规模和速度快速增加，水循环加快，降水量普遍增加。

人与自然正在趋于协调发展，而且人类掌握的 CO_2 正调节的潜力是巨大的，合理地控制 CO_2 的增长规模将使人类在可利用资源不断丰富的同时，避免 CO_2 过度增长给人类带来的不适和灾难。

森林是地球重要的碳库

四、碳汇与生物能——全面推动第三次能源产业革命

太阳每年给予地球的阳光依旧，地球丰富的水资源源源不断，一旦 CO_2 达到适宜的水平，光合作用将成为吸收、储存和利用太阳能的最佳途径：生物质将出现爆发式增长，碳捕捉和碳封存将成为过去的故事，随着生物能源的产生成本低于包括化石能源在内的所有能源的成本，以化石能源为基础的工业体系和许多新能源产业将再次面临被淘汰的局面。

随着地球碳环境的改善，人类将有能力实现光、温、水、肥、种最佳搭配，使更多的 CO_2 成为生物质体量与增长速度的物质基础，从而实现地球大气中 CO_2 的负调节，即碳中和。

在 CO_2 的增加以及上述碳中和与碳汇的过程中，人类将获得充分调节地球能源与生态的杠杆，地球生物质的发展规模在现代人类的意愿下，将具有更大的调节余地，直至充分满足人类能源发展的需要和第三次产业革命的完成。

一个新的产业革命将在碳汇与生物能的推动下全面开启。

第二节

水利与灌溉工程将成为最大的基础产业

一、重新定义水利与灌溉工程

传统意义上的水利工程以满足农业灌溉与防洪防涝为目的，更多的是公益工程。随着大气中 CO_2 快速增加以及生物工程技术的快速发展，单位生物质所产生的耗水将逐步减少，农产品和生物质产量快速增加，水资源的单位应用效率成倍增长，水资源的需求量与战略意义快速提升。水利与灌溉的定义已不仅是满足人类粮食与蔬菜的需要，而且是满足人类能源发展并使生物能源最终取代化石能源的需要；根本改善地球生态，实现环境和谐可持续发展的需要；

调节气候，抑制升温，实现 CO_2 动态平衡的需要；同时也将成为资本与公众投资产业的热点。

二、生物技术将相同耗水量下的生物质产量成倍提高

在长期的进化过程中，植物通过体内水分平衡即根系吸收水和叶片蒸腾水之间的平衡适应周围的水环境。气孔能够自动开闭，当水分充足时气孔张开以保证气体交换，当缺水干旱时便关闭以减少水分的散失。植物表皮生有一层厚厚的蜡质，可减少水分的蒸发。有些植物的气孔深陷在叶内，有助于减少水分的蒸发。生物技术改变这一切，它使得植物光合作用效率提高，同时大大降低植物的蒸腾作用，提高了植物的水分利用率，使其更具抗旱功能。

在 CO_2 足量的情况下，植物的气孔只需稍微张开就能吸收足够的 CO_2，植物通过蒸腾作用损失的水分就会大大减少。实现在同样的水量灌溉时，植物生长得更快、更高大。

研究人员通过转基因技术提高植物的光合作用能力，使植株的高度和 CO_2 吸收能力增加。研究人员从海苔中分离出陆生植物缺失的蛋白质的基因，将这种基因植入拟南芥体内。待转基因拟南芥结出种子后，研究人员种下这些种子和一些普通拟南芥的种子，发芽 60 天后，比较两种植株的生长状况。对比结果显示，在同样需水量的情况下，转基因拟南芥植株高度约是普通拟南芥的 1.3~1.5 倍，光合作用合成的淀粉量比普通拟南芥多 20%，CO_2 吸收量也增加了 30%。

德国的一个研究小组经过多年对大麦、小麦和甜菜的研究，CO_2 富集区的植物多生长了 10%~15% 的物质，而且还减少了 5%~20% 的需水量。

三、节水灌溉技术对水资源应用效率与经济性的影响

当前世界各国节水灌溉的主要措施包括渠道防渗、低压管灌、喷灌、微灌等。统计表明，喷灌可节水 30%~50%，微灌可节水 45%~70%，滴灌灌水效率可提高 40%~50%，欧美发达国家 60%~80% 的灌溉面积采用喷灌、滴灌的灌溉方法，农业灌溉率约为 70%。

现代新型灌溉技术

《中国节水灌溉行业深度调研与投资战略规划分析报告前瞻》数据显示，目前，全世界的总耕地面积仅为 15 亿 hm^2，有灌排设施的耕地面积仅占 27%，却生产出全世界 55% 的粮食，如果应用基因工程技术，再辅以新型灌溉措施，生物质的生长速度将进一步提高。

（一）喷灌技术

喷灌利用管道将有压水送到灌溉地段，并通过喷头分散成细小水滴，均匀地喷洒到田间，对作物进行灌溉。它作为一种先进的机械化、半机械化灌水方式，在很多发达国家已广泛采用。

喷灌的主要优点如下：①节水效果显著，水的利用率可达 80%。一般情况下，喷灌与地面灌溉相比，1m^3 水可以当 2m^3 水用。②作物增产幅度大，一般可达 20%~40%。其原因是取消了农渠、毛渠、田间灌水沟及畦埂，增加了 15%~20% 的播种面积；灌水均匀，土壤不板结，有利于抢季节、保全苗；改善了田间小气候和农业生态环境。③大大减少了田间渠系建设及管理维护和平整土地等的工作量。④减少了农民用于灌水的费用和劳动力，增加了农民的收入。⑤有利于加快实现农业机械化、产业化、现代化。⑥避免由于过量灌溉造成土壤次生盐碱化。常用的喷灌有管道式、平移式、中心支轴式、卷盘式和轻小型机组式。

（二）微灌技术

微灌分为滴灌、微喷灌、雾灌等灌溉技术。

（1）滴灌：利用塑料管道将水通过直径约 10mm 毛管上的孔口或滴头送到作物根部进行局部灌溉。它是目前干旱缺水地区最有效的一种节水灌溉方式，水的利用率可达 95%。滴灌较喷灌具有更高的节水增产效果，同时可以结合施肥，提高肥效 1 倍以上；适用于果树、蔬菜、经济作物以及温室大棚灌溉，在干旱缺水的地方也可用于大田作物灌溉。

（2）微喷灌：是通过低压管道系统以小的流量将水喷洒到土壤表面进行灌溉的一种灌水方法。这是在喷灌和滴灌技术基础上逐步形成的一种灌水技术。

（3）雾灌：雾化灌溉的简称，是近年来新发展的一种灌溉技术，是通过低压管网将首部加压的水输送到田间，再通过特别的雾化喷头将水喷洒成雾状进行灌溉的方法。

（三）地下灌溉技术

地下灌溉技术是利用修筑在地下的管道将灌溉水引入田间耕作层，借毛细管作用自下而上湿润作物根区附近的土壤的灌水方法。地下灌溉包括地下水浸润灌溉和地下渗灌。

目前，渗灌技术建设投资大、施工技术复杂，尚不普及，是将要发展的一种新灌溉技术，它的优点如下：①不破坏土壤结构，上层能保持良好的通气状态，水、热、气三因素的比例协调，并能自动调节，能均匀地输送水分和养分，为植物提供稳定的生长环境，增产效果显著。②地表含水率较低，蒸发很少，输水基本无损失，水的利用率高，比喷灌节水 50%~70%。③灌溉水只需低压输送，一般约 0.2MPa 即可，且流量小、扬程低，减少了装机容量，节能效果好。④地表下 5~10cm 厚的土壤控制在干燥条件下，不具备温湿环境，能减少病虫草害的滋生，可节约农药费用。

（四）管道输水

管道输水是利用管道将水直接输送到田间灌溉，以减少水在明渠输送过程中的渗漏和蒸发损失。发达国家的灌溉输水已大量采用管道。目前，中国北方井灌区的管道输水推广应用较快。常用的管材有混凝土管、塑料硬（软）管及金属管等。管道输水与渠道输水相比，具有输水迅速、节水、省地、增产等优点，其效益为：水的利用率可提高到 95%；节电 20%~30%；省地 2%~3%；增产幅度为 10%。如采用低压塑料管道输水，不计水源工程建设投资，亩投资为 100~150 元。

在有条件的地方，应结合实际积极发展管道输水。但是，管道输水仅减少了输水过程中的水量损失，而要真正做到高效用水，还应配套喷灌、滴灌等田间节水设施。目前尚无力配套喷灌、滴灌设备的地方，对管道布设及管材承压能力等应考虑今后发展喷灌、滴灌的要求，以免造成浪费。

四、水利与灌溉工程将成为最大的基础产业

（一）由目前的公益行为转化为营利性的商业工程

在全世界发展生物能源开始起步之时，与之相配套的水利灌溉工程也应运而生，并逐渐发挥其在生物能源产业上的关键作用。

开发生物能源对水资源的需求主要是能源作物种植对水的需求。一方面利用生物技术提高能源作物的光合作用效率和 CO_2 的利用率；另一方面通过节水灌溉，特别是滴灌技术为能源植物的种植提供必要的用水。

全球每年经光合作用产生的生物质约 1700 亿 t，其能量相当于世界主要燃料贡献的 10 倍。如果地球生物质在未来新的条件和环境下以每年 10% 的速度增长，每年需水量将以 6% 的速度增长，按每产生 1kg 生物质所需用水量 0.5t 计算，全球生物质增长每年增加耗水量 5000km^3，以生物能源作为需求，评价

水利与灌溉工程将成为最大的基础产业

测算每吨生物质产生效益 500 元，全球产生 8.5×10^5 亿元的经济规模。这就为水利工程建设提供了相当大的盈利空间。借助生物技术和节水滴灌技术，不仅避开了与农争水的问题，还大大提高了能源植物的水分利用率，使传统水利工程由不盈利的公益行为转化为有巨大盈利空间的商业性投资项目。

（二）将成为继交通、房地产之后最大的基础产业

1. 房地产与人均 GDP 的贡献进入稳定期

世界银行研究报告显示，一国住宅产业在人均 GDP 为 300 美元时开始起步，至 1300 美元时进入稳定的快速增长期，至 1500 美元时达到增速的峰值，一直到 8000 美元时才进入平稳期，超过 13000 美元时房地产将开始衰退。中国自 2001 年人均 GDP 超过 1000 美元，开始带动一系列大宗商品的消费；2003 年，人均 GDP 为 1270 美元，住房消费增速超过 20%；2001 年，房地产消费市场的兴旺拉开了中国进入消费升级周期的序幕；2013 年中国人均 GDP 接近 6000 美元，2021 年中国人均 GDP 超过 8000 美元，中国房地产进入理论上的平稳期，预计 2025 年房地产业将进入衰退期。

2. 公路、铁路建设与人均 GDP 预计 2030 年达到饱和

2008 年，中国人均 GDP 大约 3300 美元，2021 年超过了 8000 美元。根据世界主要发达国家的资料分析，当人均 GDP 从 1000 美元上升到 3000 美元时，居民主要消费结构就会发生较大变化，用于交通和通信消费支出的平均比重将稳步上升，从 8%~9% 上升到 11%~12%。人口的增长、城市化率的提高及交通消费支出比重的上升，会导致全社会客运需求迅速增长。但是到 2020 年后，随着人均 GDP 的增长，人口老龄化导致人口下降和城市化建设基本达到饱和，因此交通消费支出比重下降，预计 2030 年达到饱和。因而，未来道路交通建设投资将减少。

3. 水利与灌溉工程将成为新的经济发展引擎

随着生物能源成本开始逐步低于化石能源的成本，对于生物能源的投资会快速增加。发展生物能源，一是需要生物工程技术，特别是基因工程技术；二是需要用于灌溉的水资源配套设施，无论是生物能源原材料的种植，还是工业化，水是必要的组成部分。这就为水利与灌溉工程建设提供了广阔的发展和投资空间。在 30~50 年后，由于生物能源产业带动下的农业种植规模不断扩大，对于其配套的水利灌溉设施的投资也越来越有吸引力，水利与灌溉工程的发展随着生物能源的发展加速而加速，并成为最大规模和最安全的投资项目，将成为数十年后新的经济发展引擎。

第三节

农业革命与社会财富的再分配

第三次能源产业革命后，基于生物质原料生产的现代农业将成为全球第一大经济产业，而现代农业的生产者和生产资料的拥有者将拥有社会最大的财富。

一、基因工程推动下的生物能源

生物能源的开发与生物技术、基因工程密不可分。其中包括促进光能产物的积累，促进采收后纤维素的降解，以及为了使能源植物在缺水的环境中生长，要使这些植物耐受低温、增加一年中光能的转化时间。这些都可以通过基因操作技术来实现。

科学家已经开始了对转变农作物基因的研究，对农作物进行特殊的基因改变，使这些转基因作物能够专门用于生产燃料乙醇和其他生物燃料。在能源植物种植方面，利用植物基因工程技术，改善植物自身性状，包括减少植物自身细胞中木质素含量、细胞中积累表达纤维素酶和木聚糖酶等方法，使自身产生的生物质更利于降解利用。目前，这种新的能源转基因植物也得到了广泛种植。

转基因作物的培养

（一）转基因作物已带来农产品的快速增长

过去 20 年，基因技术在农业方面的应用取得了巨大成功，引领着现代农业科技的发展方向。在实现多种作物的产量大幅提升，生产成本大幅降低的过程中，基因工程技术取得了极大的进步，不断拓展到新的领域。在第四次工业革命进程中，生物质能无疑是基因工程的突破方向。

1996 年，转基因玉米在美国进入商业化种植阶段，转基因农作物获得批准进入田间试验，此后全球转基因作物的研发和产业化迅猛发展。2017 年，全球转基因作物种植面积达到 190Mkm^2，相比 1996 年增长 100 多倍。转基因作物实现商业化种植以来，其在种植面积、种植国家数量、作物种类、经济效益等方面呈现迅速增长态势，创造了巨大的经济效益、社会效益和生态效益。

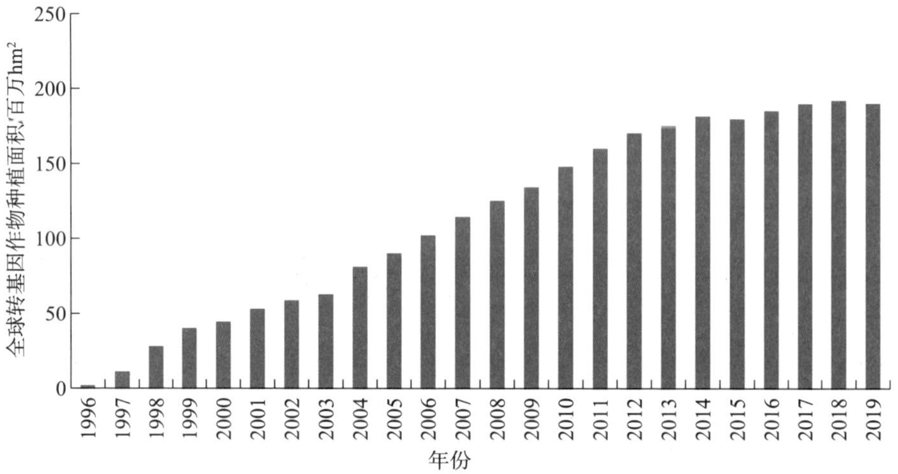

全球转基因作物种植面积变化

资料来源：万得（Wind）。

过去 20 年，基因工程主要针对农副产品开展，主要目的在于解决全球性的粮食安全问题。从全球转基因作物种植品种来看，以大豆、玉米、棉花、油菜四大作物为主。2017 年，四大转基因农作物种植面积合计占比达到了 98.21%。

自转基因技术诞生以来，抗虫和耐受除草剂一直是性状研发的主流，但是观察近几年各国批准的准基因品种可以发现，其他的转基因性状正在逐渐增加，如苜蓿调控木质素含量的性状以及玉米直链淀粉含量高的性状等。生物技术的应用目前还主要集中于农作物方面，相较而言，生物能源方面的技术仍然处于局部试验阶段，并未大面积推广，未来潜力巨大。

（二）生物能源是基因工程未来发展的主要领域

转基因技术开辟了生物能源研究的领域，即开发改造可用于生物燃料生产的生物能源。许多转基因技术实力雄厚的大型跨国种业公司，如孟山都、先正达、杜邦等，都将目光转向对生物燃料生产原料的转基因改造。

转基因技术在生物能源研发中的关键作用是对生物质原料基本生理生化过程的研究改造，包括植物细胞壁构成的调节、植物结构、细胞大小、营养分配、木质素形成、营养摄取、碳分配及温度和干旱所引起的反应等，以提高生物质原料的产率、产量及转化效率。目前转基因技术已在玉米、甘蔗、杨树和藻类等生物能源原料作物的改造过程中普遍使用。

生物工程技术用于生物能源原料的研发具有明显的优势和巨大的发展前景。如果生物工程技术在未来生物能源产业发展中得到广泛研究和应用，必将成为生物能源产业开疆拓土的生力军。科学家都在加紧研究和攻关，一个巨大的产业正在形成。

（三）全球生物能源产量将成倍增长

2013 年，经济合作与发展组织和联合国粮食及农业组织的报告预测，未来 10 年，生物柴油和燃料乙醇的产量将大幅增加，其中生物柴油产量将比乙醇产量增长更为迅速，到 2022 年可达 410 亿 L。尽管该报告的结论在当时显得很大胆，但是今天我们用本书的观点重新审视就会发现，该报告由于没有考虑碳环境的改变而远远低估了生物质的增长潜力及生物能源的成长速度。实际数据显示，早在 2019 年全球生物柴油产量已经达到约 4570 万 t，接近 540 亿 L。

根据国际能源署（IEA）2022 年的最新统计数据，现代生物能源在全球已成为第一大可再生能源，在可再生能源终端市场占比 55%，超过风能、太阳能、水能、地热能的总和，在全球能源供应链中占比 6%。在全球“零碳”战略引导下，生物能源在全球的使用量持续增加，2010 年至 2021 年，年平均增长率为 7%。IEA 呼吁全球加大对生物能源的重视，争取在 2021 年至 2030 年达到每年 10% 的增长率。

全球综合数据资料库 Statista 数据显示，2000 年至 2021 年，全球生物燃料日产量从 18.7 万桶油当量增长至 174.7 万桶油当量。生物燃料产量的大幅增长离不开全球各国相关政策的推动与支持。截至 2022 年，巴西、印度及美国近 5 年的生物燃料年均增量保持在 20% 以上，巴西及美国还成功跻身全球四大生物燃料生产国。

英国石油公司（BP）2023 年版《bp 世界能源展望》中，在“快速转型情景”和“净零情景”下，全球范围内传统生物能源向现代生物能源转型明显，到 2050 年，现代生物能源供应将增加一倍以上，达 65EJ 左右，约合 18 万亿 kW · h。而未来现代生物能源需求增长最大的是固体生物质能。固体生物质能主要用于电力行业，展望期内，“快速转型情景”里该行业的生物质能消费将增至 3 倍。剩余的大部分用于帮助难以减排的工业过程，特别是水泥和钢铁制造业脱碳。

在“快速转型情景”和“净零情景”下，到 2050 年，生物燃料的产量将增至 3 倍，达到 10EJ 左右，其中大部分用于航空行业。到 2050 年，生物衍生可持续航空燃料（生物航煤），在“快速转型情景”下将占航空需求总量的 30%，在“净零情景”下将占 45%，其中美国和欧洲的生物航煤增长将占 50%~60%，这得益于激励措施和强制执行。

二、现有草原、森林的升级换代

（一）部分草原升级为森林的经济规模

地球陆地生态系统中生物总量重约 1800Gt，其中森林生物总量重 1600Gt，为农田和草原的 20~100 倍。粗略估计，陆地森林储存的能量每千平方米达 9.75×10^9kJ，按现有草原面积的一半 31.58/2=15.79 亿 km^2（$1km^2=100hm^2$）折算，如果一半的草原面积种植森林的话，可以储存能量达 1.54×10^{19}kJ，相当于 375.2Gt 碳干物质。如果按 $1hm^2$ 阔叶林每天可吸收 1t CO_2 计算，15.79 亿 hm^2 的草原面积可吸收 15.79Gt CO_2。由此可见，部分草原被森林替代后潜力巨大，经济规模明显。

（二）灌木升级为乔木的经济规模

灌木是没有明显主干的木本植物，植株一般比较矮小，不会超过 6m，从近地面的地方就开始丛生出横生的枝干，如玫瑰、龙船花、映山红、牡丹等。乔木类树体高大（通常 6m 至数十米），具有明显的高大主干；又可依其高度分为伟乔（31m 以上）、大乔（21~30m）、中乔（11~20m）、小乔（6~10m）四级，如木棉、松树、玉兰、白桦等。

乔木是森林的主要组成部分，世界森林 90% 以上是乔木林。世界森林面积达 40 亿 hm^2，约占土地面积（不含内陆水域面积）的 31%，人均森林面积 $0.6hm^2$。全球人工林面积 2.64 亿 hm^2，约占世界森林面积的 7%。从森林功能来看，全球商品林面积接近 12 亿 hm^2，生物多样性保护林面积超过 4.6 亿 hm^2，防护林面积 3.3 亿 hm^2，分别占世界森林面积的 30%、12% 和 8%。从森林权属来看，公有林面积占世界森林面积的 80%。全球森林碳储量达到 289Gt。目前，世界灌木林面积 6.24 亿 hm^2，如果将其改造成乔木林，按照 $1hm^2$ 阔叶林每天可吸收 $1tCO_2$ 计算，可吸收 0.624Gt CO_2，同时可以储存能量 $6.07 \times 10^{16}kJ$，相当于 148.2Gt 干物质的规模。

灌木

乔木

以乔木林为经济林的固碳制氧功能在其生态系统服务中居于首位，仅以我国为例，2021 年底全国经济林面积超过 4000 万 hm^2，占全国林地面积的 14% 以上，其固碳释氧效益不可限量。因此，以乔木林作为经济林取代升级灌木林是经济效益和生态效益兼具的发展方向。

（三）森林换代与林木品种升级的经济规模

生物工程技术的发展，使得提高单位面积森林光合效率和固碳能力成为可能。以松杉为例，高世代良种的应用可直接提高松杉人工林的产量和质量，提升其对贫瘠造林地的适应性，拓宽松杉高产区，从整体上提高我国松杉林单位面积的蓄积量。杉木三代和松树二代良种材积增益分别较其二代和一代良种可提高 10% 和 15%，一个轮伐期内每亩可增加木材 $1m^3$，若以更新造林松杉人工林 800 万亩计，可增产木材 800 万 m^3，按每立方米规格木材 800 元计，仅此一项就可增收 64 亿元。通过种质创新、良种扩繁及产业示范，“十三五”末我国木材产量比“十二五”末提高 40% 左右，增产木材约 3000 万 m^3，每立方米木材价格以平均 800 元计，可增加产值高达 240 亿元。

林木种质创新及育种技术提升是良种培育的主要途径。在很多林业发达国家，林木良种率达 90% 以上，基本实现了造林良种化。桉树、杨树是我国南北方商品材主产区最重要的速生高产阔叶用材树种，是培育短周期工业纸浆和胶合板材用材林的首选树种，其木材产量已占全国木材总量的 30% 以上。

三、向沙漠进军

（一）沙漠气候的改善与灌溉技术的普及

近 10 年来全球气候变化的特点是，气温增高，降水量总体增加，特别是由于温室效应的影响，沙漠地区降水量增加，沙漠气候有所改善，如中国荒漠化土地面积近年来持续快速缩小，已由 20 世纪末年均扩展 $10400km^2$ 变为“十三五”期间年均减少约 $7500km^2$。世界上其他地区的沙漠也减少了 5%～10%。

未来，在 CO_2、生物工程技术、新型灌溉技术和水利工程的共同作用下，沙漠将重新成为宝贵的土地资源，沙漠地区植树造林和林业产业将会获得大规模的发展。

（二）沙漠生物能源的经济性与商业推广

如今沙漠治理和全球变暖已经成为两个世界性难题，如果利用 CO_2 的动力机制，来共同解决这两个难题，那就催生了一种模式——生物能源治沙模式。通过多种政策和技术支持，让企业家的资本介入沙漠治理产业中并产生造血功能。

资料显示，在内蒙古西部地区可治理的沙漠（林地）有 40 万 km^2，通过营造沙生灌木能源林，利用灌木定期平茬抚育生物习性，在有效治理荒沙的同

沙漠绿洲

时，每年平均获得约 0.5Gt 生物质资源量，可为 2000 座 3000kW 装机容量的生物质能发电集群提供原料。早在 2005 年，内蒙古乌审旗就建立内蒙古毛乌素生物质热电公司，每年将平茬后的沙柳入炉发电，生物质发电项目在能源大市鄂尔多斯得到大力推广。生物质发电项目取得了良好的经济效益和社会效益，在给当地农牧民增加收益，提高农牧民治沙积极性的同时，建立了新的产业链，将工业与生态、民生直接挂钩，实现了可持续发展。

（三）生物能源在沙漠领域的无限前景

在治沙和减排双重利好的情况下，一方面要利用生物技术发展沙漠地区林木资源，另一方面要利用沙漠植被进行林木生物能源发电，或生产沼气制天然气，使沙漠林木资源转化为生物能源。例如，在沙漠地区建热电厂，以沙漠种植的沙柳为原料发电，不仅可以就地取材，而且减少了运输成本，产生的经济效益和生态效益也明显。治理 30 万亩沙地，其林木抚育剩余物就可以满足

重披绿装的毛乌素沙地

资料来源：陕西省榆林市委宣传部公众号。

30MW 装机的生物质发电燃料需求，中国有 6 亿亩可以治理的沙地，可新增 6000 万 kW 装机容量的生物质发电集群。

目前，我国已把小桐子、麻疯树、油桐、黄连木、文冠果、光皮树等树种作为生物能源树种进行生物能源林建设，数十年后，如果通过生物技术和水利灌溉工程将这些树种移植到沙漠地区，按照每年治理沙漠 500 万亩计算，50 年后将治理 2.5 亿亩，在我国 6 亿亩可以治理的沙地面积中，几个沙漠将会消失，同时可多产生 2.5 亿亩的森林、灌木和草本植被，按照 $1hm^2$ 阔叶林每天可吸收 1t CO_2 计算，可吸收 1.7Gt CO_2，同时可以储存能量 1.65×10^{17}kJ，相当于 403.7Gt 干物质的规模，产生的经济效益与社会效益前景无限。

虽然以上案例和思路在形成过程中过于理想或存在较大的非政策性投资风险，但我们认为，今天的 CO_2 和气候变化的方向与速度会使项目获得更多的机会和更小的风险。

四、农业重新回归第一大经济产业

20 世纪末期，原油和天然气价格激发了人们对生物燃料的浓厚兴趣。玉米、大豆、高粱等传统粮食作物不仅是饭桌上的主角，还变身为能源领域的新贵，但是，在当时的农业规模与自然环境条件下，粮食产量难以获得相应的增长，很快导致了世界粮食价格的快速上涨，抑制了生物能源产业的发展。但是几十年后的今天，生物质技术和生物农业的自然环境已经发生了巨大的改善，以生物能源农业为代表的新型农业正在重新回归为第一大经济产业。

（一）新型农业将逐步超越传统农业而快速发展

由于生物能源需要大量的农作物做原料，因此生物能源的前端是能源农业。生物工程技术，特别是转基因技术指导下的能源农业的任务是以生物能源为主要开发对象，以生化转化、物化转换等方式利用生物能源，从而达到从“黑色能源”向“绿色能源”转变。

宽敞而现代的垂直农场

虽然大自然通过光合作用每年产生大量生物质，但是目前世界上生物质的利用率还不到 7%。要真正取代化石能源还需要改进技术、降低生产成本，大力发展能源农业。

生物能源应用技术的发展和扩大，将极大地带动生物能源植物的需求，促进生物能源农业的发展，为能源种植业带来经济、环境和社会福利等方面持续可观的利益。全球已有数千万大型、小型和资源匮乏农户在种植以工业应用为目标的转基因作物方面获得了收益，并在继续扩大种植面积。

现代新型农业不再像传统农业那样单纯追求农产品的产量和使用价值，而是注重追求综合性的农业效益。它在追求农产品使用价值的同时，还追求环境的保护、碳汇与碳中和、生产的可持续性等。科技指导下的现代新型农业综合效益最大化，使农业由单一经济效益转为综合社会效益，由弱势产业变为极具活力的优势产业。

农业即将或已经超越以提供粮食和饲料为目标的种植业，即将成为人类向大自然全面提取各种资源的一个巨大的新型产业。

无人机检测农业生产

（二）新技术与规模化带来的契机

生物能源新技术与规模化发展的结果是工业生产成本不断降低，能源利用与转化效率不断提高，生物农业产品的需求量与盈利空间不断拓展。固化成型生物质燃料在日、欧、美等地早已商品化。生物柴油在欧洲、美国等发达国家和地区也已大规模工业化生产。巴西通过立法、制定标准及政策补贴等手段，推动以甘蔗为原料的生产。美国通过立法和政策支持燃料乙醇的推广使用。随着基因工程技术的进步和水利灌溉工程的建设，生物能源原料的种植成本会大大下降。

适度规模经营有利于企业合理配置资源，降低成本，提高人员、设备效率，以利于长远发展。随着生物技术的飞速发展，生物技术对于现代农业的支撑能力和潜力越来越高，建设农业高科技园区，汇聚国内外先进农业科技，形成高度密集的农业科技“硅谷”和农业技术市场已经成为趋势。

同时，与生物技术配套的设施，如播种、灌溉、收割、加工等各种机械化操作与控制也规模化和自动化，从而形成大规模工业化的新型农业体系。生物技术带动的现代农业将成为世界经济体系的最大经济支柱产业。

规模化农业将产生巨大的经济效益

（三）最大社会财富的生产者与拥有者

生物能源产业发展前景广阔，目前，生物质发电与生物燃料乙醇产业都已有一定的产业规模，至于生物天然气、生物质固体燃料、能源植物的培育与种植等领域，发展潜力巨大。

由于生物应用的特点（就近加工与转化），生物质资源拥有者也是生物能源加工产业的拥有者和参与者。以生物农业为产业的新型农业企业或新型农民将成为最大的社会财富拥有者。这是因为在未来社会及工业体系中，不仅是能源，还包括材料工业、化学工业，甚至第三产业都将以生物质资源为基础。土地与生物质资源将成为最宝贵的资源，而土地及其生物能源的拥有者将成为最大社会财富的拥有者。

对于欧洲许多国家来说，限于国土面积的狭小，生物质农业发展的余地有限。而对于中国这样幅员辽阔的大国来说，只要充分利用现有农林业用地和宜耕土地后备资源，合理开发宜林荒山荒地、沙漠和易改造的盐碱化耕地，就有发展能源农业的广阔前景。

以能源农业和能源林业为基础的生物燃油产业的大规模发展，不仅可以解决我国化石能源匮乏这一制约我国经济发展的“瓶颈”难题，还可以产生良好的生态效应。其种植和培养过程是碳汇即碳中和的过程，其能源利用实现了 CO_2 的零排放。

到 2050 年，生物燃油开发量如果能达到 0.105Gt，则可绿化约 3000 万 hm^2 荒山荒地，减排约 0.31Gt CO_2。同时，为我国农业生产开辟一条新的发展思路，成为促进农业生产、农民增收的新亮点。如果能够抓住这个契机，就有可能使我国从一个农业大国转化为绿色能源大国和碳减排大国。这一美好前景就在我们面前。

第四节

生物能源支持下的新型工业体系

一、能源体系的变革

如果说过去几次科技革命和产业革命大幅提高了人类改造自然的能力的话，那么，生物技术主导的第三次能源产业革命将再次引发生产力的飞跃。从经济社会发展需求看，生物能源产业的发展将为近 200 多年工业化以来日趋紧迫的资源环境等全球性问题提供新的解决手段。

生物质能大规模开发受生态环境、粮食安全、技术进步、开发经济性等多重因素影响，大规模化、经济成本等方面还未有较大优势，未来伴随基因测序、蛋白质组学、再生医学等生命科学和技术发展不断突破，终将成为人类的主导能源。

生物技术的大规模产业化估计会在 30 年后到来。近年来，基因测序、蛋白质组学、再生医学等生命科学和技术发展取得了一系列重大突破。生物技术在生物能源产业应用上一个重要的作用就是增加所含有可转化为能量的物质，即总体生物量。从生物质加工处理、生物质发电到生物质燃料的成型

未来生物能源工业体系

及应用，在石油枯竭时，将逐渐形成一套以生物能源为主的新型能源工业体系。

（一）电力供应

电力作为一种由一次能源转化而来的二次能源，具有便捷、清洁等特点，是人类能源供应的主要形式，也是应用最广泛的能源。随着新兴经济体日益繁荣，全球能源系统日趋电气化，电力需求在未来 30 年将强劲增长。在《bp 世界能源展望》报告中，到 2050 年，电力将成为世界主要的能源载体，从占终端消费的 20% 增长到接近 50%，总用电量将增加一倍以上。电气化加快在所有终端用途行业均很明显，前景最广阔的是建筑业，到 2050 年建筑业至少有一半的终端能源需求会电气化。

从这个角度看，终端能源消费中每年需要比现在多实现 1000TWh 的电能替代（相当于日本全年的发电量），为了满足这一额外的可再生电力需求，每年需要增加超过 520GW 的可再生能源发电装机。与此同时，可再生能源发电的比例必须从 2022 年的 28% 上升到 2030 年的 57%，到 2050 年占比接近 90%。

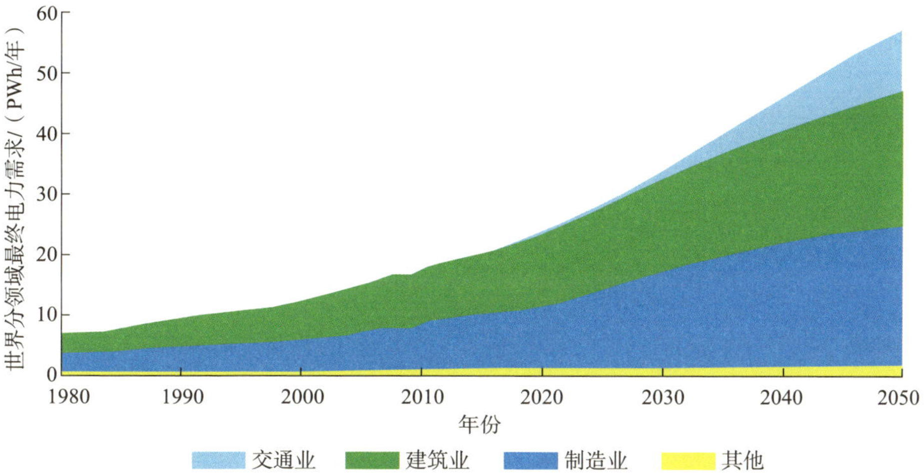

世界分领域最终电力需求

资料来源：邓彤. 新能源与第四次产业革命［M］. 北京：中国经济出版社，2019：340.

在全球各国积极支持和推动生物质能发电项目的情况下，全球生物质能发电得到了前所未有的发展，随着生物质生产成本的降低，生物质发电将逐步提高经济性，并最终替代化石能源。

（二）生物燃料替代化石燃料

无论生物质原料以何种形式存在，最终均以生物制天然气、生物制氢、生物制柴油和生物燃料乙醇等形式存在，共同构成全球生物能源。英国石油公司的长期监测数据显示，全球生物燃料产量整体保持持续增长的趋势。全球综合数据资料库 Statista 显示，2000 年至 2021 年，全球生物燃料日产量从 18.7 万桶油当量增长至 174.7 万桶油当量。

（1）燃料乙醇。燃料乙醇是目前全球范围内应用最广泛、最具潜力替代汽油的生物燃料，在美国、巴西等一些国家和地区得到广泛使用。目前，80% 左右的乙醇以淀粉质为原料，另有 10% 的乙醇用废糖蜜生产，而以纤维素原料生产的乙醇仅占约 2%。发展木质纤维素生产乙醇的综合利用技术，被认为是燃料乙醇获得突破式发展的关键。燃料乙醇的重要工业发展方向为开发利用纤维素、菊芋、木薯、玉米等多种原料生产乙醇工艺。

（2）生物柴油。生物柴油被公认为环境友好型燃料，具有高热值、无污染、成本可控的优势。更为重要的是，无须对现有柴油发动机进行任何改造即可使用，且对发动机具有一定的保护作用。目前，美国、加拿大、巴西、日本、澳大利亚及印度等国都在积极发展生物柴油产业。

（3）生物制氢。生物质气化是所有生物质热化学加工中开发最早、最接近生产规模的技术，可替代煤炭气化制氢。目前，全球较好的高纯度氢气技术利用 1kg 生物质理论上可产生 165g 氢气。

（4）沼气开发。近年来，世界天然气应用发展迅速，但是地球天然气资源有限，最迟也会与石油同时枯竭。沼气与天然气同根同源，只需略加改造即可与天然气无缝对接，直至完全取代。目前这方面我国已经进入商业化应用阶段，可以在广大农村、农场等生物残渣丰富的地区大力推广，并可改善当地的生活环境和居住条件。

（三）能源技术的变革

生物能源的开发与生物技术、基因工程密不可分。科学家已经开始了转变农作物基因的研究，对农作物进行特殊的基因改变，使这些转基因作物能够专门用于生产燃料乙醇和其他生物燃料。在能源植物种植方面，利用植物基因工程技术，改善植物自身性状，包括减少植物自身细胞中木质素含量、细胞中积累表达纤维素酶和木聚糖酶等方法，使自身产生的生物质更利于降解利用。这种新的能源转基因植物也得到了广泛种植。转基因技术在农业方面的应用取得了巨大成功，引领着现代农业科技的发展方向。转基因育种产业的发展已经使多种作物的产量实现大幅提升，同时生产成本大幅降低。

我们可以畅想在未来，大规模的煤矿及油田开采将被分散的人造林、生物能源种植园替代，生物能源替代传统化石能源的过程正在发生，它以生物技术为核心，以绿色生物能源应用与转化为目的，牵涉到每一个国家、每一个人，将引发一场新的能源产业革命。

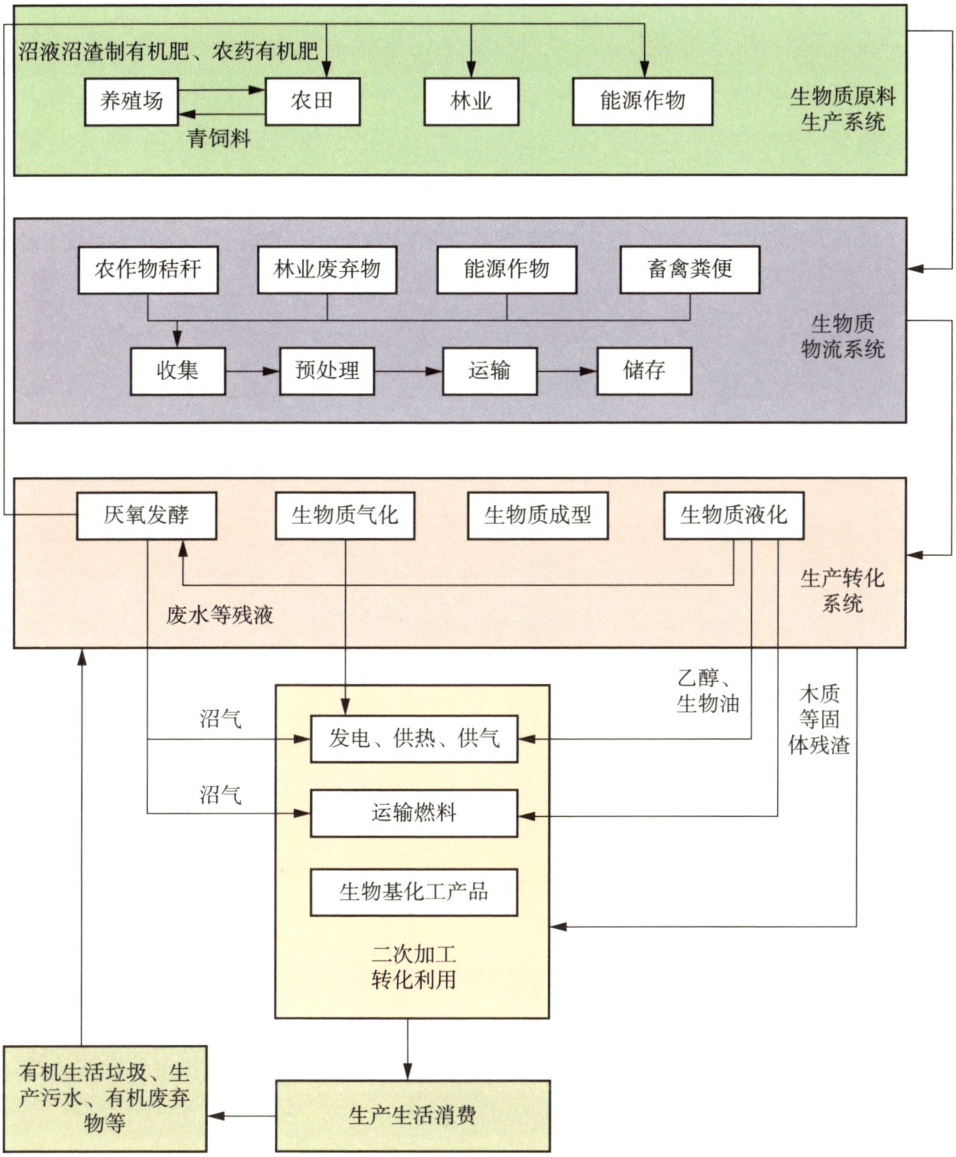

生物质能产业符合现代农业、循环经济的发展方向

资料来源：邓彤．新能源与第四次产业革命［M］．北京：中国经济出版社，2019：323.

二、化工与原材料

21 世纪以来，全球化学品与材料市场需求量呈持续扩张的趋势，全球原油供应趋于紧张的形势为生物质化学工业提供了巨大且快速发展的空间。由于原料化学性质相近，生物质化工将会在现有石化工业体系的基础上快速发展并很快产生效益，并且在原油利用成本不断上升的过程中与原有石化路线竞争，最终取而代之。这将有力地促进生物化学工业的技术进步与产业规模的提升。

与石油化学工业相对应，通过生物质炼制技术生产化学品与材料在未来将形成一个新的化学工业模式，我们称之为生物质化学工业。大型炼油厂可利用微生物的催化特性实现可再生原料的生物提炼。同时，当前正有研究致力于无缝整合代谢工程学、合成生物学、系统生物学，开发微生物细胞工厂，从可再生的非食物生物量中生产不同化学物质和材料。我们不断创新方式，利用自然产生的多样性打造环保型生物产业。分子生物学、材料工程、计算方法、预测数学模型未来将深刻影响我们的社会发展、工业面貌和全球环境。

三、生物质建筑材料与应用

生物质建材具有节约能源、无毒无害、化学稳定性和安全性高的特点，同时具有良好的环境效益，避免温室效应和臭氧层破坏，整个生命周期资源消耗低、利用率高，可循环重复利用、容易回收。生物质建材立足于可循环经济理论体系，符合可持续发展的远景规划，契合了生态环保的目的要求，为未来建筑材料提出并建立了新的理念。生物质建材作为建材发展的新方向必然逐步为人们所接受。

（一）木质建筑材料

木质建筑材料是以木材（或其废料）为主要原料，经过机械加工和化学处理而得到的具有木材基本特性及工程特性，并由工业化制造的材料，主要包括原始木材、胶合木、层积材、定向结构刨花板、平行条板等。

建筑承重构件用材一般要求木材纹理顺直、耐腐朽、尺寸稳定性好、缺陷少、具有较好的力学性能、易于加工等，在实际运用中以针叶材为主。胶合木是将两层或两层以上的规格材叠层用防水结构胶黏结而成，用于制作梁、柱、拱等大型结构构件。为了进一步提高构件的抗拉和抗压能力，在胶合木构件受力边缘采用单板层积材。单板层积材是由旋切单板，以顺纹方向排列、堆积后胶合在一起的板材，具有强度高、尺寸稳定性好、易加工等优点。这些木质材料已广泛地应用于现代装配式建筑中，如西班牙塞维利亚都市阳伞、英国多塞特郡的 Bryanston 学校、四川绵阳 1200m^2 的木结构会所等。

西班牙塞维利亚都市阳伞是全球最大的现代木雕建筑群

（二）竹藤建筑材料

我国的竹材资源十分丰富，竹林面积位居世界第二，竹林产量位居世界第一。我国在竹质建筑结构工程材料的研发和应用方面处于全球领先水平。竹材从竹条、原竹等原材料的传统应用，转变为使用相继开发出的竹帘编胶合板、竹集成材、竹篾层积材、重组竹、竹材复合板等现代建筑结构工程和装饰工程用材料，其中竹胶合板以竹子切片为原料，用胶黏合而成，防水性能好，广泛应用于建筑、装饰等方面，可用作房屋的内、外墙壁和天花板等装饰，并可代替普通的木质胶合板建造房屋。

（三）秸秆建筑材料

随着我国木材行业的发展、木材成本的增加以及禁伐政策的发布，以农林废弃物为主要原料的新型人造板应运而生，其中，农业剩余物秸秆运用得较为广泛和成熟。秸秆建筑材料中的板材不仅成本低廉，还具有节能、环保、保温隔热等优点。秸秆诸多的优良性能让其可以运用于不同的地方。例如，因秸秆空心的特质，其导热性不好，可以作为建筑保温隔热的填充材料；秸秆表面含硅的细胞膜具有一定的防水性，可以作为建筑临时的覆面材料使用；秸秆高度密集的纤维可以作为黏土材料添加剂用于建筑墙体，形成复合材料，防止墙面开裂，并增加其结构强度。

四、新型工业体系的建立

在未来生物能源工业体系中，以生物质为原料的多元化分布式应用将成为一个国家的核心竞争力。生物天然气和成型燃料将是生物质能的重要发展方向，生物天然气不断拓展车用燃气和天然气供应等市场领域，成型燃料在中、小城市和城镇的应用空间将不断扩大，与之配套的商业化模式将逐渐成熟。

生物质液体燃料将进入化工产业领域，非粮生物质资源的多元化生物炼制将成为最重要的研究方向，燃料乙醇、混合醇、生物柴油等丰富的化石能源替代产品将应用到航空燃料、化工基础原料等领域。

第三产业如服务业、教育业等将围绕生物质产业蓬勃发展，全球产业格局将全面围绕生物质产业发展，新的工业体系将建立起来（见表 7–1）。

表 7-1　生物能源工业体系与传统能源工业体系

生物能源工业体系	传统能源工业体系
能源农业、生物能源原材料生产、生物材料、生物化工、生物制药、机械加工、节能环保、信息技术、第三产业、生物燃料、生物发电、服务业、新能源汽车等	石化、煤炭业、机械业、出口加工、钢铁、有色金属、水泥、化工、化学制药、初级原材料生产、传统 PC 行业、汽车业、服务业等

生物发电成为电力能源的主要来源。生物质能取代化石能源，成为全球一次能源供应的主体，电力仍是人类能源供应的主要形式。

生物燃料将成为未来主要的交通燃料、化工原料。生物质燃料将取代现有化石能源成品油、气，有效支撑未来交通工具的发展。储能技术的提高让新能源（电力）交通广泛普及。

生物能源制造业成为第一大经济产业。除围绕生物能源原材料的生产、制造、加工、销售等能源供需链外，生物质转化及其配套设备、设施又催生了新的机械加工和制造业的发展，生物质产业成为全球经济的基石。

医疗与人类健康产业。除生物制药取代现有的化学制药外，生物技术有望推动医疗业改革的一大领域是精准医学，即针对每位患者而非某一类疾病制订治疗方案。包括基因组、转录组、蛋白质组、代谢组和微生物等可获得的综合数据越来越多，精准医学获得发展。

第三产业与就业。就业人口大量从城市转移到分散的城镇，围绕生物质能产业的第三产业蓬勃发展。如此种种，以生物能源产业为主的新能源工业体系在未来必将形成。

参考文献

[1] 邹才能，杨智，何东博，等. 常规—非常规天然气理论、技术及前景[J]. 石油勘探与开发，2018，45（4）：575-587.

[2] 吴磊，詹红兵. 国际能源转型与中国能源革命[J]. 云南大学学报，2018，17（3）：12.

[3] 谭国武，邱建忠. 能源与人类文明[J]. 现代物理知识，2007（2）：67-69.

[4] 上海北斗导航创新研究院．科技革命与产业革命的划分及发展趋势［EB/OL］．［2019-7-25］.www.bdi.org.cn.
[5] 赵宏图．国际能源转型现状与前景［J］．现代国际关系，2009（6）：35-42.
[6] 戚聿东，刘健．第三次工业革命趋势下产业组织转型［J］．财经问题，2014（1）：7.
[7] 马丁·雅尼克德，克劳斯·雅各布．第三次产业革命的内涵［J］．国际研究参考，2013（6）：4.
[8] 苗淼，张大权，张立勤，等．2014年全球主要化石能源供需格局浅析［J］．现代商业，2015（26）：2.
[9] 李华，陈飞平，曹建华．森林碳汇发展对策研究［J］．工业安全与环保，2011，37（3）：2.
[10] 母龙广，崔龙，雷思佳．农业节水灌溉的管理措施［J］．吉林蔬菜，2012（10）：50-51.
[11] 席尚明．节水灌溉技术在农田水利工程中的应用［J］．当代农机，2019（6）：3.
[12] 沈蓓蓓，龙振华，程千．适合我国发展的节水灌溉技术工程模式研究［J］．农村经济与科技，2011，22（5）：4.
[13] 吕天群．浅谈农田节水灌溉技术及发展趋势［J］．科技创新导报，2011（25）：1.
[14] 肖军．几种重要野生和半野生草本能源植物［J］．生物学教学，2011（7）：3.
[15] 李诺渝，周龙平．能源作物芒草的研究与发展战略［J］．农业工程技术（农业信息化），2012（4）：7.
[16] 未来十年全球生物质能源产量将翻番［J］．乙醛醋酸化工，2013（7）：1.
[17] 赵中华，石磊，刘珊珊．生物质能源发展及海洋生物质能源展望［J］．科学与管理，2008（4）：3.
[18] 李君．我国甘蔗燃料乙醇发展潜力与策略研究［D］．福州：福建农林大学，2009.
[19] 王慧媛，刘晓，王玥．转基因技术与生物能源［J］．生物产业技术，2012（2）：58-65.

［20］易拓，黄娟，雷雅杰，等．木薯食品研究进展［J］．美食研究，2019，36（002）：23–27.
［21］许世卫．经合组织—粮农组织2013—2022年农业展望［M］．北京：中国农业科学技术出版社，2015.
［22］费世民，张旭东，杨灌英．国内外能源植物资源及其开发利用现状［J］．四川林业科技，2005，26（3）：7.
［23］翟建华，邓一蕾，曹晓姝．生物质柴油的生产方法及筛选［J］．现代化工，2009，29（S2）：245–250.
［24］姜岷，韦萍，卢定强．后化石经济时代工业生物技术发展的若干思考［J］．化工进展，2006（10）：1119–1123.
［25］高彪．现代生物技术生产生物能源和基本化工原料之前景［J］．石油和化工设备，2011，14（7）：78–79+72.
［26］阚苏立，丁永山，陶志强．低碳经济与工业生物技术［J］．化工学报，2010，61（7）：1645–1652.
［27］王海波．“一带一路”背景下我国生物能源发展的机遇与挑战［J］．林业调查规划，2017，42（2）：136–138.
［28］朱跃钊，卢定强，万红贵．工业生物技术的研究现状与发展趋势［J］．化工学报，2004（12）：1950–1956.
［29］江幼默．我国城市化进程中的问题与对策［D］．南京：南京大学，2012.

第八章

生物能源产业革命推动下的新生态

New Ecology Driven by the Revolution in Bioenergy Industry

生物能源产业革命来临之际，许多今天规模庞大的产业和蓬勃发展的新兴产业（包括新能源产业），明天将被快速边缘化。

高度集中的城市将被分散的地方区域经济体替代。

分布式能源供应体系将取代集中的发电厂。

人们的生活和工作将不断融入自然生态环境。

人类将通过调节碳排放和生物质碳汇，建立一个资源富饶、生态繁荣、可持续发展的美好地球家园。

第一节

化石能源及其工业体系的衰败

一、化石能源工业体系的困境

现行的工业体系是以煤炭为代表的第一次工业革命和以石油为代表的第二次工业革命的产物，其特点是在政府、银行与大企业配合下的资源的占有、控制与垄断。

为了占有、控制与垄断资源，一些既得利益的国家和政府发动战争、制造地区冲突，利用看似合理的游戏规则，制定对自身有利的外交、经济、货币政策。银行把资源的占有者和开发者以及以此为基础的大型工业企业视为上帝，能源大亨及相关的大企业则打破头地通过政府和银行，争取获得更多的资源，并试图证明这是最正确的经营决策。

然而，化石能源终将枯竭，新的替代能源一定会出现在化石能源开始枯竭之前。化石能源已创造了其价值的顶峰并由此带来许多负面影响，余下的问题是它还有多大的发展机会和多长的经济寿命？

化石能源造成的工业污染，已经严重的社会问题，雾霾、酸雨、工业废弃物，人类还能忍多久？

二、能源巨头的最后风光

进入 21 世纪之后，传统工业体系的既得利益者似乎也在探索和反省，但是他们却得出相反的结论：化石能源将进一步短缺，进一步拥有资源是明智的。而通过更大的包括开采、加工、应用的规模化将是降低成本与提升效益的最佳选择。

于是全球资源企业的投资与并购达到空前规模，新的勘探与钻井工作

石油开采

遍布世界的每一个角落。特别是在中国近年来的煤炭资源整合过程中，各利益集团的争夺很激烈。在规模化和打造企业航空母舰的旗号下，投入不断增加，规模空前扩大。围绕与煤炭配套的后续的工业体系也在不断加大投入。

面对快速发展的互联网与即将崛起的生物能源产业，这也许是第二次工业革命成果的最后疯狂，在随后的岁月中，不知有多少投资将石沉大海。

三、耗尽资源的中心城市

中心城市显然是第一次与第二次工业革命的重要成果之一，而且时至今日这一趋势仍在继续：不断强化的政治中心、经济中心、金融中心；愈演愈烈

耗尽资源的中心城市

的城市移民潮；继续存在的交通问题、污染问题；不断创新高的地价、房价、物价……

与此同时，互联网正在把触角延伸到每一个城镇及农村；信息资源的分配与服务、创业机会与资源获取等，正通过互联网实现城市乡村的平等共享；以生物能源为基础的新兴产业将在广阔的农村与山野之中悄然崛起。

中心城市的资源已经耗尽，新的工业革命必将造成资源、就业机会、经济发展、生存条件的大转移。以分散的中、小城镇为中心，人与自然融为一体的生活模式将成为主流，大规模中心城市的空心化将成为必然趋势。

四、一个新的能源保障系统正在形成

基于互联网和区块链技术的智能电网的发展，将极大助力新型能源体系的发展和运营保障，并满足生物能源规模化生产和应用中的如下关键需求：

发电企业或个人清楚整个电网的运行状态，从而决定何时发电、怎样卖电。

配电系统实现便捷而分布式的数据记录、统计和智能化的控制、配送，以实现电网平衡。

交易平台有数据齐全、计量清楚、交易与结算方便的互联网系统。

（一）快速发展的区块链技术

区块链技术将在能源保障体系中扮演重要角色，它能完全记录整个能源生产、传输和消费的全过程。相较于现有的能源网络，区块链技术具有不可伪造、难以篡改的禀赋特点，能够有效地解决复杂系统中各主体间的协同和信任问题，并且能涉及更多样的能源形式和更广泛的参与主体，在信息交互模式上进行改革。

在能源供给方面，分布式与集中式的结合是未来能源供给的典型模式，区块链“去中心化”特征与分布式能源系统之间的物理特性具有较强的耦合性，区块链技术的“实时更新”特性有助于实现集中式和分布式之间的实时信息共享，避免不同能源的重复投资建设。

在能源输送方面，能源输送的形式多样，不同形式之间存在一定的竞争性，区块链技术有助于实现不同形式之间的强制信任和交易的透明化，协调和优化不同形式之间的能源传输，提高能源保障系统的效率。

在能源分配方面，分布式能源的接入改变了集中式能源分配系统的拓扑结构，不同能源之间的交叉转化和时空耦合对能源系统的计量提出了更高的要求。基于区块链技术的自动执行和广泛共享将会显著提升能源分配的合理性。

在能源消费方面，得益于以分布式账本和智能合约为基础的区块链技术的应用，能源系统将会极大地提升消费侧和供给侧等参与方之间的透明度，实现不同能源形式之间的合理利用和交互。

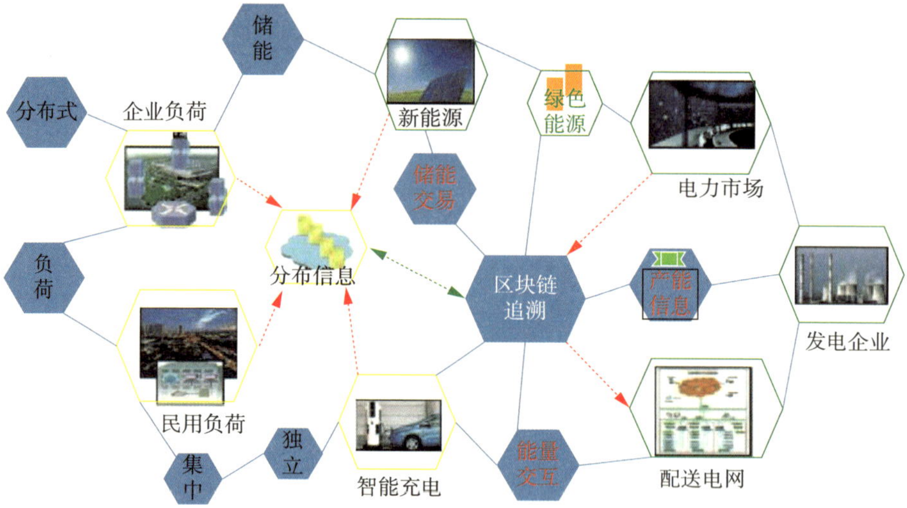

区块链 + 分布式储能技术

资料来源：杨东伟 . 能源区块链探索与实践［M］. 北京：中国电力出版社，2020.

在能源交易方面，从目前发展轨迹看，区块链最有望率先在能源交易领域得到应用，典型的场景包括：基于私有链的电费结算；基于联盟链的微电网中不同角色间的内部交易；基于公有链的分布式能源系统之间不同能源的交易；基于公有链的国家和地区之间的能源交易体系和商业模式等。

（二）能源保障体系走向多元化、分布式

未来能源增量主要来源于太阳能、风能、生物质能、波浪能、潮汐能、海洋温差能等可再生能源的增长。

可再生能源决定了能源体系将是多元化、分散化发展，而可再生能源与以区块链为代表的互联网技术深度融合，将促进分布式能源保障体系的建立，以充分满足各个能源供应点的资源优化配置；平衡区域内部和各区域之间的供需矛盾；优化生产、输送和消费的统一协调；根据最终用户的地理位置、消费模式，提供最低成本和最优效率的能源供给等。

（三）“以电为中心”的能源供应特征进一步凸显

电力作为一次能源最主要的转化形式，未来借助储能技术突破将取得进一

步发展。在分布式能源体系中，“以电为中心”的能源供应特征进一步凸显，全球用能终端将由电力主导。

电力系统将是分布式能源体系中的最大受益者。自动化运行的分布式管理将进一步降低输配电成本，同时，凭借成熟的本地控制和分散式技术让电网管理系统更加稳定，分布式电网将成为人类能源供给的主要形式。

（四）储能技术获得突破，并被广泛应用

未来，储能技术获得突破，能量密度将快速提高并逐步接近现有化石能源水平。高密度的储能技术在分布式能源系统中的广泛应用，将有效地实现需求侧管理，减小负荷峰谷差，降低供电成本。人类能源消费方式将发生根本性的变革。

第二节

生物能源的崛起与第三次产业革命的水到渠成

一、即将爆发的第三次产业革命

世界上的每一次产业革命都是新技术与新型能源共同作用的结果。但是，以往的两次产业革命从来没有像今天这样特征明显，来势凶猛。

互联网已经将触角伸到了地球的每一个角落，并提供了均等的信息资源，以及不断完善的生产、物流、交易、结算等服务，对第二次产业革命的大厦构成了严重的威胁。

而污染问题，化石能源枯竭问题，大规模的物流、人流造成的资源消耗问题，已经严重威胁到人类的生存与发展，对新的清洁能源的期待已成为人类的共识。

在这关键的十字路口，人们发现生物能源已经插上了基因工程技术的成功

与 CO_2 增加促进植物快速增长这两个巨大的翅膀。

互联网与生物能源的结合，将彻底改变今天的社会与经济格局：大规模的煤矿及油田将被分散的人造林、生物能源种植园替代。

经济的发展将由中心城市及工业基地为主的集中式转向以中、小城镇及生物种植园区为主的扁平式。

第三次能源产业革命呼之欲出，第二次能源产业革命的繁荣与成就已经显得风雨飘摇。

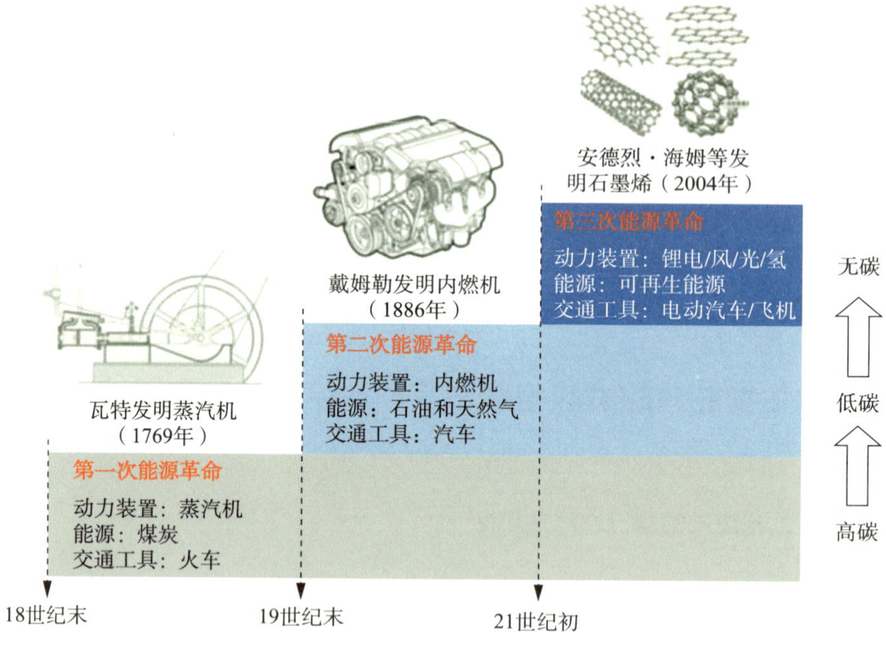

清洁能源发展驱动第三次能源产业革命

资料来源：国泰君安证券研究所。

二、软着陆还是硬着陆

面对新经济对传统经济的分流与可再生能源的崛起，被第二次能源产业革命成果托高的传统经济确实面临一个如何着陆的问题。

页岩气技术的突破，使美国部分传统行业获得了一个喘息的机会，但是这并不能挽救化石能源的命运，以及由此带来的工业体系的衰败。欧洲国家在高价能源与碳排放的加持下，经济发展步履维艰。

中国由于处于市场机制完善的过程中，各种非市场的力量使经济调节受阻，一些非理性的能源投资和企业航空母舰很可能进一步推高传统能源类相关企业的投资风险。

与此同时，地球大气 CO_2 逐年增加，温室效应日趋明显。2018 年政府间气候变化专门委员会（IPCC）发布《全球升温 1.5℃特别报告》，该报告指出："如果不能在 2050 年实现零排放，不能将地球气温升高控制在 1.5℃之内，人类将面临灭顶之灾。"而作为替代化石能源的主要希望——新能源产业，还在光伏、氢能、风能谁最可行的争论中艰难地爬行。

发展中国家和新兴国家紧步发达国家的后尘，正处在利用化石能源的优势快速发展经济和实现工业化的过程中，其生存权和发展权意识不断加强，对工业文明的成果的追求和感受与日俱增，而这时如果有人要求发展中国家放弃利用化石能源的机会，通过投资新能源而实现能源自给，这显然是走不通的。

大禹治水在中国是一个尽人皆知的故事，说的是在水害成灾的远古时期，年年治水，年年不治，而大禹在充分调查的基础上，实行了疏水而不是堵水的办法最终治水成功，其中蕴含着中国人解决问题的哲学思想。

如果强行限制发展中国家的碳排放，必将导致更多的新兴经济体的崩溃和社会矛盾的加剧，最终并不能解决碳排放和全球变暖的问题。

在这方面，现有的、成熟的方法已经存在，那就是溯源到化石能源的原生物质——生物质，即本研究课题的核心观点：利用充足的 CO_2，大力发展生物能源，通过生物质的大规模发展，实现碳汇并替代化石能源。

是疏而不是堵，要软着陆而不是硬着陆。

三、巨大的农业人口与就地产业化

中国有约 9 亿农业人口，加上他们已经城市化的子女，则数字更为庞大，而中国农村除耕地之外，有着广阔的盐碱地、河滩地、山坡地和戈壁滩。

中国粮食产量已经连续多年累创新高，高位增产离不开人们的努力，同时

也是大气中 CO_2 增加并且继续增加的结果。

如果我们能够适时发展生物能源产业，配套以适当的政策支持，则事情将会发生根本性的逆转。

当人们发现生物能源种植的产品成本低于部分煤炭能源的生产成本时，生物能源应用产业将快速增长，生物能源种植的盈利将快速增长。

生物能源盈利的快速增长将刺激生物能源种植业的快速发展，同时在碳交易等政策驱动下，多余的农田、荒地、山地、戈壁、沙漠等，将成为抢手的资源，能源种植业的利润吸引更多的投资，促进了规模化种植与机械化作业，使农业种植逐渐实现工业化，生产效率不断提高，生产成本全面低于煤炭开采的综合成本，最终，化石能源普遍失去其作为能源使用的经济性，而逐步被生物能源替代。

而在农业工业化后，产业链的配套与延伸将带来更高的经济效益并将吸引更多的资本投入新型工业体系的建设中，人口将由城市向农村回流，更多的年轻人将在自己的家乡实现自己的创业梦想，并借助新型工业化强劲东风，展现自己绚丽多彩的人生。

中国农民将有机会赶上时代发展的大潮，使自己的勤奋、创造性和锲而不舍的精神，最终在自己的土地上找到价值。

四、中国将全面推动并引领第三次能源产业革命

第一次工业革命，中国闭关锁国、故步自封，最终因落后而挨打；第二次工业革命，中国缺乏产业基础，只能坐失良机、望洋兴叹。而基于互联网与生物能源产生的第三次能源产业革命，中国将面临千载难逢的历史机遇：

在互联网领域，中国紧扣时代前沿，特别是在普及、应用和创新方面一直走在世界前列。中国互联网络信息中心（CNNIC）发布的第 51 次《中国互联网络发展状况统计报告》显示，截至 2022 年 12 月底，中国互联网用户规模达 10.67 亿，互联网普及率达 75.6%。基于互联网支付与物联网系统的电子商务规模逐年快速增长，中国互联网普及程度已经远超全球互联网渗透率平均水平。

中国将全面推动并引领第三次能源产业革命

在工业基础方面，2019 年中国就已经成为当时全世界唯一拥有联合国产业分类中全部工业门类的国家，作为不可撼动的制造业大国，并继续将制造业作为立国之本。相较于在高科技、金融及其衍生品、新材料等领域与发达国家的差距，中国在迎接与化石能源同根同源的生物能源及其带来的产业革命的过程中，现有的工业基础与工程技术将确保中国实现弯道超车。

在生物能源技术领域，尽管中国在研发投入方面与西方国家存在差距，在应用开发方面，也不如光伏、风电、核能等方面的投资力度，但是在实际的研究水平与开发应用方面，与发达国家差距较小，一些关键领域还处于世界先进水平，在人才与科研成果储备方面具有较大的潜力。

在农业生产能力方面，近年来，中国在农业生产机械化和自动化方面飞速发展，以工业化方式进行的农业生产的规模不断扩大，不仅传统的农场和科研基地在不断扩大规模，更多的专业种植户也已经出现在各地和各个农业产品领域，其中不乏实现了耕、种、管、收、烘全程机械化，承包耕地超过 1000 亩以上的种植专业户。

中国的土地辽阔、人口众多，以戈壁沙漠为代表的潜在可耕种资源丰富，而面对能源短缺、环境污染、城乡经济发展不平衡等问题，中国谋求改变的积极性和紧迫性更高。

中国是 CO_2 增加最快的国家，也是 CO_2 促进生物质增长最早、效果最明显的国家。面对必须完成的碳达峰、碳中和目标，只有依靠增加生物碳汇并用生物能源替代化石能源才能完成目标。

如果我们能够及时将政策、经济、产业、技术及新能源的发展重点集中到生物能源领域，并充分利用国际碳减排机制、相关组织的专项基金，以及给予项目开发、税收、融资等方面以适当的政策优惠，中国将获得一个发展的良好契机。

第三节

可持续发展的地球美好家园

一、共识

从 1995 年《联合国气候变化框架公约》第一次缔约方会议开始，世界各国已经达成共识：按照当下的化石能源使用规模和大气 CO_2 增加速度，将导致地球温度持续快速上升，人类的生存环境将受到威胁，要求工业化国家和发展中国家“尽可能开展最广泛的合作”，以减少全球温室气体排放量。

2015 年《联合国气候变化框架公约》第二十一次缔约方会议在法国巴黎举行。196 个缔约方一致同意通过了于 2016 年生效的《巴黎协定》，是《联合国气候变化框架公约》下继《京都议定书》后第二份有法律约束力的气候协议，为 2020 年后全球应对气候变化行动作出安排，对全球应对气候变化有着重要意义。《巴黎协定》长期目标是将全球平均气温较前工业化时期上升幅度控制在 2℃以内，并努力将温度上升幅度限制在 1.5℃以内。

当前，主要的发达经济体和部分发展中经济体已经作出了碳中和的时间计划（见表 8–1）。

表 8-1　不同国家和地区碳达峰及碳中和时间

国家和地区	碳达峰时间	碳中和时间
中国	2030 年	2060 年
美国	2007 年	2050 年
欧盟	1990 年	2050 年
加拿大	2007 年	2050 年
韩国	2013 年	2050 年
日本	2013 年	2050 年
澳大利亚	2006 年	2040 年

二、困境

2022 年 10 月 26 日，《联合国气候变化框架公约》（UNFCCC）发布的一份评估报告显示，尽管各国正在努力将全球温室气体排放曲线“向下弯曲”，但这些努力仍不足以在 21 世纪末将全球升温限制在关键的 1.5℃以内。

UNFCCC 执行秘书西蒙·斯蒂尔（Simon Stiell）说：“我们在《巴黎协定》下的气候目标是明确的。我们的减排规模和速度还远远达不到实现将升温控制在 1.5℃内的目标所需的水平。为了保持这一目标的活力，各国政府现在就需要加强他们的气候行动计划，并在未来 8 年实施。”

2023 年，《联合国气候变化框架公约》第二十八次缔约方大会召开，大会最终就《巴黎协定》首次全球盘点、减缓、适应、资金、损失与损害、公正转型等多项议题达成“阿联酋共识”，并首次通过了一系列发展中国家关切的重要决定，展现了当前国际社会共同应对气候变化的努力。全球盘点承认了目前全球气候行动的进展：在当前所有国家自主贡献都能完全落实的情景下，到 2100 年，全球平均温升可以被控制在 2.1~2.8℃范围内；虽然这一结果相比《巴黎协定》所预测的 4℃有了较大提升，但距离控制在 1.5℃内的目标依然相去甚远。

而现实的情况是减排结果远低于预期，大气中 CO_2 浓度屡创新高。美国国家海洋和大气管理局（NOAA）与斯克里普斯海洋学研究所（Scripps Institution of Oceanography）发布的数据显示，2019 年大气中的 CO_2 浓度持续上升并再次打破了纪录，大气基线观测站记录的数据平均为 414.7ppm，比 2018 年高出 3.5ppm，与全球实现气候变化目标所需的发展轨迹相去甚远。联合国环境规划署（UNEP）发布的《2022 年排放差距报告》显示，在 21 世纪末将全球平均气温上升控制在 1.5℃基本上无法实现；而就目前的趋势而言，即便所有有条件的和无条件的国家从现在开始完全履行其 CO_2 减排承诺，至 21 世纪末，全球大气平均温度也将上升 2.6~2.8℃，甚至更多。

很显然，基于现有的能源结构和工业体系，按照各国公布的减排措施及计划，在 2050 年实现 CO_2 净零排放是一个难以完成的目标。

附：《中国温室气体公报》的节选

截至 2022 年底中国和全球大气温室气体观测结果

第 12 期，2023 年 11 月中国气象局气候变化中心

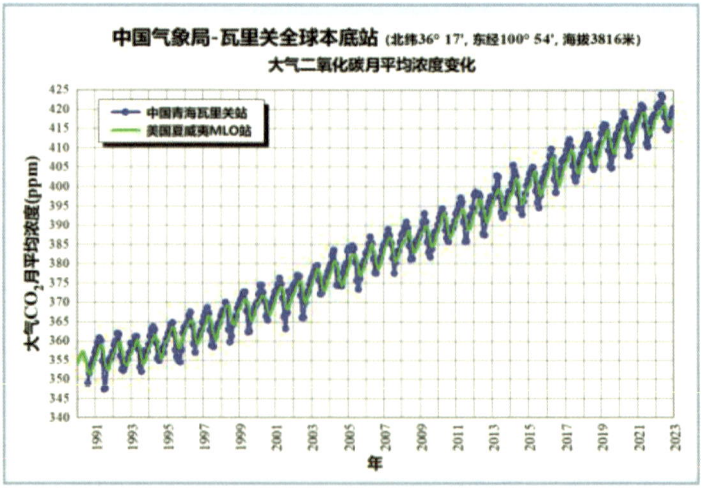

世界气象组织（WMO）全球大气观测计划（GAW）站网观测到全球大气中 CO_2 浓度在 2022 年达到 417.9ppm，显示全球大气平均 CO_2 浓度上升到过去 200 万年以来的新高。位于中国青海瓦里关的欧亚大陆唯一的

GAW 全球本底站观测到大气 CO_2 浓度在 2022 年也达到 419.3ppm，是自 1990 年我国在瓦里关开始全球大气温室气体观测以来的最高值，表明人类活动排放的温室气体持续在大气中累积。应对气候变化、全球温室气体减排、碳中和面临的压力依旧。

上图是 1990—2022 年中国瓦里关国家大气本底站和北半球中纬度美国夏威夷冒纳罗亚（Mauna Loa，MLO）站大气 CO_2 月平均浓度长期变化。20 世纪 90 年代初，中国气象局首先在瓦里关国家大气本底站开展温室气体观测，后续在北京上甸子、浙江临安、黑龙江龙凤山、云南香格里拉、湖北金沙和新疆阿克达拉等 6 个区域大气本底观测站开展温室气体的联网观测，分别代表京津冀、长三角、东北林带和松嫩平原、川滇及高原边缘带、洞庭鄱阳两湖平原和天山地区的大气本底特征。

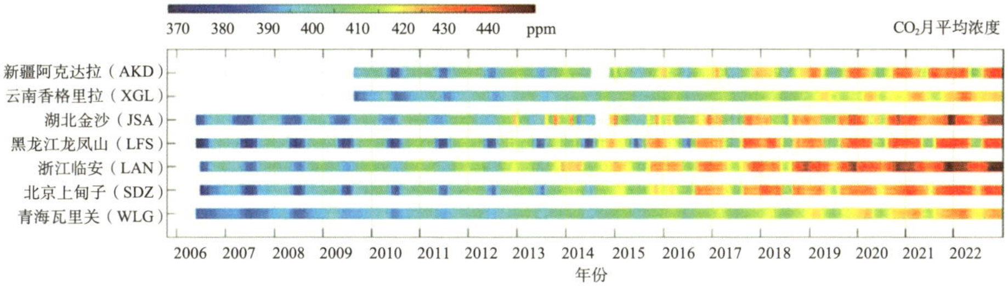

中国气象局 7 个大气本底站 2006~2022 年大气 CO_2 逐月平均浓度

二氧化碳（CO_2）是影响地球辐射平衡最主要的长寿命温室气体，对过去 10 年和过去 5 年辐射强迫增幅的贡献分别约为 79% 和 77%。工业化前（1750 年之前）全球大气 CO_2 平均浓度保持在 278.3ppm 左右，由于人类活动排放（化石、生物质燃料燃烧、水泥生产以及土地利用变化等）的影响，全球大气 CO_2 浓度不断升高。2022 年全球和瓦里关站 CO_2 年平均浓度分别达 417.9 ± 0.2ppm 和 419.3 ± 0.2ppm，过去 10 年的年平均绝对增量分别为 2.46ppm 和 2.16ppm。2022 年区域站大气 CO_2 年均浓度依次是：北京上甸子站 428.5 ± 0.4ppm、浙江临安站 437.7 ± 0.4ppm、黑龙江龙凤山站 424.9 ± 0.6ppm、云南香格里拉站 420.2 ± 0.1ppm、湖北金沙站 431.8 ± 0.5ppm、新疆阿克达拉站 421.4 ± 1.3ppm，月均值与 2021 年同期相比总体上呈增加之势。

广发银行入选“美丽中国‘双碳’先锋”

三、碳交易助推生物能源

碳交易的目的是限制化石能源的使用，降低能耗，主要方法是通过进行以降低能耗为目标的技术改造减少 CO_2 的排放。

这一措施部分解决了先发展（发达国家）和后发展（发展中国家）的矛盾，减缓了限制化石能源使用对发展中国家工业化和经济发展的冲击和约束，有利于落后产业的升级改造和清洁能源产业的发展。但是现有工业企业的节能减排工程、能源合同管理，以及碳捕捉与碳封存难度大、规模小、认定难，限制了碳交易的发展和应有的贡献，难以满足国际共识认定的减碳目标。

课题组认为，从根本上解决大气 CO_2 增加问题的方法已经摆在了人类的面前，那就是顺应地球碳循环规律，通过自然与人工的方式，促进生物质发展的碳汇功能，实现地球大气的新的碳平衡，即：将生物质碳汇和生物能源作为碳交易的主要标的物。

在这一前提下，碳交易才能实现规模大、成本低、易认定、好管理，才能真正实现碳交易的初衷并为生物能源的快速发展提供充分的动力，为实现2050年宏伟目标发挥更为重要的作用。

2022年、2023年全球平均的碳价每吨约为5美元、7.5美元，而要想解决气候变暖的问题（21世纪中叶升温控制在2℃以内），当前的碳价还远远不够。

IMF（国际货币基金组织）测算，要想把升温控制在2℃以内，碳排放的价格需要在2030年达到75美元/t。世界银行对此测算的价格区间是50~100美元/t CO_2，其最新统计也足见当前碳价之低。

生物质发展从两方面解决了碳排放和碳交易的量化计算、标的物的规范认证和规模化的问题：

（1）生物质林业及生物能源生产过程的碳汇量计算。

这一过程的方法论有很多，但其本质离不开光合作用的原理，在这一原理下，生物质的碳汇量是可以准确计算的：

$$6CO_2 + 12H_2O \longrightarrow C_6H_{12}O_6 + 6O_2 + 6H_2O$$

（2）生物能源使用过程的碳排放量计算。

生物质燃烧除消耗一定的氢外，也会排放一定的碳，但是生物质燃烧排放每1吨碳，就意味着生物质原料在生产过程中吸收了大气中1吨的 CO_2，其碳排放量为零（燃烧过程排放量 - 生产过程碳汇量）。

因此，达到2050年的碳减排目标需要以下条件：

（1）自然生态或人工参与下的植物生长规模的快速恢复。

（2）产业和产业资本的快速推进。

（3）碳交易的巨额补偿资金。

无论是从发展权的补偿还是从碳资源的利用来讲，碳交易的快速发展、合适的定价和资本的高效应用都对推动生物质产业发展具有十分重要的意义。从目前的状态到满足碳中和的条件，碳交易还有巨大的发展空间，可能还有很长的路要走。

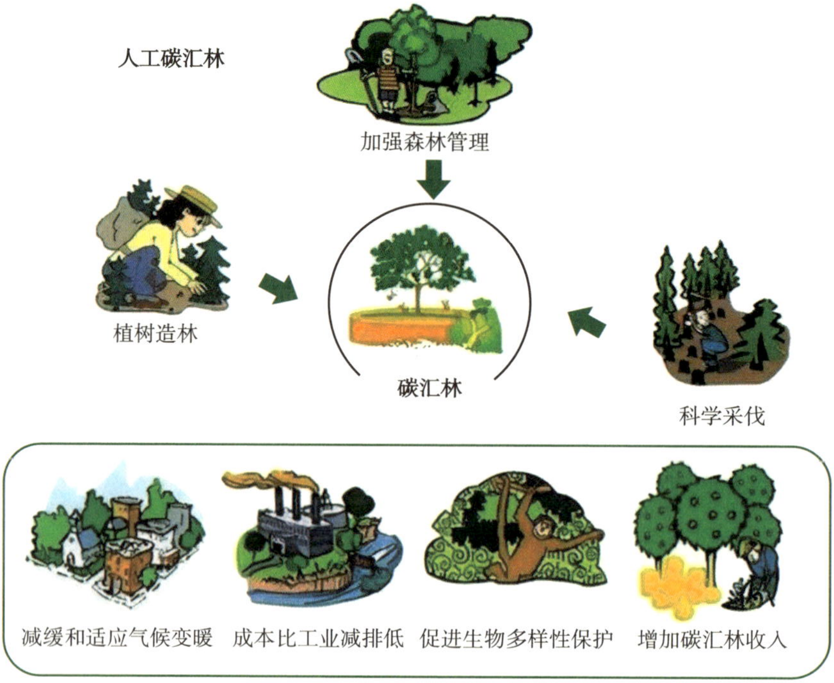

人工碳汇林的碳交易

四、中国承诺

2020 年 9 月 22 日，习近平主席在第七十五届联合国大会一般性辩论上宣布：中国力争于 2030 年前 CO_2 排放达到峰值、2060 年前实现碳中和。实现这个目标，中国需要付出极其艰巨的努力。

中国目前的发展阶段和制造业大国地位，依然必须使用大量的化石能源，在此背景下依靠节能和使用传统可再生能源完全满足不了减排需求，而强行减少能源使用量将迟滞中国经济和工业化的发展。

中国是目前碳排放增速最快、增量最大的国家，同时也是绿化面积增加最快和生物质碳汇规模增量最大的国家。“绿水青山就是金山银山”的理念已经深入人心，中国的绿化和森林面积正在加快增长，生物质碳汇规模不断加大。

在不断增加碳汇和生物质保有量的同时，实时发展生物能源产业，减少使用化石能源使用量，在生物质碳汇增加的同时实现能源应用过程的碳循环，是实现碳达峰与碳中和的最佳线路，也是中国利用 CO_2 增加率先发展生物能源与新型工业体系的历史机遇。

五、地球美好家园

今天，我们已经认识到 CO_2 及其在地表的循环状态是影响地球气候、生态变化的关键因素，了解了大气 CO_2 浓度与地球生物繁荣期（成煤期和成油期）、衰退期（灭绝期）、冰期之间的相关性。我们知道了地球历史上 CO_2 的增加对生态繁荣的关键作用和生态繁荣对抑制 CO_2 增加的关键作用。

当地球再次进入生物质繁荣富饶的阶段时，在人类的干预下，光合作用产生的生活资源和能源资源的生产量与消费量将大致平衡，既不再有生物质被深埋地下成为化石能源，也不会因生物质的繁荣而导致 CO_2 过度降低而产生冰期。丰富的生物质系统将为人类提供充足资源、能源和全新的生态系统。

与此同时，人类将迎来如下情景：

（1）在 CO_2 的推动下，地球植物体系将再次繁荣，生物质保有量将快速增长，在 21 世纪生物能源的成本将低于化石能源的成本，并再次成为人类的主体能源。

（2）化石能源将继续为人类作出贡献，直至地球生物质保有量可充分满足人类可再生能源需求，届时，如继续使用化石能源将不利于地球的碳平衡，过剩的 CO_2 将给人类的生存环境带来威胁。

（3）水利工程、能源种植园、荒漠改造工程等将替代房地产与交通运输业成为最大的基础产业。生物工程、互联网与区块链、生物质转化等技术将全面推动生物能源的发展，并成为需求最大的应用科学与技术。

（4）一个新的基于生物质的新型工业体系将替代现有的工业体系：随着农业重新成为第一大经济产业和去中心化的社会结构，目前正在进行中的许多革命性的新兴产业将再次面临淘汰局面，我们的生活模式、生产模式、商业模式将因此发生改变。

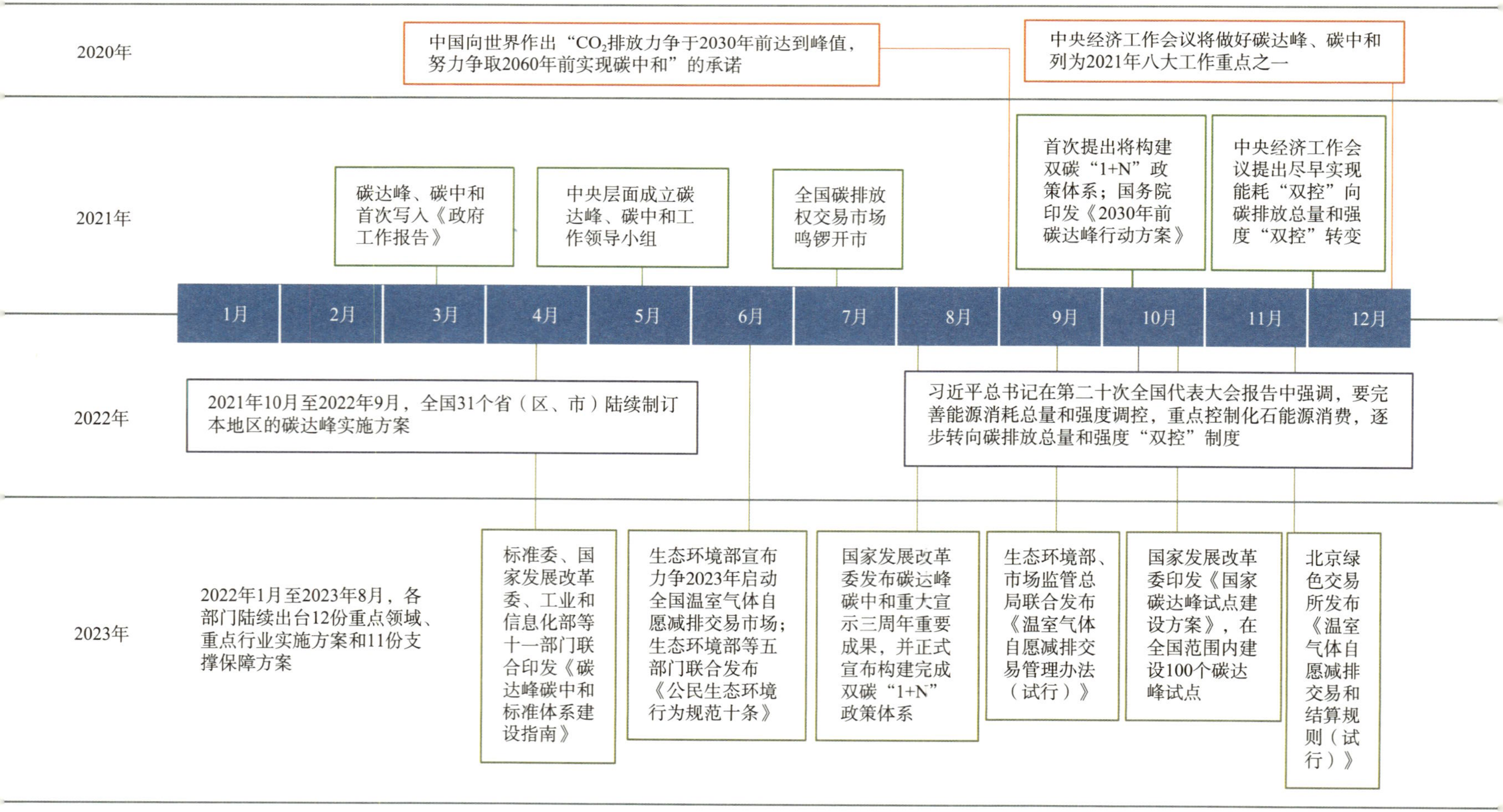

中国为实现“双碳”目标作出的努力

地球植物体系将再次繁荣

（5）沙漠化扩张将成为历史，绿化面积和森林面积的扩展速度将不断加速，撒哈拉沙漠将褪去往日的黄衣，黄土高原将一展绿色风采。中国的大西北戈壁将成为世界最大的粮仓。

（6）不断增加的粮食产量将满足粮食以外的更多应用需求。CO_2 增加的直接效果就是作物光合作用效率的增加，间接效果是空气湿度和降雨的增加，这不仅导致作物亩产量的增加，而且导致可耕种面积的增加，因此，从现在开始，粮食产量将屡创新高，粮食的作用将逐步扩展到除人类食用外的其他领域。

（7）地球自然资源将面临再分配。尽管目前的趋势是全球变绿，总体向富饶和宜居发展，但这种自然资源的分配是不均匀的：冰川消融、海平面上升将使北极航道开通，但太平洋岛国将面临搬迁的风险；温度上升、降雨增加将使宜居带向高纬度方向移动且面积扩大，但在亚热带地区其宜居程度将受到部分影响。

（8）中国将成为新的工业革命的引领者。中国是碳排放最多的国家，同时也是绿地覆盖面积和碳汇增速最快的国家；中国是目前发展动力最强大的经济体，也是 CO_2 导致的地球资源再分配中除俄罗斯外最大的受益者；中国更是农业人口最多的国家和潜在可耕地面积最多的国家。面对 CO_2 推动下的生物能源产业革命，中国将成为全面推动者和引领者。

参考文献

[1] 张俊祥，程家瑜，周永春．全球转基因作物种植状况及其分析［J］．中国生物工程杂志，2005，25（7）：100–102.

[2] JAMES C. 2007 年全球转基因作物商业化发展态势——从 1996 年到 2007 年的第一个 12 年［J］．中国生物工程杂志，2008，28（2）：1–10.

[3] JAMES C. 2009 年全球生物技术 / 转基因作物商业化发展态势［J］．中国生物工程杂志，2010，30（2）：1–22.

[4] 费世民，张旭东，杨灌英，等．国内外能源植物资源及其开发利用现状［J］．四川林业科技，2005，26（3）：22–26.

[5] 田春龙，郭斌，刘春期．能源植物研究现状与展望［J］．生物加工过程，2005，3（1）：14–19.

[6] 王涛．中国主要生物质燃料油木本能源植物资源概况与展望［J］．科技导报，2005，23（5）：13–14.

[7] 吴创之．生物质能现代化利用技术［M］．北京：化学工业出版社，2003.

[8] 尹伟伦，翟明普．生物能源与能源林业若干问题研究［J］．生物质化学工程，2006，40（1）：7–8.

[9] 姜岷，韦萍，卢定强，等．后化石经济时代工业生物技术发展的若干思考［J］．化工进展，2006，25（10）：1119–1123.

[10] 刘润生．美国先进生物燃料技术政策与态势分析［J］．中国生物工程杂志，2010，30（1）：117–123.

[11] 孙海洋，苏海佳，谭天伟，等．关于大型石油公司发展生物能源产业的思考［J］．生物工程学报，2013，29（3）：299–311.

[12] 王慧媛，刘晓，王玥．转基因技术与生物能源［J］．生物产业技术，2012（2）：58–65.

[13] 赵新刚，刘平阔. 生物质能对化石能源的替代性 [J]. 技术经济，2012，31（4）：52–60.
[14] 王涛. 生态能源林——未来生物质燃料油原料基地 [J]. 生物质化学工程，2006（40）：1–6.
[15] 严俊，赵立飞. 储能技术在分布式发电中的应用 [J]. 华北电力技术，2006（10）：16–19.
[16] 汤必强，陈爱林，杨胜春. 区块链技术及其在能源互联网的应用 [J]. 国家电网报，2018（6）.
[17] 杨德昌，赵肖余，徐梓潇，等. 区块链在能源互联网中的应用现状分析和前景展望 [J]. 中国电机工程学报，2017，37（13）：3664–3671.
[18] 张蓓. 能源互联网中的区块链技术应用维度和前景展望 [J]. 上海节能，2018（3）：146–150.
[19] 邱丽静. 美国可再生能源发展现状和经验分析 [J]. 能源研究与利用，2019（1）：17–19.
[20] 杨东伟. 能源区块链探索与实践 [M]. 北京：中国电力出版社，2020.
[21] 全球升温 1.5 ℃ 特别报告（*Intergovernmental Panel On Climate Change Global Warming of* 1.5 ℃）Switzerland：IPCC，2018 [J] .Population and Development Review，2019，45（1）：3–24.
[22] 中国气象局.2022 年中国温室气体公报（2023 年 12 月 1 日发布，第 13 页）.

图书在版编目（CIP）数据

碳循环：从天而降的生物能源产业革命 / 常毅军，杨婷，邓丰收编著．-- 北京：中国经济出版社，2024.6

ISBN 978-7-5136-7692-2

Ⅰ．①碳…　Ⅱ．①常…　②杨…　③邓…　Ⅲ．①生物能源－产业发展－研究－中国　Ⅳ．①F426.2

中国国家版本馆 CIP 数据核字（2024）第 058957 号

策划编辑　姜　静
责任编辑　王西琨
责任印制　马小宾
封面设计　任燕飞装帧设计工作室

出版发行　中国经济出版社
印 刷 者　北京富泰印刷有限责任公司
经 销 者　各地新华书店
开　　本　710mm × 1000mm　1/16
插页印张　0.25
印　　张　20.25
字　　数　296 千字
版　　次　2024 年 6 月第 1 版
印　　次　2024 年 6 月第 1 次
定　　价　398.00 元
广告经营许可证　京西工商广字第 8179 号

中国经济出版社　**网址** http://epc.sinopec.com/epc/　**社址** 北京市东城区安定门外大街 58 号　**邮编** 100011
本版图书如存在印装质量问题，请与本社销售中心联系调换（联系电话：010-57512564）